Das Harvard-Konzept

Sachgerecht verhandeln – erfolgreich verhandeln

»Das Harvard-Konzept« ist ein Standardwerk für erfolgreiches Verhandeln – geeignet für Praktiker aller Berufsgruppen. Es ist in allen Lebenslagen anwendbar: im Büro, in der Fabrik, in Politik, Diplomatie und in der Familie, seien Sie nun Angestellter oder Anwalt, Verkäufer oder Unternehmer, Diplomat, Manager oder Regierungsbeamter.

Roger Fisher ist Professor der Rechtswissenschaft an der Harvard Law School und Direktor des Harvard Negotiation Project.
William Ury ist Berater und Schriftsteller sowie stellvertretender Direktor des Harvard Negotiation Project.
Bruce Patton ist Dozent an der Harvard Law School und stellvertretender Leiter des Harvard Negotiation Project.

Roger Fisher, William Ury, Bruce M. Patton

Das Harvard-Konzept: Sachgerecht verhandeln – erfolgreich verhandeln

Übersetzung von Werner Raith
Teil IV von Wilfried Hof

Campus Verlag
Frankfurt / New York

Die amerikanische Ausgabe »Getting to Yes« erschien zuerst 1981 im Verlag Houghton Mifflin & Co., Boston, Massachusetts.

Sonderausgabe für Amazon.de GmbH

ISBN 3-593-37370-X

Umschlaggestaltung: Guido Klütsch, Köln
Satz: Satz- und Reprotechnik GmbH, Hemsbach
Druck und Bindung: Druckhaus Beltz, Hemsbach
Gedruckt auf säurefreiem und chlorfrei gebleichtem Papier.
Printed in Germany

Unseren Vätern,
Walter T. Fisher und Melvin C. Ury,
die uns beispielhaft die Macht
von Prinzipien lehrten

Inhalt

Vorwort zur deutschen Ausgabe

Seit der erstmaligen Veröffentlichung vor zwei Jahren in den Vereinigten Staaten hat der Erfolg unseres Buches alle unsere Erwartungen bei weitem überstiegen. Innerhalb weniger Monate wurde es zum Bestseller. Es zog nicht nur die Aufmerksamkeit akademischer Kreise auf sich, sondern fand Anerkennung bei Praktikern aus allen Gebieten und in der Presse. Der weltberühmte Ökonom John Kenneth Galbraith nannte das Buch »bei weitem das beste, das ich je über Verhandlungen gelesen habe«. Der ehemalige US-Außenminister Cyrus Vance sagte lobend über das Buch, es verschaffe jedem Zugang zu den »einfachen, aber wirksamen Ideen, die bereits auf internationaler Ebene erfolgreich waren«. Die bekannte Zeitungskolumnistin Ann Landers, an die jeden Tag Tausende von Amerikaner schreiben, um Rat für ihre Lebensprobleme zu bekommen, bemerkte, daß sie sich wünsche, es selbst geschrieben zu haben. Und die Zeitschrift *Newsweek* schrieb, daß es »ein verständlicher Leitfaden für Verhandlungen ist, in denen beide Seiten die Gewinner sind, und daß es, wenn es sich durchsetzt, dazu beitragen wird, das ›Zeitalter des Narzißmus‹ in eine ›Ära des Wir-Gefühls‹ zu verwandeln«.

Aber während wir – das ist sicherlich verständlich – glücklich sind über den Erfolg des Buches in unserem eigenen Land, sind wir besonders stolz auf seine Aufnahme im Ausland. Mehr als eine Viertelmillion Exemplare des Buches sind bisher weltweit gedruckt. Das Buch ist jetzt in zehn Sprachen erschienen, einschließlich Finnisch und Japanisch. Verlagsentscheidungen für weitere Sprachen stehen noch an. Jede ausländische Ausgabe des Buches hat uns von seiner allgemeinen Anwendbarkeit überzeugt und von der Übertragbarkeit unserer Vorschläge in sehr unterschiedliche Kulturkreise.

Aus diesen Gründen freuen wir uns besonders über die deutsche Ausgabe unseres Buches. Das Bedürfnis, bessere Wege zu finden, um miteinander umzugehen, wenn es Differenzen zwischen Menschen, zwischen politischen Parteien und zwischen Nationen gibt, ist in der deutschsprachigen Welt genauso groß wie anderswo. Einige unserer Kollegen, die in Europa Vorlesungen hielten oder Trainingsprogramme durchführten, bemerkten im deutschsprachigen Raum ein besonderes Interesse an neuen Vorschlägen zur Lösung von Konflikten und zur Schlichtung von Streitigkeiten. Diesem Interesse hoffen wir mit dem Buch zu entsprechen, indem wir eine einfache und doch brauchbare Verhandlungsmethode bereitstellen, die von österreichischen Geschäftsleuten genauso anzuwenden ist wie von Studenten in Liechtenstein, von deutschen Diplomaten und von Hausfrauen in der Schweiz.

Grundlegend für das Buch war die Frage: Wie können Menschen am besten mit ihren Differenzen umgehen? Wie sieht z. B. der beste Rat aus, den man einem Ehemann und einer Ehefrau geben kann, die in Scheidung leben und wissen wollen, wie sie ein gerechtes und für beide Seiten befriedigendes Abkommen treffen können, ohne daß sie in einem erbitterten Streit enden? Oder vielleicht genauer: Welchen Rat würden Sie einem der beiden geben, wenn er oder sie diesen Wunsch äußert? Jeden Tag stehen Familien, Nachbarn, Paare, Angestellte, Unternehmer, Verbraucher, Verkäufer, Anwälte und Nationen dem gleichen Dilemma gegenüber: Wie kann man ein Übereinkommen finden, ohne sich zu zerstreiten? Mit Hilfe unseres jeweiligen wissenschaftlichen Hintergrunds in internationalem Recht und in Anthropologie und durch die umfassende und langjährige Zusammenarbeit mit Praktikern, Kollegen und Studenten haben wir eine praktikable Methode entwickelt, mit der man freundschaftlich zu Einigungen gelangen kann, ohne zu unterliegen.

Wir haben Ideen von Anwälten, Geschäftsleuten, Regierungsbeamten, Richtern, Gefängnisdirektoren, Diplomaten, Versicherungsvertretern, Offizieren, Arbeitern im Kohlebergbau und Geschäftsführern in der Ölbranche ausprobiert. Wir bedanken uns bei denen, die uns mit Kritik antworteten und mit Vorschlägen, die aus ihren eigenen Erfahrungen stammten. Wir zogen großen Nutzen daraus.

Tatsächlich haben so viele Menschen im Lauf der Jahre zu dieser Entwicklung dermaßen umfassend beigetragen, daß es gar nicht mehr möglich ist, genau zu sagen, wem wir für welche Ideen in welcher Form zu Dank verpflichtet sind. Diejenigen, die am meisten beigetragen haben, werden verstehen, daß wir auf Fußnoten nicht deswegen verzichtet haben, weil wir alle Vorschläge als unsere eigenen ansehen, sondern um den Text lesbar zu halten. Jedoch danken wir am Ende des Buches denjenigen ausführlicher, deren Beiträge einer besonderen Erwähnung bedürfen. All diesen Menschen und auch den Lesern, die, seit die erste Auflage erschienen ist, so begeistert mit Kommentaren und kritischen Vorschlägen antworteten, danken wir zutiefst.

Cambridge, Massachusetts — Roger Fisher
September 1983 — William Ury

Vorwort zur Neuausgabe

In den letzten zehn Jahren hat sich die Beschäftigung mit Verhandeln als Gegenstand von Wissenschaft und Beruf dramatisch ausgedehnt. Es wurden neue theoretische Arbeiten veröffentlicht sowie Fallstudien und empirische Untersuchungen durchgeführt. Vor zehn Jahren boten nur sehr wenige professionelle Schulen Kurse in Verhandeln an, jetzt sind sie fast überall im Lehrangebot. An Universitäten werden Fakultäten benannt, die sich auf Verhandeln spezialisieren. In der Unternehmenswelt tun dies Beratungsfirmen.

Gegenüber dieser sich ändernden intellektuellen Landschaft haben sich die Ideen in *Das Harvard-Konzept* gut behauptet. Sie haben bei einer breiten Leserschaft beträchtliche Aufmerksamkeit und Akzeptanz gewonnen und werden häufig als Ausgangspunkt für andere Arbeiten zitiert. Erfreulicherweise haben sie auch für die Autoren ihre Überzeugungskraft behalten. Die meisten Fragen und Kommentare haben sich auf Bereiche konzentriert, in denen das Buch zweideutig war, oder in denen Leser spezifischeren Rat wollten. Wir haben versucht, in dieser revidierten Ausgabe die meisten dieser Punkte anzusprechen.

Statt an dem Text herumzubasteln (und die Leser, die ihn kennen, nach den Änderungen suchen zu lassen), haben wir uns entschieden, neues Material in einem getrennten Abschnitt am Ende dieser zweiten Ausgabe (als Teil IV) zu bringen. Der Haupttext bleibt gegenüber dem Original vollständig und unverändert, mit Ausnahme von inflationsbedingten Aktualisierungen der Zahlen in den Beispielen und von Neuformulierungen an einigen Stellen zum besseren Verständnis. Wir hoffen, daß die »Zehn Leserfragen zu *Das Harvard-Konzept*« sich als hilfreich erweisen und einigen der von Lesern ausgedrückten Interessen entsprechen.

Wir sprechen Fragen an über (1) die Bedeutung und Grenzen des »sachgerechten« Verhandelns (mit praktischen, nicht moralischen Ratschlägen), (2) den Umgang mit jemandem, der irrational zu sein scheint oder dessen Wertesystem, Einstellungen oder Verhandlungsstil anders sind, (3) Taktiken, zum Beispiel wo man sich treffen soll, wer das erste Angebot machen sollte und wie man von der Entwicklung von Entscheidungsmöglichkeiten zum Eingehen von Verpflichtungen übergeht, und (4) über die Rolle der Macht beim Verhandeln.

Einige Themen müssen in anderen Büchern ausführlicher behandelt werden. Für Leser mit Interesse an zahlreicheren Einzelheiten darüber, wie man mit dem »Problem Mensch« beim Verhandeln auf eine Art und Weise umgeht, die eine effektive Arbeitsbeziehung etabliert, könnte das Buch *Gute Beziehungen* von Roger Fisher und Scott Brown interessant sein, das ebenfalls im Campus Verlag erschienen ist. Wenn Sie sich mehr für den Umgang mit schwierigen Menschen und Situationen interessieren, suchen Sie beim selben Verlag nach *Schwierige Verhandlungen* von William Ury. Zweifellos werden weitere Bücher folgen. Es gibt mit Sicherheit mehr zu sagen über Macht, multilaterale Verhandlungen, kulturübergreifende Geschäfte, persönliche Stile und viele andere Themen.

Wir bedanken uns noch einmal bei Marty Linsky, dieses Mal für die sorgfältige Durchsicht und Kürzung unseres neuen Materials.

Unser besonderer Dank geht an Doug Stone für seine scharfsichtige Kritik, Redaktion und gelegentliche Umformulierung mehrerer Entwürfe dieses Materials. Er besitzt ein unheimliches Talent, uns bei einem unklaren Gedanken zu erwischen.

Roger Fisher
William Ury
Bruce Patton

Seit mehr als einem Dutzend Jahren arbeitet Bruce Patton mit uns an der Formulierung und Erläuterung der in diesem Buch dargestellten Ideen. Im vergangenen Jahr hat er die Mühe auf sich genommen, unser gemeinsames Denken in einen gemeinsam verfaßten Text umzuwandeln. Es ist uns ein Vergnügen, Bruce, der bei der ersten Ausgabe Redakteur war, als vollen Mitautor der zweiten Ausgabe zu begrüßen.

R.F.
W.U.

Einleitung

Ob Sie wollen oder nicht: Immer wieder müssen Sie verhandeln. Verhandeln ist Bestandteil unseres Lebens. Sie diskutieren mit ihrem Chef über eine Gehaltserhöhung. Sie wollen mit einem Fremden über den Kaufpreis eines Hauses übereinkommen. Zwei Anwälte suchen einen Streit über einen Autounfall beizulegen. Eine Gruppe von Ölfirmen plant die gemeinsame Erschließung küstennaher Ölvorkommen. Ein Vertreter der Stadtverwaltung trifft Gewerkschaftsführer, um einen Verkehrsstreik abzuwenden. Der US-Außenminister sitzt seinem sowjetischen Kollegen gegenüber und sucht mit ihm nach einer Übereinkunft zur Begrenzung von Atomwaffen. Dies alles sind Verhandlungen.

Jeder verhandelt über irgend etwas, jeden Tag. Wie der Monsieur Jordain bei Molière, der sich darüber freute, als er erfuhr, daß er sein ganzes Leben lang Prosa gesprochen hatte, verhandeln die Menschen auch dann, wenn sie gar nicht denken, daß sie es tun. Man verhandelt mit seinem Ehepartner, wohin man zum Abendessen gehen soll, und mit seinem Kind, wann das Licht ausgemacht wird. Verhandeln ist eine Grundform, Gewünschtes von anderen Leuten zu bekommen. Es ist wechselseitige Kommunikation mit dem Ziel, eine Übereinkunft zu erreichen, wenn man mit der anderen Seite sowohl gemeinsame als auch gegensätzliche Interessen hat.

Die Zahl der Fälle, in denen Verhandlungen erforderlich sind, wächst ständig. Der Konflikt ist gerade heute eine Wachstumsindustrie. Jeder möchte an Entscheidungen teilhaben, die ihn berühren; immer weniger Menschen akzeptieren Entscheidungen, die von irgend jemand anderem diktiert sind. Menschen sind unterschiedlich, und sie verhandeln, um ihre Unterschiede handhabbar zu machen. Ob im Geschäft, in der Regierung oder in der Familie: Die meisten Entscheidungen werden durch Verhandlungen erreicht. Selbst wenn man vor Gericht zieht, wird meist noch vor dem Urteil über eine Lösung verhandelt.

Obwohl also jeden Tag verhandelt wird, ist Erfolg dabei gar nicht leicht. Standardstrategien für Verhandlungen sind oft unbefriedigend oder erschöpfen oder verstören die Menschen – meist all dies zusammen.

Die Menschen befinden sich in einem Dilemma. Sie kennen meist nur zwei Verhandlungsarten: die harte oder die weiche. Derjenige, der weich verhandelt, will persönliche Konflikte vermeiden und macht daher eher Zugeständnisse, um so eine Übereinkunft zu erzielen: er sucht nach einer friedlichen Lösung. Oft endet das allerdings mit dem bitteren Gefühl, daß er ausgenutzt wird. Der hart Verhandelnde betrachtet jede Situation als einen Willenskampf, in dem die Seite besser fährt, die die *extremere* Position einnimmt und die länger durchhält. Er *will* gewinnen. Doch das endet oft damit, daß er eine ebenso harte Antwort bekommt, daß seine Mittel sich erschöpfen und seine Beziehungen zur anderen Seite in Mitleidenschaft gezogen werden. Andere Standardstrategien bei Verhandlungen bewegen sich zwischen hart und weich; aber alle suchen nach Kompromissen: einerseits soll das Gewünschte erreicht, andererseits das Auskommen mit den anderen Menschen nicht zerstört werden.

Es gibt einen dritten Weg beim Verhandeln, den man weder als hart noch als weich bezeichnen kann, sondern eher als hart *und* weich. Die Methode des *sachbezogenen Verhandelns,* die im *Harvard Negotiation Project* entwickelt wurde, besteht darin, Streitfragen lieber nach ihrer Bedeutung und nach ihrem Sachgehalt zu entscheiden als in einem Prozeß des Feilschens um das, was jede Seite unbedingt zu wollen oder nicht zu wollen behauptet. Dabei muß man soweit wie möglich auf gegenseitigen Nutzen hinarbeiten und dort, wo Interessen einander widersprechen, darauf bestehen, daß das Ergebnis auf Prinzipien beruht, die fair und vom beiderseitigen Willen unabhängig sind. Die Methode des sachbezogenen Verhandelns ist hart in der Sache, aber weich gegenüber den Menschen. Sie benutzt keine Tricks und kein Imponiergehabe. Sachbezogenes Verhandeln zeigt Ihnen, wie Sie erreichen, worauf Sie Anrecht erheben, und wie Sie dabei dennoch nicht grob vorgehen. Es ermöglicht Ihnen faires Verhalten und schützt Sie gegen diejenigen, die Ihre Fairneß ausnutzen wollen.

Dieses Buch führt die Methode des sachbezogenen Verhandelns vor. Das erste Kapitel beschreibt Probleme, die entstehen, wenn man die Standardstrategie des Feilschens um Positionen benutzt. Die nächsten vier Kapitel legen die vier Prinzipien unserer Methode dar. Die folgenden drei Kapitel beantworten die häufigsten Fragen zu dieser Methode: Was, wenn die andere Seite mächtiger ist? Was, wenn die anderen nicht mitspielen wollen? Was, wenn sie schmutzige Tricks verwenden?

Sachbezogenes Verhalten kann von Diplomaten bei Rüstungskontrollverhandlungen benutzt werden genauso wie von Anwälten der Wall Street bei der Vertretung von ein paar hundert Gesellschaften in Antitrust-Verfahren; Ehepartner können die Methode bei der Einigung über das nächste Urlaubsziel ebenso verwenden wie bei der Güterteilung im Falle einer Scheidung. Alle können diese Methode benutzen.

Jede Verhandlung ist anders als die andere. Aber die Grundelemente ändern sich nicht. Sachbezogen verhandeln kann man, unabhängig davon, ob es nur eine Streitfrage gibt oder mehrere, ob zwei Parteien mitspielen oder viele, ob es dabei ein vorgeschriebenes Ritual gibt, wie beim Feilschen, oder ein improvisiertes Alles-ist-möglich, wie z.B. beim Gespräch mit Luftpiraten. Die Methode ist anwendbar, ob die Gegenseite dabei erfahrener ist oder nicht, ob sie hart verhandelt oder eher zuvorkommend ist. Sachbezogenes Verhandeln ist eine für alle Zwecke geeignete Strategie. Im Gegensatz zu anderen Strategien wird ihre Handhabung nicht dadurch erschwert, daß die Gegenseite sie ebenfalls erlernt. Im Gegenteil: sie wird dadurch sogar erleichtert. Um so besser also, wenn die anderen dieses Buch ebenfalls lesen.

Anmerkung zum Begriff »sachgerecht verhandeln«: Es handelt sich um eine Verkürzung des Ausdrucks »principled negotiation«. Besser, aber auch umständlicher wäre die Übersetzung »sach- und menschengerecht«, noch genauer »zielgerichtet und prozeßbewußt«, wobei sich das Ziel auf das Erreichen eines optimalen Verhandlungsresultates *und* die Pflege der Beziehung bezieht; prozeßbewußt meint das Beherrschen der Vorgehensweise.

I. Das Problem

Nicht um Positionen feilschen

Egal, ob es bei Verhandlungen um Verträge, Familienstreitigkeiten oder um Friedensgespräche zwischen Nationen geht, routinemäßig verfallen die Menschen in ein Feilschen um Positionen. Jede Seite nimmt einen bestimmten Standpunkt ein, kämpft dafür und macht dann Zugeständnisse, damit ein Kompromiß zustandekommt. Klassisches Beispiel für ein solches Spiel ist das Feilschen zwischen einem Käufer und dem Inhaber eines Trödelladens:

Käufer	*Verkäufer*
Wieviel wollen Sie für diese Messingschüssel?	
	Die ist schön antik, nicht wahr? Ich schätze, für 190 Mark könnte ich sie verkaufen.
Aber gehen Sie doch – die ist ja ganz verbeult. Ich gebe Ihnen 40 Mark.	
	Was?! Ich bin für ein seriöses Angebot gern zu haben. Das hier ist aber wohl nicht Ihr Ernst!
Gut, bis zu 50 Mark kann ich gehen. Aber 190 Mark kommen nicht in Frage. Machen Sie mir einen realistischen Preis.	
	Sie feilschen aber wirklich hart, junge Frau. 150 Mark in bar, einverstanden?

65 Mark.

Die Schüssel kostet mich doch selbst viel mehr. Machen Sie mir doch ein *seriöses* Angebot.

95 Mark. Das ist mein höchstes Angebot.

Haben Sie die Gravur auf der Schüssel gesehen? Nächstes Jahr sind solche Stücke das Doppelte von dem wert, was Sie heute dafür bezahlen.

Und so geht es immer weiter. Vielleicht werden sie sich einigen, vielleicht auch nicht.

Jede Verhandlungsweise sollte man am besten aufgrund von drei Kriterien bewerten: Sie sollte eine vernünftige Übereinkunft zustande bringen – sofern Übereinkunft möglich ist. Sie sollte effizient sein. Und sie sollte das Verhältnis zwischen den Parteien verbessern oder zumindest nicht zerstören. (Eine vernünftige Übereinkunft kann man folgendermaßen definieren: die legitimen Interessen jeder Seite werden in höchstmöglichem Maße erfüllt; eine gerechte Lösung bei Interessenkonflikten; sie ist von Dauer und stellt Beteiligten auch die Interessen der Allgemeinheit in Rechnung.)

Die häufigste Verhandlungsform, wie das Beispiel von eben illustriert, besteht darin, daß in einer gewissen Abfolge Positionen eingenommen – und wieder aufgegeben – werden.

Die Einnahme von Positionen, wie bei dem Käufer und dem Geschäftsinhaber, ist für manche Zwecke bei Verhandlungen durchaus nützlich. Sie zeigt der anderen Seite, was Sie wollen. Sie liefert einen Fixpunkt in einer ansonsten unsicheren und drängenden Situation; und sie kann eventuell Bedingungen für eine annehmbare Übereinkunft setzen. Aber das alles ist auch auf andere Weise erreichbar. Feilschen um Positionen verfehlt die Grundkriterien einer klugen, effizienten und gütlichen Einigung.

Positionsgerangel provoziert unkluge Einigungen

Verhandelnde, die um Positionen feilschen, tendieren dazu, sich schließlich in dieser Position selbst zu fangen. Je deutlicher Sie Ihre Position machen und dann gegen Angriffe verteidigen, um so stärker sind Sie selbst daran gebunden. Je mehr Sie die Gegenseite davon überzeugen, daß Sie Ihre Ausgangsposition nicht ändern können, um so schwerer wird es dann, dies doch noch zu tun. Ihr Ego, Ihr Ich, identifiziert sich mit Ihrer Position. Und nun haben Sie ein Interesse daran, Ihr »Gesicht zu wahren« (indem Sie künftige Handlungen auf Ihre früheren Positionen abstimmen), und es wird immer unwahrscheinlicher, daß eine Übereinkunft dann noch die ursprünglichen Interessen der Parteien in vernünftigen Einklang bringen kann.

Wie das Gerangel um Positionen Verhandlungen behindern kann, zeigte sich deutlich beim Abbruch der Gespräche unter Präsident Kennedy über ein umfassendes Verbot von Atomversuchen. Es gab da eine kritische Frage: Wie viele Inspektionen auf dem jeweils gegnerischen Territorium sollten der Sowjetunion und den Vereinigten Staaten gestattet sein, um Ermittlungen über verdächtige seismische Vorfälle anzustellen? Die Sowjetunion stimmte schließlich drei Inspektionen zu. Die Vereinigten Staaten beharrten auf mindestens zehn. Die Gespräche brachen ab, in der Auseinandersetzung um Positionen. Und das, obwohl noch keiner wußte, ob »Inspektion« bedeutete, daß eine Einzelperson sich einen Tag dort umsehen soll, oder ob hundert Leute einen ganzen Monat lang uneingeschränkt ihre Nase überall hineinstecken dürfen. Beide Parteien hatten kaum Versuche unternommen, einen Inspektionsablauf zu entwerfen, der das Interesse der Vereinigten Staaten, Nachprüfungen anzustellen, abstimmte mit dem Wunsch beider Länder, die Einmischung so gering wie möglich zu halten.

Je mehr Aufmerksamkeit man den Positionen widmet, um so weniger dringt man zu den dahinterliegenden Problemen der Parteien vor. Übereinkunft wird immer unwahrscheinlicher.

Jede erreichte Vereinbarung spiegelt dann eher eine mechanische Aufteilung unterschiedlicher End-Positionen wider als eine sorgfältig ausgetüftelte Lösung unter Berücksichtigung legitimer Interessen der Parteien. Das Ergebnis ist häufig eine Übereinkunft, die für beide Seiten weniger befriedigend ist, als es tatsächlich möglich wäre.

Feilschen um Positionen ist ineffizient

Mit der Standardmethode des Verhandelns mag man eine Übereinkunft erzielen (wie bei dem Preis für die Messingschüssel) oder einen Abbruch provozieren (wie bei der Zahl der gegenseitigen Inspektionen). In jedem Fall nimmt der Vorgang beträchtliche Zeit in Anspruch.

Das Feilschen um Positionen bringt Regungen hervor, die eine Klärung hinauszögern. Bei einem solchen Streit um Positionen trachten Sie danach, Chancen für Regelungen zu Ihren Gunsten dadurch zu verbessern, daß Sie mit einer extremen Position beginnen und eigensinnig daran festhalten, daß Sie die Gegenseite über Ihre wahre Position täuschen und kleine Zugeständnisse nur insoweit machen, als sie für den Fortgang der Verhandlungen notwendig sind. Die Gegenseite verfährt ebenso. All das behindert eine baldige Einigung. Je extremer die anfänglichen Positionen und je kleiner die Zugeständnisse, um so mehr Zeit und Mühe wird es kosten herauszufinden, ob eine Einigung überhaupt möglich ist.

Dieses Standardspiel erfordert auch eine große Zahl individueller Entscheidungen, da jeder Verhandlungspartner immer wieder neu bestimmen muß, was er anbietet, was er zurückweist, wie viele Zugeständnisse er machen muß. Entscheidungen zu fällen ist schwierig und in jeder Hinsicht zeitraubend. Nun bedeutet jede Entscheidung nicht nur ein Zugeständnis der anderen Seite gegenüber, sondern bringt auch den Zwang zu künftigem Nachgeben mit sich: also hat der Verhandelnde wenig Anreiz zur Eile. Verschleppen, Drohen mit Abbruch, Mauern und andere derartige Taktiken werden daher ganz allgemein angewandt. Die Sache wird damit in die Länge gezogen; dabei aber wachsen die Kosten für eine Übereinkunft und das Risiko, daß man zu keiner Vereinbarung kommt.

Positionsgerangel birgt Gefahren für künftige Beziehungen

Das Feilschen um Positionen wird zum Willenskampf. Jeder Verhandelnde versichert, was er will und was er nicht will. Die Aufgabe, gemeinsam eine annehmbare Lösung zu suchen, wird leicht zum Gefecht. Jede Seite versucht, durch bloße Willenskraft die andere zur Änderung ihrer Position zu veranlassen. »Ich gebe nicht nach. Wenn Du mit mir ins Kino gehen willst, dann in den ›Malteser Falken‹ – oder wir gehen gar nicht.« Ärger und Verstimmung kommen auf, weil sich die eine Seite ohne Berücksichtigung der eigenen legitimen Interessen dem unbeugsamen Willen der anderen unterworfen sieht. Das Feilschen um Positionen belastet so dic Beziehung zwischen den Parteien und zerstört sie mitunter gar. Unternehmen, die jahrelang zusammengearbeitet haben, trennen sich, Nachbarn reden nicht mehr miteinander. Der bittere Nachgeschmack solcher Zusammenstöße kann ein Leben lang weiterwirken.

Sind mehr als zwei Parteien an Verhandlungen beteiligt, ist Feilschen um Positionen noch schlechter

Man kann Verhandlungsstile so untersuchen, als wären stets nur zwei Partner daran beteiligt, Sie und die »Gegenseite«. Das ist bequem; nur sind in Wirklichkeit eben meist mehr als nur zwei Personen in die Verhandlung verwickelt. Schon am Verhandlungstisch sind möglicherweise mehrere Parteien anwesend, außerdem kann jeder Partner auch Hintermänner, Vorgesetzte, Ausschüsse oder Komitees um sich haben, mit denen er auskommen muß. Je mehr Leute an einer Verhandlung beteiligt sind, um so mehr erschwert das Feilschen um Positionen eine Einigung.

Wenn, wie bei vielen Konferenzen der Vereinten Nationen, gar 150 und mehr Delegationen verhandeln, ist das Gerangel um Positionen nahezu unmöglich. Da können alle »ja« sagen – nur einer sagt nein, und das reicht. Gegenseitige Konzessionen sind schwierig: wem gegenüber macht man sie denn? Tausende von bilateralen Absprachen kommen bei einer multilateralen Übereinkunft zu kurz. In solchen Situationen treibt Positionsgerangel lediglich zur Bildung von Koalitionen zwischen Parteien mit partiell gemeinsamen Interessen, die aber wiederum oft eher symbolischer als substantieller Art sind. In den Vereinten Nationen kommen dann Verhandlungen zwischen »dem« Norden und »dem« Süden oder »dem« Osten und »dem« Westen dabei heraus. Jede dieser Gruppen besteht aus vielen Mitgliedern, und da ist die Entwicklung einer gemeinsamen Position besonders schwer. Schlimmer noch: wenn in schmerzlichen Prozessen endlich eine gemeinsame Politik erarbeitet und abgesegnet wurde, kommt man noch schwerer davon wieder herunter. Die Änderung einer einmal eingenommenen Position wird noch problematischer, wenn die im Hintergrund Beteiligten die eigentlich Entscheidenden sind, die trotz ihrer

Abwesenheit vom Verhandlungsort ihre Zustimmung geben müssen.

Nettsein ist auch keine Lösung

Vielen Menschen ist der hohe Preis bewußt, den hartes Streiten um Positionen erfordert. Die Konsequenzen, die es für die Parteien und ihre Beziehungen hat, hoffen sie durch einen freundlicheren Verhandlungsstil vermeiden zu können. Sie sehen in der Gegenseite nicht ihre Widersacher, sondern betrachten sie als Freunde. Statt Siegestore zu bejubeln, betonen sie die Notwendigkeit, Übereinkünfte zu erzielen. Solch weiche Verhandlungsart besteht darin, schrittweise Angebote und Zugeständnisse zu unterbreiten, der anderen Seite zu trauen, nett zu sein und Konfrontationen zu vermeiden.

Die folgende Tafel illustriert zwei Stilarten im Feilschen um Positionen, die weiche und die harte. Die meisten Menschen meinen, daß sie in ihrer Verhandlungsstrategie nur zwischen diesen beiden Stilarten wählen können. Wenn Sie die Tafel ansehen, können Sie bestimmen, ob Sie eher zur harten oder weichen Art neigen, oder ob Sie vielleicht irgendwo einen Mittelweg suchen.

Welche Rolle würden Sie im Feilschen um Positionen übernehmen?

Weich	*Hart*
Die Teilnehmer an der Verhandlung betrachten einander als Freunde	Die Teilnehmer sehen sich als Gegner
Ziel ist eine Übereinkunft mit der Gegenseite	Ziel ist der Sieg über die Gegenseite

Konzessionen werden zur Verbesserung der Beziehungen gemacht	Konzessionen werden zur Voraussetzung der Beziehung selbst
Gütliche Einstellung zu den Menschen und Problemen	Harte Einstellung zu den Menschen und Problemen
Vertrauen zu den anderen	Mißtrauen gegenüber den anderen
Bereitwillige Änderung der Position	Beharren auf der eigenen Position
Angebote werden unterbreitet	Es erfolgen Drohungen
Die Verhandlungslinie wird offengelegt	Die Verhandlungslinie bleibt verdeckt
Einseitige Zugeständnisse werden um der Übereinstimmung willen in Kauf genommen	Einseitige Gewinne werden als Preis für die Übereinkunft gefordert
Suche nach der einzigen Antwort: welche die *anderen* akzeptieren	Suche nach der einzigen Antwort: die *ich* akzeptiere
Bestehen auf einer Übereinkunft	Bestehen auf der eigenen Position
Willenskämpfe werden zu vermeiden gesucht	Der Willenskampf muß gewonnen werden
Starkem Druck wird nachgegeben	Starker Druck wird ausgeübt

Der weiche Verhandlungsstil betont die Wichtigkeit des Aufbaus und der Pflege von Beziehungen. Das geschieht vor allem bei Verhandlungen innerhalb von Familien und zwischen Freunden. Oft zeitigt das auch tatsächlich schnelle und wirkungsvolle Ergebnisse. Wenn jeder mit dem anderen freundlich und zuvorkommend umgeht, wird eine Übereinkunft wahrscheinlicher, jedoch muß dies nicht unbedingt auch eine vernünftige Übereinkunft sein. Allerdings muß es auch nicht immer so tragisch ausgehen wie in der folgenden Geschichte eines armen Ehepaares, in der die liebende Frau ihr Haar verkauft, um für ihren Mann eine schöne Uhrkette zu besorgen, während der uneingeweihte Mann seine Uhr verkauft, um einen wunderbaren Kamm für die Haare seiner Frau zu erstehen. Dennoch droht jede Verhandlung, bei der den gegenseitigen Beziehungen ein hoher Rang eingeräumt wird, eine recht verschwommene Übereinkunft hervorzubringen.

Ernster noch ist eine andere Gefahr: durch weiches und freundliches Verhandeln werden Sie leichte Beute für jeden, der seinerseits hart um Positionen kämpft. Beim Streit um Positionen ist die harte Linie der weichen überlegen. Wenn der eine hart feilscht und auf Konzessionen besteht, gar zu Drohungen greift, und der weiche Verhandlungspartner Konfrontationen vermeiden will und auf Übereinkünfte hofft, entscheidet sich das Spiel zugunsten des harten Partners. Eine Übereinkunft wird dabei herauskommen, es wird jedoch keine vernünftige sein. Sie wird mit Sicherheit für den harten Positionskämpfer vorteilhafter sein als für den weichen. Wenn Sie anhaltendem Positionsfeilschen mit sanftem Verhalten antworten, werden Sie wahrscheinlich auch noch Ihr letztes Hemd verlieren.

Es gibt eine Alternative

Wenn Ihnen die Wahl zwischen hart und weich beim Streit um Positionen nicht zusagt, können Sie den ganzen Vorgang verändern.

Verhandeln spielt sich auf zwei Ebenen ab. Einerseits bezieht es sich auf die Substanz, den Verhandlungsgegenstand. Auf der anderen Ebene rückt der Prozeß des Umgehens mit dieser Substanz in den Brennpunkt des Verhandelns, die Verfahrensweise. Die erste Verhandlungsebene betrifft etwa Ihr Gehalt, Bedingungen eines Mietvertrags oder einen zu entrichtenden Preis. Die zweite Verhandlungsebene zielt auf die Art, wie Sie die Kernfrage behandeln wollen: weich oder hart um

Positionen feilschen oder sonst auf irgendeine andere Weise. Diese zweite Verhandlungsebene ist gewissermaßen ein Spiel ums Spiel – ein »Meta-Spiel«. Jeder Zug innerhalb einer Verhandlung ist nicht nur ein Schritt, der die Miete, das Gehalt oder eine andere Kernfrage betrifft; er strukturiert auch gleichzeitig die Regeln Ihres Spiels mit. Man kann damit die Verhandlungen in der bisherigen Bahn halten; man kann aber damit auch einen Gegenzug auslösen, der das ganze Spiel ändert.

Diese zweite Verhandlungsebene entzieht sich weitgehend der Kenntnis, weil sie offenbar nicht im Bereich bewußter Entscheidungen liegt. Erst wenn man mit einem Ausländer verhandelt, der vielleicht noch dazu einen anderen kulturellen Hintergrund hat, steht man häufiger vor der Notwendigkeit, allgemein anerkannte Vorgehensweisen für die substantiellen Fragen zu erarbeiten. Bewußt oder nicht: mit jedem Zug, den Sie tun, verhandeln Sie auch über die Regeln des Verhandlungsablaufs bzw. der Verfahrensweise, auch wenn sich ein solcher Zug ausschließlich auf die Sache selbst zu beziehen scheint.

Die Antwort auf die Frage, ob man lieber weich oder lieber hart um Positionen feilschen sollte, lautet: weder das eine noch das andere. Ändern Sie das Spiel. Im schon genannten Harvard Negotiation Project haben wir eine Alternative zum Feilschen um Positionen entwickelt, eine Verhandlungsmethode, die mit effizienten und gütlichen Verfahrensweisen ausdrücklich auf vernünftige Ergebnisse abzielt. Wir nennen dies *sachbezogenes Verhandeln* oder *Verhandeln nach Sachlage* (principled negotiation bzw. negotiation on the merits). Es beruht im wesentlichen auf vier Grundaspekten.

Diese vier Punkte bestimmen eine, unter allen denkbaren Umständen anwendbare, offene und ehrliche Verhandlungsmethode. Jeder dieser vier Aspekte bezieht sich auf ein Grundelement des Verhandelns und zeigt deutlich, wie man damit umgehen soll.

Menschen:	Menschen und Probleme getrennt voneinander behandeln!
Interessen:	Nicht Positionen, sondern Interessen in den Mittelpunkt stellen!
Möglichkeiten:	Vor der Entscheidung verschiedene Wahlmöglichkeiten entwickeln!
Kriterien:	Das Ergebnis auf objektiven Entscheidungsprinzipien aufbauen!

Der erste Punkt bezieht sich darauf, daß menschliche Wesen keine Roboter sind. Wir haben starke Emotionen, aber häufig sehr unterschiedliche Vorstellungen und haben Schwierigkeiten, uns klar zu verständigen. Üblicherweise werden Emotionen mit der objektiven Sachlage des Problems versponnen. Wenn dann noch Positionen eingenommen werden, verschlimmert das die Sache weiter, denn das Ich der Menschen identifiziert sich mit ihren Positionen. Vor jeder Erörterung der Sachlage sollte daher das »menschliche Problem« abgelöst und getrennt davon behandelt werden. Bildlich gesprochen sollten sich die Partner Seite an Seite sehen, wie sie gemeinsam das Problem angehen – und nicht, wie sie aufeinander losgehen. Erste Voraussetzung also: *Menschen und Probleme getrennt behandeln.*

Der zweite Punkt soll die Beeinträchtigungen beseitigen, die durch Konzentration auf Positionen entstehen, damit bei der Verhandlung die jeweils dahinterstehenden Interessen befriedigt werden können. Verhandlungspositionen verdecken oft das, was Sie wirklich wollen. Ein Kompromiß zwischen Positionen berücksichtigt höchstwahrscheinlich nicht die menschlichen Bedürfnisse, die zu eben diesen Positionen geführt haben. Der zweite Grundaspekt heißt also: *Konzentration auf Interessen, nicht auf Positionen.*

Der dritte Punkt bezieht sich auf Möglichkeiten, optimale Lösungen selbst unter Druck zu erzielen. Wenn Ihr Gegner bei Ihrer Entscheidung anwesend ist, so schmälert das Ihre eigenen

Aussichten. Grenzlinien und die Suche nach der *einen* richtigen Lösung behindern jegliche Kreativität. Entgehen Sie diesen Zwängen. Ziehen Sie sich eine bestimmte vereinbarte Zeit zurück und denken Sie über die ganze Palette möglicher Lösungen nach, die alle gemeinsamen Interessen berücksichtigen und unterschiedliche Anliegen miteinander in Einklang bringen. Daher Punkt drei: Vor dem Versuch, ein Übereinkommen abzuschließen, *nach Möglichkeiten für gegenseitigen Nutzen suchen.*

Wo Interessen einander unmittelbar widersprechen, erreicht möglicherweise ein Verhandlungspartner ein für ihn günstiges Ergebnis einfach durch Sturheit. Unzugänglichkeit wird damit belohnt, und willkürliche Ergebnisse kommen dabei heraus. Einem solchen Verhandlungspartner treten Sie am besten mit der Erklärung entgegen, daß sein einseitiges Gerede hier nicht genüge, und daß eine Übereinstimmung fairen Maßstäben entsprechen müsse, die wiederum unabhängig vom bloßen Willen der einen oder anderen Seite sind. Das heißt nicht, daß die Bedingungen nur auf Prinzipien beruhen müssen, die Sie auswählen, sondern nur, daß die Lösung von fairen Maßstäben bestimmt wird, etwa durch den Marktwert oder eine Expertenmeinung, durch Sitten, Rechtsnormen etc. Diskutiert man diese Kriterien (anstatt der Wünsche der Parteien), so muß am Ende keine von ihnen »nachgeben«: einer fairen Lösung können sich beide unterwerfen. Vierter Punkt daher: *Auf der Anwendung neutraler Beurteilungskriterien bestehen.*

In der Tabelle auf S. 33 ist das harte bzw. weiche Feilschen um Positionen der Methode des sachbezogenen Verhandelns gegenübergestellt. Darin sind die vier Punkte dieser Methode kursiv hervorgehoben.

Die vier Grundvoraussetzungen sachbezogenen Verhandelns sind relevant von dem Moment an, wo Sie über die Sache nachzudenken beginnen – bis hin zu dem Zeitpunkt, wo eine Übereinkunft erreicht ist oder Sie den Versuch aufgeben. Dieser gesamte Zeitraum teilt sich in drei Abschnitte ein: Analyse, Planung, Diskussion.

Problem		*Lösung*
Welche Rolle würden Sie im Feilschen um Positionen übernehmen?		Ändern Sie das Spiel – Verhandeln Sie sachbezogen
Weich	*Hart*	*Sachbezogen*
Die Teilnehmer an der Verhandlung sind Freunde	Die Teilnehmer sind Gegner	Teilnehmer sind Problemlöser
Ziel: Übereinkunft mit der Gegenseite	Ziel: Sieg über die Gegenseite	Ziel: vernünftiges, effizient und gütlich erreichtes Ergebnis
Konzessionen werden zur Verbesserung der Beziehung gemacht	Konzessionen werden als Voraussetzung der Beziehungen gefordert	*Menschen und Probleme getrennt behandeln*
Weiche Einstellung zu Menschen und Problemen	Harte Einstellung zu Menschen und Problemen	Weich zu den Menschen, hart in der Sache
Vertrauen zu den anderen	Mißtrauen gegenüber den anderen	Unabhängig von Vertrauen oder Mißtrauen vorgehen
Bereitwillige Änderung der Position	Beharren auf der eigenen Position	*Konzentration auf Interessen, nicht auf Positionen*
Angebote werden unterbreitet	Drohungen erfolgen	Interessen erkunden
Die Verhandlungslinie wird offengelegt	Die Verhandlungslinie bleibt verdeckt	»Verhandlungslinie« vermeiden
Einseitige Zugeständnisse werden um der Übereinkunft willen in Kauf genommen	Einseitige Vorteile werden als Preis für die Übereinkunft gefordert	*Möglichkeiten für gegenseitigen Nutzen suchen*
Suche nach der einzigen Antwort, die die anderen akzeptieren	Suche nach der einzigen Antwort, die ich akzeptiere	Unterschiedliche Wahlmöglichkeiten suchen; erst danach entscheiden
Bestehen auf einer Übereinkunft	Bestehen auf der eigenen Position	*Bestehen auf objektiven Kriterien*
Willenskämpfe werden vermieden	Der Willenskampf muß gewonnen werden	Ein Ergebnis unabhängig vom jeweiligen Willen zu erreichen suchen
Starkem Druck wird nachgegeben	Starker Druck wird ausgeübt	Vernunft anwenden und der Vernunft gegenüber offen sein; nur sachlichen Argumenten und nicht irgendwelchem Druck nachgeben

Während der *Analyse* versuchen Sie lediglich die Situation zu erkennen. Sie holen Informationen ein, ordnen sie und denken darüber nach. Sie sollten die menschlichen Probleme betrachten, die den parteiischen Vorstellungen, abweisenden Gefühlen und manch unklarer Verständigung zugrunde liegen: Darüber hinaus sollten Sie auch Ihre eigenen Interessen ebenso wie die der Gegenseite bestimmen. Am besten notieren Sie sich schon mal Ihre Wünsche und Möglichkeiten und legen Kriterien fest, die sich als Basis für eine Übereinkunft eignen. Während der *Planungsperiode* haben Sie erneut mit denselben vier Elementen zu tun. Dabei sollten Sie nun Vorstellungen entwickeln und entscheiden, was zu tun ist. Auf welche Weise behandeln Sie die menschlichen Probleme am besten? Welche Ziele sind erreichbar? Am besten entwickeln Sie zusätzliche Wahlmöglichkeiten und Kriterien, zwischen denen Sie entscheiden können.

Auch während der *Diskussion* – wenn die Parteien miteinander verhandeln und auf eine Lösung hinarbeiten – eignen sich dieselben vier Elemente am besten als Verhandlungsgrundlage. Unterschiedliche Vorstellungen sowie Frustrationsgefühle, Ärger, Kommunikationsschwierigkeiten, all das kann man erkennen und artikulieren. Jede Seite sollte die Interessen der anderen verstehen lernen. Gemeinsam kann man dann Wahlmöglichkeiten entwickeln, die für beide Parteien vorteilhaft sind und Übereinkünfte auf der Grundlage objektiver Prinzipien suchen, um die entgegengesetzten Interessen zu versöhnen.

Alles in allem: anders als beim Feilschen um Positionen bringt die Methode des sachbezogenen Verhandelns durch die Einbeziehung grundlegender Interessen, durch gegenseitig befriedigende Zielvorstellungen und faire Entscheidungsmaßstäbe eine *vernünftige Übereinkunft* hervor. Man erreicht damit einen steigenden Konsens gemeinsamer Entscheidung, und zwar auf *effiziente Art und Weise* – ohne all die hohen Unkosten, die dadurch entstehen, daß man sich zuerst in einer Position eingräbt, um sich hernach wieder auszubuddeln. Trennt man die Behandlung der Menschen von der Behandlung des Problems, so kann man den Partner unmittelbar und ausdrücklich als menschliches Wesen angehen. Dadurch wird dann auch eine *gütliche* Übereinkunft möglich.

Die folgenden vier Kapitel behandeln jeweils einen dieser vier grundlegenden Punkte. Wenn Sie an irgendeiner Stelle skeptisch oder verwirrt werden, überschlagen Sie die nächsten Seiten und finden dann in den letzten drei Kapiteln Antworten auf Fragen, die jeweils am häufigsten zu diesen Problemen gestellt werden.

II. Die Methode

1. Menschen und Probleme getrennt voneinander behandeln

Wie jeder weiß, lassen sich die meisten Probleme nur schwer bewältigen, ohne daß Menschen einander mißverstehen, sich ärgern, aufregen und die Dinge persönlich nehmen.

Ein Betriebsrat zu seinen Leuten: »Also, wer hat zur Arbeitsniederlegung aufgerufen?«

Schmidt tritt vor. »Ich. Wieder war dieser Mistkerl, der Vorarbeiter Meier, dran schuld. Zum fünften Mal in zwei Wochen hat er mich jetzt von unserer Gruppe weggeholt, und ich mußte anderswo jemanden vertreten. Immer hat er's mit mir; ich hab' keine Lust mehr. Warum soll immer ich die Dreckarbeit tun?«

Der Gewerkschafter spricht Meier an. »Warum nehmen Sie immer gerade Schmidt? Er sagt, daß Sie ihn schon fünfmal in zwei Wochen zur Vertretung abgeordnet haben. Was ist denn eigentlich los?«

Meier: »Ich nehme Schmidt, weil er mein bester Mann ist. Er kann meines Erachtens eine Gruppe jederzeit auf Vordermann bringen, wenn deren Leiter fehlt. Ich setze ihn auch nur dann ein, wenn irgendwo wirklich der wichtigste Arbeiter fehlt, sonst nehme ich Müller oder sonst jemanden. Aber zur Zeit fehlen eine Menge wichtige Leute, weil überall die Grippe grassiert. Mir war auch nicht klar, daß der Schmidt was dagegen hat. Ich dachte, er trägt gern Verantwortung.«

Eine andere konkrete Situation. Der Rechtsanwalt einer Versicherungsgesellschaft spricht mit dem zuständigen Referenten der Aufsichtsbehörde:

»Ich bin Ihnen dankbar, daß Sie Zeit für mich haben. Ich möchte mit Ihnen über ein paar Probleme mit der Präsumptivklausel bei der Regulierung von Haftpflichtfällen sprechen. Die Formulierung der Klausel benachteiligt offenbar diejenigen Versicherer, deren Policen derzeit Regulierungsgrenzen enthalten. Wir würden gerne mal fragen, wie man das ändern kann…«

Der Beamte unterbricht: »Herr Bernhard, Ihre Gesellschaft hatte doch lange genug Gelegenheit, während der Hearings sämtliche Einwände in meiner Abteilung vorzutragen, ehe das Ganze beschlossen wurde. Ich habe diese Hearings selbst durchgeführt, Herr Bernhard. Ich habe jedes Wort der Sachverständigen gehört und den Schlußbericht darüber persönlich verfaßt. Wollen Sie sagen, daß ich da etwas falsch gemacht habe?«

»Nein, aber…«

»Wollen Sie sagen, daß ich da unfair war?«

»Natürlich nicht, aber ich denke, diese Regelung hatte Konsequenzen, die niemand von uns vorausgesehen hat, und…«

»Hören Sie mal, Herr Bernhard, als ich diesen Job übernahm, habe ich öffentlich versprochen, mit diesen tödlichen Haartrocknern und den 30000-Mark-Bomben, die man Autos nennt, aufzuräumen. Und die neuen Vorschriften haben genau das erreicht. Ihre Gesellschaft hat mit dem Haftpflichtgesetz im letzten Jahr 50 Millionen Mark Profit gemacht. Halten Sie mich für einen Narren, daß ich hier herkomme und dann über ›unfaire Vorschriften‹ und ›unvorhergesehene Konsequenzen‹ palavere? Ich will davon nichts mehr hören. Guten Tag, Herr Bernhard.«

Was nun? Soll der Versicherungsanwalt den Beamten in diesem Fall unter Druck setzen und in Kauf nehmen, daß er sich ärgert und man vielleicht gar nichts erreicht? Die Versicherungsgesellschaft ist an vielen Geschäften interessiert, und gute Beziehungen zum zuständigen Beamten sind wichtig. Oder soll er die Sache auf sich beruhen lassen, obwohl er die Vorschrift für unfair hält und meint, daß sie langfristig auch gegen das öffentliche Interesse verstößt, und obwohl er sicher ist, daß auch die Experten während der Hearings dieses Problem nicht erkannt hatten?

Was passiert in solchen Fällen?

Verhandlungspartner sind zuallererst Menschen

Ob juristische Auseinandersetzungen oder internationale Verhandlungen – eine Grundtatsache wird leicht vergessen: daß die »Gegenseite« nicht aus abstrakten Repräsentanten besteht, sondern aus Menschen. Sie werden von Gefühlen geleitet, von tiefverwurzelten Werten. Sie stammen aus unterschiedlichen Bereichen, vertreten gegensätzliche Standpunkte, und sie sind nicht vorausberechenbar. Für Sie selbst gilt das übrigens ganz genauso.

Dieser menschliche Aspekt kann beim Verhandeln nützen oder aber auch stören. Die Erarbeitung einer Übereinkunft schafft möglicherweise aufgrund psychologischer Verbundenheit wechselseitig befriedigende Ergebnisse. Ein zunehmend engeres Verhältnis, in dem Vertrauen, Verständnis, Respekt und Freundschaft über lange Zeit hinweg aufgebaut werden, erleichtert vielleicht jede neue Verhandlung und macht sie effizienter. Menschen sehen sich selbst gern in bestem Licht und achten auf die Wertschätzung durch die anderen. Das macht sie oft aufgeschlossener für die Interessen des Verhandlungspartners. Aber Menschen können auch ärgerlich, niedergeschlagen, ängstlich, frustriert, beleidigt sein. Ihr Ich wird leicht erschüttert. Sie sehen die Welt im Licht ihres eigenen Vorteils und verwechseln recht oft ihre Vorstellungen mit der Realität. Gewöhnlich interpretieren die anderen Ihre Worte nicht in Ihrem Sinn und verstehen daher auch nicht, was Sie ihnen sagen wollten. Mißverständnisse provozieren Vorurteile und Reaktionen, die wiederum Gegenreaktionen auslösen – ein endloser Kreislauf beginnt. Vernünftige Lösungsversuche werden unmöglich; die Verhandlungen scheitern. Das ganze Spiel zielt dann nur noch darauf, Punkte zu sammeln, negative Eindrücke zu verstärken und die Schuld zu verteilen; alles auf Kosten der sachlichen Interessen beider Seiten.

Fühlt man sich beim Umgang mit anderen nicht in deren menschliche Seite ein, wird das möglicherweise für die Verhandlung verhängnisvoll. Was immer man auch gerade bei einer Verhandlung von Anfang bis Ende unternimmt, man sollte sich fragen: »Achte ich genügend auf die menschlichen Probleme?«

Jeder Verhandlungspartner hat zwei Grundinteressen: Das eine bezieht sich auf den Verhandlungsgegenstand, das andere auf die persönlichen Beziehungen

Jeder Verhandlungspartner sucht nach Übereinkünften, die seine sachlichen Interessen befriedigen. Darum verhandelt er ja. Darüber hinaus hat er aber auch ein Interesse an seiner Beziehung zur Gegenseite. Der Antiquitätenhändler möchte Profit machen und zugleich den Käufer als Stammkunden gewinnen. Zumindest will jeder Verhandlungspartner bestehende Beziehungen so gut erhalten, daß womöglich ein annehmbares Übereinkommen gemäß den beiderseitigen Interessen zustande kommt. Normalerweise geht es aber um mehr. Die meisten Verhandlungen finden im Rahmen einer dauernden Beziehung statt. Es ist daher wesentlich, jede Verhandlung so zu führen, daß die künftigen Beziehungen und künftigen Verhandlungen gefördert und nicht etwa beeinträchtigt werden. Tatsächlich ist die Aufrechterhaltung der Beziehung zu langjährigen Kunden,

Geschäftspartnern, Familienmitgliedern, Berufskollegen, Beamten oder anderen Nationen weit wichtiger als das Ergebnis irgendeiner speziellen Verhandlung.

Persönliche Beziehungen vermischen sich leicht mit den anstehenden Problemen

Eine wichtige Konsequenz des »Problems Mensch« besteht beim Verhandeln darin, daß persönliche Beziehungen zwischen den Parteien leicht mit sachlichen Auseinandersetzungen vermengt werden. Ob wir geben oder nehmen – wir tendieren immer dazu, Menschen und Probleme in einen Topf zu werfen. Wenn in einer Familie der Satz fällt »Die Küche ist ein einziges Durcheinander« oder »Unser Konto ist überzogen«, so mag damit schlichtweg ein bestimmtes Problem gemeint sein, aber man kann es auch leicht als persönlichen Angriff verstehen. Der Ärger über eine mißliche Situation verleitet einen leicht, seinen Unmut gegenüber Menschen auszudrücken, mit denen sich dies alles verbindet. Oft bezieht man das Ich in sachliche Positionen mit ein.

Ein anderer Grund für die Vermischung der sachlichen Probleme mit psychologischen Aspekten liegt darin, daß Menschen gerne aus sachlichen Erklärungen unzulässige Folgerungen ableiten, die sie dann als Belege für die Absichten und Vorsätze der Gegenseite ansehen. Selbst bei aller Vorsicht läuft dieser Prozeß fast automatisch ab. Wir nehmen nur selten an, daß die Darlegungen der anderen wirklich so gemeint sind. Beim Beispiel mit dem Betriebsrat glaubte Schmidt, daß der Vorarbeiter es auf ihn abgesehen hatte – während Meier dachte, ihm durch die Übertragung von Verantwortung Anerkennung zu zollen und einen Gefallen zu erweisen.

Feilschen um Positionen bringt persönliche Beziehungen und Sachprobleme in Kollision

Wird eine Verhandlung zum Kampf über den stärkeren Willen bei der Behauptung von Positionen, wirkt sich der Vermischungsprozeß noch verhängnisvoller aus. Ich betrachte Ihre Position als Erklärung, die aussagt, wie Sie sich den Ausgang der Verhandlung wünschen. Für mich beweist das, wie wenig Sie sich um unsere Beziehungen kümmern. Nehme ich selbst eine harte Position ein, die Sie für unvernünftig halten, so nehmen Sie an, daß dies auch für mich eine extreme Ausgangsstellung darstellt, und schließen daraus, daß mir unsere Beziehungen – und Sie selbst – nicht sonderlich viel bedeuten.

Feilschen um Positionen betrifft also die sachlichen Interessen des Verhandlungspartners ebenso wie die guten Beziehungen zu ihm – und beides wird nun gegeneinander ausgespielt. Wenn für Ihre Versicherungsgesellschaft langfristig die Beziehung zum staatlichen Aufsichtsbeamten wichtig ist, werden Sie wahrscheinlich das Sachproblem auf sich beruhen lassen. Wenn es mehr um eine vorteilhafte Lösung als um den Respekt oder die Zuneigung zur Gegenseite geht, können Sie natürlich die Beziehung zugunsten der Sache auch hintanstellen. »Wenn Sie diesen Punkt nicht akzeptieren, ist Schluß. Das war dann das letzte Mal, daß wir miteinander verhandelt haben.« Allerdings wird auch das Nachgeben in einer Kernfrage nicht automatisch Freundschaft einbringen. Es kann möglicherweise auch die Gegenseite davon überzeugen, daß man Sie ausnutzen kann.

Trennen Sie persönliche Beziehungen von der Sachfrage. Kümmern Sie sich unmittelbar um das »Problem Mensch«

Mit Sachproblemen fertig zu werden und dennoch gleichzeitig gute Beziehungen aufrechtzuerhalten muß nicht konfliktreich sein. Beide Seiten müssen sich lediglich verpflichten – und dazu auch psychologisch in der Lage sein –, beides getrennt voneinander und nach dem Gesichtspunkt der jeweiligen Legitimität zu behandeln. Gründen Sie die Beziehung auf genaue Vorstellungen, unzweideutige Kommunikation, sachbezogene Gefühle und vorausweisende zielstrebige Perspektiven. Kümmern Sie sich unmittelbar um das »Problem Mensch«. Versuchen Sie nicht, es durch Zugeständnisse in der Sache zu lösen.

Wenn es um psychologische Probleme geht, sollten Sie auch psychologische Techniken benutzen. Wenn die Vorstellungen nicht präzise sind, suchen Sie nach einer Präzisierung. Wenn die Emotionen hochgehen, finden Sie Wege zum Abbau der Erregung für alle. Gibt es Mißverständnisse, verbessern Sie die Kommunikation.

Drei Grundbegriffe sind auf dem Weg durch das Dickicht des »Problems Mensch« für Ihr Denken nützlich: Vorstellung, Emotion, Kommunikation. All die verschiedenen Probleme fallen unter einen dieser Aspekte.

Beim Verhandeln vergißt man übrigens auch leicht, sich nicht nur um die menschlichen Probleme der anderen zu kümmern, sondern auch um die eigenen. Ihr Ärger und Ihre Frustration können sehr wohl auch eine für sie günstige Übereinkunft verhindern. Oft genug werden Ihre Vorstellungen einseitig sein, und möglicherweise hören Sie manchmal auch nicht richtig zu. Die Techniken, die wir im folgenden anführen, beziehen sich daher ebenso auf Ihre Probleme wie auch auf die der Gegenseite.

Vorstellungen

Das Verständnis für das Wie und Was im Denken der Gegenseite ist nicht nur nützlich für die Lösung Ihres Problems. Was die Gegenseite denkt, ist Ihr Problem. Ob Sie ein Geschäft machen oder einen Streit schlichten: die Differenzen bestimmen sich immer als der Unterschied zwischen Ihrem Denken und dem der Gegenseite. Wenn zwei Personen streiten, geht es gewöhnlich um einen Gegenstand – z.B. erheben beide Anspruch auf dieselbe Uhr – oder um ein Ereignis – wenn jeder behauptet, der andere habe den Autounfall verschuldet. Genauso ist es bei der Auseinandersetzung von Nationen: Marokko und Algerien stritten über einen Teil der West-Sahara, Indien und Pakistan über die Entwicklung der Atombomben der jeweiligen Gegenseite.

In solchen Situationen suchen viele dadurch weiterzukommen, daß sie den Gegenstand oder das Ereignis intensiver untersuchen. Sie betrachten die Uhr genauer oder messen die Bremsspuren am Unfallort. Sie befassen sich mit der Westsahara oder der genauen Geschichte der Atomwaffenentwicklung in Indien und Pakistan.

Der Konflikt liegt jedoch schließlich nicht in der objektiven Wirklichkeit, sondern in den Köpfen der Menschen. Entdeckt man »Wahrheiten«, so ist das sicher ein zusätzliches Argument – manchmal ein gutes, manchmal weniger gut – zur Behandlung des Falles. Die Differenzen selbst aber existieren nur, weil die Menschen sie in ihren Köpfen denken. Selbst wenn Ängste unbegründet sind, so sind sie doch real, und man muß sie beachten. Selbst unrealistische Hoffnungen verursachen mitunter Kriege. Und selbst noch so deutlich festgestellte Fakten tragen möglicherweise nicht zur Lösung des Problems bei. Beide Seiten mögen darüber einig sein, daß der eine die Uhr verloren und der andere sie gefunden hat, aber sie bleiben weiterhin im Streit, wer sie nun bekommt. Es mag letztendlich feststehen, daß der Autounfall durch einen geplatzten Reifen verursacht wurde, und doch streiten die Parteien weiter, wer den Schaden bezahlen soll. Eine Auseinandersetzung wie die um die Westsahara wird auch durch noch so genaue Erforschung der Geschichte und Geographie nicht geschlichtet. Und auch der Konflikt zwischen Indien und Pakistan wurde nicht durch irgendwelche Untersuchungen über die Entwicklung der nuklearen Einrichtungen beigelegt.

So nützlich die Betrachtung der objektiven Wirklichkeit sein mag, letztlich wird das Problem bei Verhandlungen durch die Sichtweise beider Seiten bestimmt. Und das erst eröffnet den Weg zu einer Lösung.

Versetzen Sie sich in die Lage der anderen

Wie Sie die Welt sehen, hängt davon ab, wo Sie stehen. Menschen haben die Eigenart, nur das zu sehen, was sie sehen wollen. Aus einer Unmenge spezieller Informationen holen sie das heraus und versteifen sich darauf, was ihre früheren Vorstellungen bestärkt; was ihre Vorstellungen in Frage stellt, lassen sie statt dessen außer acht oder deuten es falsch. Alle Beteiligten an einer Verhandlung sehen möglicherweise nur ihre eigenen Verdienste und die Fehler der anderen.

So schwer es auch sein mag, die Fähigkeit, eine Situation auch von der anderen Seite her zu sehen, ist eine der wichtigsten Fertigkeiten für jeden, der verhandelt. Die Erkenntnis, daß die anderen die Sache anders sehen, reicht nicht. Wenn Sie sie beeinflussen wollen, müssen Sie sich auch der Stärke dieses Standpunktes öffnen und die emotionale Macht erfühlen, mit der die Gegenseite daran hängt. Da hilft es auch nicht, sie wie Käfer unter dem Mikroskop zu studieren; Sie müssen auch wissen, wie ein Käfer fühlt. Darum sollten Sie imstande sein, Ihr Urteil für einige Zeit zurückzustellen und sich ganz der anderen Sicht zuzuwenden. Die anderen glauben nämlich genauso an ihren Standpunkt als den »richtigen« wie Sie an den Ihrigen.

Auf Ihrem Tisch sehen Sie ein halbvolles Glas kühlen Wassers. Für Ihren Ehepartner aber ist das nur ein dreckiges, halbleeres Glas, das auf der Tischplatte einen häßlichen Ring macht.

Nachfolgend die unterschiedlichen Vorstellungen eines Mieters und seiner Vermieterin bei der Verhandlung über eine Änderung des Mietvertrags:

Vorstellungen des Mieters	*Vorstellungen der Vermieterin*
Die Miete ist bereits jetzt zu hoch	Die Miete wurde schon lange nicht mehr erhöht
Alles wird teurer; ich kann nicht noch mehr Miete zahlen	Alles wird teurer; ich muß mehr einnehmen
Die Wohnung muß neu gestrichen werden	Er hat die Wohnung ziemlich verkommen lassen
Ich kenne Leute, die viel weniger für eine ähnliche Wohnung bezahlen	Ich kenne Leute, die mehr für eine ähnliche Wohnung bezahlen
Junge Leute wie ich können so hohe Mieten nicht zahlen	Junge Leute wie der machen gern Lärm und wirtschaften die Wohnung herunter
Die Miete müßte niedriger sein, denn die Gegend ist ziemlich heruntergekommen	Wir sollten alle die Mieten erhöhen, damit die Gegend wieder Ansehen bekommt
Ich bin ein guter Mieter, halte weder Hunde noch Katzen	Seine Stereo-Anlage macht mich verrückt
Ich zahle die Miete immer pünktlich, sobald sie danach fragt	Die Miete zahlt er auch erst, wenn ich danach frage
Sie ist eine unzugängliche Vermieterin, die nie fragt, wie es mir geht	Ich bin immer diskret und mische mich nie in die Angelegenheit des Mieters ein

Den Standpunkt der Gegenseite zu verstehen heißt noch lange nicht, daß man damit einverstanden ist. Ein besseres Verständnis für das Denken des anderen kann mitunter auch Ihre eigene Sicht der Dinge verändern. Aber das ist nicht der Preis für das

Verständnis des anderen Standpunktes, sondern der *Lohn* dafür. Denn damit schränken Sie den Konfliktbereich ein, und es hilft Ihnen, Ihre eigenen Interessen neu abzuklären.

Leiten Sie die Absichten anderer niemals aus Ihren eigenen Befürchtungen ab

Wir Menschen neigen alle zu der Annahme, daß die Gegenseite immer das tut, was wir selbst befürchten. Eine Geschichte aus der »New York Times« vom 25. Dezember 1980: »Sie trafen sich in einer Bar, und er bot ihr an, sie heimzubringen. Er nahm ganz ungewöhnliche Wege und behauptete, es seien Abkürzungen. So schnell brachte er sie nach Hause, daß sie sogar noch die 10-Uhr-Nachrichten mitbekam.« Warum überrascht uns dieser Schluß so sehr? Weil uns unsere Befürchtungen vorher zu schlimmen Annahmen verleitet haben.

Oft lesen wir einfach allzuleicht das Schlimmste in die Aktionen der Gegenseite hinein. Aus den eigenen Vorstellungen entsteht so oft genug zwangsläufig Argwohn. Mehr noch: dieser Argwohn scheint uns sogar besondere »Sicherheit« zu geben; eventuelle Zuschauer sollten darüber hinaus auch noch erkennen, wie schlimm die Gegenseite wirklich ist. Aber der Preis für solche Deutungen besteht in der Verhinderung neuer Ideen, die auf eine Übereinkunft abzielen, und im Verkennen oder Zurückweisen subtiler Positionsänderungen der Gegenseite.

Schieben Sie die Schuld an Ihren eigenen Problemen nicht der Gegenseite zu

Oft läßt man sich auch verführen, die Gegenseite für die eigenen Probleme verantwortlich zu machen. »Ihre Firma ist total unzuverlässig. Der Service hier an unserem Gerät ist miserabel, es gibt ständig Defekte.« Wir geraten alle leicht ins Schimpfen, besonders wenn wir merken, daß die Gegenseite tatsächlich verantwortlich ist. Aber selbst gerechtfertigte Tadel sind unproduktiv. Denn gegen die Vorwürfe muß sich die Gegenseite verteidigen und wird Ihnen widersprechen. Sie wird dann kaum noch zuhören oder aber mit einem Gegenangriff zurückschlagen. Durch Schuldzuweisungen werden die menschliche und die sachliche Seite der Angelegenheit vermischt.

Trennen Sie bei dem Gespräch die Unzufriedenheit mit der Sache von der Person, mit der Sie reden. »Das Gerät, das Sie bei uns warten, ist wieder kaputt. Schon zum dritten Mal in diesem Monat. Beim ersten Mal fiel es eine ganze Woche aus. Wir brauchen den Apparat aber für unser Geschäft. Können Sie mir nicht einen Rat geben, wie wir einen neuerlichen Ausfall vermeiden können? Sollen wir den Service-Dienst wechseln, oder wie?«

Sprechen Sie über die Vorstellungen beider Seiten

Mit unterschiedlichen Vorstellungen kommt man zu Rande – dies ist jedenfalls ein Weg –, indem man sie ausspricht und mit der anderen Seite diskutiert. Geschieht dies frei und offen ohne gegenseitige Vorwürfe, kann eine solche Aussprache das notwendige Verständnis für die Ernsthaftigkeit beider Seiten fördern.

Gewöhnlich läßt man bei Verhandlungen all die Interessen der anderen Seite als »unbedeutend« außer acht, von denen man glaubt, daß sie einer Einigung nicht entgegenstehen. Aber gerade die ausdrückliche und überzeugende Artikulation all dessen, was die anderen gerne hören und Sie auch aussprechen wollen, kann sich besonders gut auf Verhandlungen auswirken.

Als Beispiel die Verhandlungen der Seerechtskonferenz: Von 1974 bis 1981 trafen sich in New York und Genf Vertreter von mehr als 150 Nationen, um Grundsätze über die Nutzungsrechte im Meer – von den Fischereirechten bis zum Manganabbau in der Tiefsee – zu formulieren. An einem bestimmten Punkt der Verhandlungen zeigten die Vertreter der Entwicklungsländer starkes Interesse am Erwerb moderner Technologien. Ihre Länder wollten von den Industrienationen deren fortschrittliches technisches Wissen und Können erwerben, um selbst Bergbau in der Tiefsee zu betreiben.

Die Vereinigten Staaten und andere entwickelte Industrienationen sahen keine Schwierigkeit darin, diese Forderung zu erfüllen. Die Frage des Transfers von Technologien war für sie daher unbedeutend. Das war einerseits natürlich richtig, aber zugleich war es ein großer Fehler, daß man nun den ganzen Verhandlungsgegenstand als unwichtig ansah. Hätten die Industriestaaten mehr Zeit für die Ausarbeitung praktikabler Übereinkommen zum Technologietransfer aufgewendet, wäre ihr Angebot viel glaubwürdiger und viel attraktiver für die Entwicklungsländer gewesen. So wurde diese Einigung als unbedeutende Nebensache für einen späteren Zeitpunkt abgelegt. Die Industriestaaten gaben damit eine günstige Gelegenheit auf, die Entwicklungsländer mit einer eindrucksvollen Errungenschaft zu beliefern und dadurch Anreize für Übereinkünfte auf anderen Gebieten zu bieten.

Suchen Sie die Vorstellungen der Gegenseite auf unerwartete Weise zu nutzen

Die wohl beste Möglichkeit zur Veränderung von Vorstellungen der Gegenseite besteht darin, daß man sich anders als erwartet verhält. Der unerwartete Besuch Präsident Sadats in Jerusalem im November 1977 ist dafür ein besonders auffälliges Beispiel. Die Israelis sahen Ägypter und damit auch Sadat als ihren Feind an, der sie vor vier Jahren überraschend angegriffen hatte. Sadat wollte diese Vorstellung ändern und Israel davon überzeugen, daß auch er den Frieden wünschte. Also flog er in die

Hauptstadt des Feindes, eine umstrittene Hauptstadt, die nicht einmal von den Vereinigten Staaten, Israels bestem Freund, anerkannt wurde. Statt als Feind handelte Sadat als Partner. Ohne diese dramatische Wende wäre der Frieden zwischen Ägypten und Israel kaum vorstellbar.

Beteiligen Sie die Gegenseite am Ergebnis: Sorgen Sie dafür, daß sie sich am Verhandlungsprozeß beteiligt

Wer an einem Prozeß nicht beteiligt ist, wird wohl das Ergebnis auch nicht gerne akzeptieren. Das ist eine schlichte Tatsache. Wenn Sie beim staatlichen Versicherungsbeauftragten gleich kampfbereit mit einer lange vorbereiteten Recherche aufkreuzen, brauchen Sie sich nicht zu wundern, daß der Beamte sich bedroht fühlt und Ihre Ausführungen beanstandet. Wenn Sie einen Mitarbeiter nicht danach fragen, ob er überhaupt eine verantwortungsvolle Stelle will, müssen Sie nicht überrascht sein, wenn er sich über seine Versetzung ärgert. Soll die Gegenseite eine strittige Konsequenz akzeptieren, ist es entscheidend, daß Sie sie in den Prozeß einbeziehen, aus dem sich diese Konsequenz ergibt.

Genau das wird meistens unterlassen. Geht es um eine schwierige Streitfrage, schiebt man den schwersten Teil meist unwillkürlich hinaus. »Wir müssen das Ganze schon völlig durchgearbeitet haben, ehe wir den Beamten treffen.« Der aber stimmt einer Abänderung der Vorschriften viel leichter zu, wenn er das Gefühl hat, daß er selbst daran mitwirkt. Dann nämlich sieht eine Revision eher wie ein kleiner Abschnitt einer langen Entwicklung aus, die er selbst mit seiner ursprünglichen Vorschrift eingeleitet hat, und nicht wie der Versuch, sein ganzes Werk kurz und klein zu hauen.

In Südafrika versuchten vor einigen Jahren gemäßigte Weiße, die diskriminierenden Rassengesetze abzuschaffen. Aber wie gingen sie da vor? Sie bildeten einen aus Weißen bestehenden Parlamentsausschuß, der entsprechende Vorschläge beraten sollte. All das mag durchaus verdienstvoll gewesen sein, letztlich blieb es notwendigerweise unzureichend – nicht aufgrund der Inhalte, sondern weil die Ergebnisse aus einem Prozeß stammten, in den Schwarze nicht einbezogen waren. Diese konnten das dann auch nur verstehen, als wollten die »Herren« damit ausdrücken: »Wir höherstehenden Weißen legen fest, wie man eure Probleme lösen muß.« Die »Last des weißen Mannes« war wieder da – das Problem, mit dem man hätte beginnen müssen.

Selbst wenn Bedingungen für eine Übereinkunft günstig scheinen, weist die Gegenseite sie möglicherweise zurück – weil der Ausschluß vom Entscheidungsprozeß ganz einfach Mißtrauen provoziert hat. Man verständigt sich viel leichter, wenn beide Seiten sich als Urheber der zugrundeliegenden Vorstellungen fühlen. Erteilen beide Seiten nach und nach der Entwicklung einer Lösung ihre Zustimmung, wird der gesamte Verhandlungsprozeß fruchtbarer. Jede Kritik an den Bedingungen und jede erfolgte Änderung, jede Konzession ist ein persönliches Zeichen, das der Verhandelnde auf einem Lösungsvorschlag hinterläßt. Beide Seiten können sich dann im Ergebnis wiedererkennen.

Dazu muß man die Gegenseite aber frühzeitig einbinden. Holen Sie ihren Rat ein. Gehen Sie, wo immer möglich, auf ihre Ideen großzügig ein und beteiligen Sie die anderen auch persönlich daran, die gewonnenen Vorstellungen gegenüber Dritten zu verteidigen. Sicher ist die Versuchung oft groß, sich die Verdienste selbst zuzuschreiben, aber hier zahlt sich Großzügigkeit eher aus. Neben den sachlichen Vorzügen ist das Gefühl einer Beteiligung am Entscheidungsprozeß wohl der einzig wichtige Faktor bei der Entscheidung über die Annahme eines Vorschlags durch den Partner. In gewissem Sinn ist der Prozeß das Ergebnis selbst.

Das Gesicht wahren: Stimmen Sie Ihre Vorschläge auf das Wertsystem der anderen ab

Der Ausdruck »Das Gesicht wahren« hat einen leicht negativen Beigeschmack. Man sagt: »Wir machen das nur, damit er sein Gesicht wahren kann.« Und das bedeutet auch ein wenig heucheln. Der andere soll ohne schlechte Gefühle weitermachen können. Das Ganze hat einen etwas spöttischen Unterton.

Damit mißversteht man aber sowohl die Funktion als auch die Wichtigkeit des »Gesicht-Wahrens«. Es spiegelt sich nämlich die Notwendigkeit darin, den Verhandlungsstandpunkt oder eine Vereinbarung mit den bisher in Worten und Taten verfochtenen Grundsätzen in Einklang zu bringen.

Der juristische Bereich kennt dasselbe Problem. Ein Richter muß bei der Begründung seiner Entscheidung nicht nur sein eigenes Gesicht und das des Rechtssystems wahren, sondern auch das der streitenden Parteien. Er sagt nicht zur einen Seite: »Sie haben gewonnen« und zur anderen »Sie haben verloren«: Er erklärt vielmehr, inwiefern seine Entscheidung im Einklang steht mit den Rechtsgrundsätzen, den Gesetzen sowie früheren Entscheidungen. Er will nicht als willkürlicher Mensch erscheinen, sondern als jemand, der sich an die Regeln hält. In einer Verhandlung ist das nicht anders.

Oft beharren die Verhandlungspartner auf ihren Positionen nicht deshalb, weil der Gegenvorschlag unakzeptabel ist, sondern weil sie gegenüber der Gegenseite das Gefühl des Klein-Beigebens vermeiden wollen. Kann man jedoch die Sachlage so umformulieren und begrifflich fassen, daß es nach einem fairen Ergebnis aussieht, dann wird eine Übereinkunft zustande kommen. Ein Beispiel: Die zwischen einer Großstadt und der Landesregierung vereinbarten Bedingungen erwiesen sich für den Bürgermeister der Stadt solange als unannehmbar, bis die Übereinkunft zurückgenommen wurde und man dem Stadtoberhaupt zugestand, dieselben Bedingungen als seine eigene hart erstrittene Entscheidung hinzustellen.

Das Gesicht zu wahren bedeutet bei der Entwicklung eines Übereinkommens, die Grundsätze der Verhandlungspartner und das Image, das sie von sich haben, zu berücksichtigen. Die Wichtigkeit solchen Vorgehens sollte nicht unterschätzt werden.

Emotionen

Besonders bei harten Auseinandersetzungen im Rahmen von Verhandlungen sind mitunter Gefühle wichtiger als das Gespräch. Die Parteien sind möglicherweise eher zum Kampf bereit als zur kooperativen Lösung eines gemeinsamen Problems. Oft bemerken die Menschen erst bei der Verhandlung, wie scharf die Trennlinien sind, und sie fühlen sich bedroht. Emotionen der einen Seite lösen dann Emotionen auf der anderen aus. Angst erzeugt manchmal Ärger und Ärger wiederum Angst. Emotionen führen Verhandlungen oft recht schnell in eine Sackgasse oder zum Abbruch.

Zuallererst muß man Emotionen erkennen und verstehen – die der anderen und die eigenen

Beobachten Sie sich selbst einmal während der Verhandlung. Fühlen Sie sich nervös? Haben Sie Magendrücken? Ärgern Sie sich über die Gegenseite? Dann hören Sie mal den anderen zu und finden heraus, welche Emotionen Sie haben. Am besten schreiben Sie sich auf, was Sie tatsächlich fühlen – Angst, Unruhe, Ärger –, und danach, wie Sie sich eigentlich fühlen wollen – zuversichtlich, entspannt. Dann machen Sie dasselbe für die Gegenseite.

Verhandelt man mit Menschen, die eine Organisation repräsentieren, gerät man leicht in Gefahr, sie nur als Sprachrohr anzusehen – so als hätten sie keinerlei Gefühle. Man muß sich daher ständig daran erinnern, daß Menschen auch in dieser Funktion – wie Sie – persönliche Gefühle haben, Ängste, Hoffnungen, Träume. Vielleicht steht ihre Karriere auf dem Spiel. Mitunter gibt es Punkte, auf die sie besonders empfindlich reagieren, und andere, auf die sie besonders stolz sind. Emotionale Probleme haben übrigens nicht nur die unmittelbaren Verhandlungspartner. Auch ihre Auftraggeber haben Emotionen. Und mancher Auftraggeber schätzt vielleicht die Situation viel einfacher oder ungünstiger ein.

Fragen Sie sich nach der Ursache der Emotionen. Warum sind Sie ärgerlich? Warum sind es die anderen? Wirken Gefühle aus früherem Verdruß nach, sinnt der andere etwa auf Rache? Schwappen Emotionen von einem Streitpunkt zum anderen hinüber? Wirken häusliche Probleme in die geschäftlichen Dinge hinein? Ein Beispiel: Bei den Verhandlungen im Nahen Osten haben sowohl die Israelis als auch die Palästinenser Existenzängste. Sie entwickeln starke Emotionen, die nun sogar ihre höchst konkreten praktischen Streitfragen bestimmen, wie etwa die Wasserverteilung am Westufer des Jordan. Es ist fast unmöglich, daß die Parteien miteinander reden und Lösungen finden. Die Menschen dort sehen im Ganzen ihr Leben bedroht – und ordnen daher auch jede kleine Streitfrage in diese Überlebensprobleme ein.

Artikulieren Sie Ihre Emotionen und erkennen Sie deren Berechtigung an

Sprechen Sie mit den Menschen auf der Gegenseite über deren Gefühle. Sprechen Sie auch über Ihre eigenen. Es verletzt niemanden, wenn man sagt: »Wissen Sie, unsere Leute fühlen sich schlecht behandelt und sind daher erregt. Wir fürchten, daß ein Vorschlag für die Einigung nicht angenommen wird, auch wenn wir hier eine Übereinkunft zustande bringen. Das mag vernünftig sein oder nicht, wir müssen jedenfalls diese Sorge haben. Ich selbst teile die Befürchtungen nicht, aber andere haben diese Gefühle eben. Ist das bei Ihnen auch so?« Wenn Sie Ihre Gefühle oder die der Gegenseite zum Diskussionsgegenstand machen, so unterstreicht das nicht nur den Ernst der Lage. Die Verhandlungen werden weniger reaktiv, sondern vielmehr aktiv sein. Haben sich die Menschen erst einmal ihre unausgesprochenen Emotionen von der Seele geredet, werden sie sich viel lieber dem Problem selbst zuwenden.

Gestatten Sie der Gegenseite, Dampf abzulassen

Oft sollte man am besten die anderen darin unterstützen, den Ärger, die Frustation und die anderen negativen Emotionen dadurch abzubauen, daß man den Gefühlen Luft verschafft. Seelische Erleichterung erreicht man einfach dadurch, daß man seinen Kummer artikuliert. Wenn Sie nach Hause kommen und Ihrem Ehepartner erzählen wollen, was heute im Büro alles schiefgelaufen ist, steigt ihre Frustration wohl noch mehr, wenn der dann sagt: »Belästige mich bitte nicht damit. Ich glaube ja, daß Du einen harten Tag gehabt hast. Aber lassen wir das.« Das gilt auch für Verhandlungspartner. Hat man Dampf abgelassen, kann man danach vernünftiger miteinander sprechen. Legt ein Verhandlungspartner wütend los und zeigt so den Beteiligten, daß er kein »Weichling« ist, gewähren sie ihm vielleicht freiere Hand bei den Verhandlungen. Dann kann er sich auf seinen Ruf, hartnäckig zu sein, verlassen und ist später, wenn er einem Übereinkommen vielleicht doch zustimmt, gegen Kritik gefeit.

Jedenfalls bleiben Sie am besten kontrolliert sitzen und lassen die anderen ihren Kummer auf Sie abladen, unterbrechen Sie sie nur, wenn es zu Polemik oder direkten Ausfällen kommt. Sind Auftraggeber anwesend, werden möglicherweise deren eigene Frustrationen ebenso wie die Ihres Verhandlungspartners abgebaut, wenn erst einmal Emotionen freigesetzt werden. Die beste Strategie ist es wohl, beim Dampfablassen des Gegners ganz ruhig zuzuhören, ohne auf die Angriffe einzugehen und den Redner gelegentlich zu bitten, doch fortzufahren, bis er fertig ist. Auf diese Weise schütten Sie nicht weiter Öl zu, ermutigen den Redner zur Artikulation und haben kaum oder gar keine Nebenwirkungen zu erwarten.

Reagieren Sie nicht auf emotionale Ausbrüche

Riskant wird der Versuch zum Abbau von Emotionen dann, wenn emotionale Reaktionen provoziert werden. Wenn das Ganze nicht kontrolliert abläuft, gibt es möglicherweise bald heftigen Streit. In den 50er Jahren wandte das amerikanische ›Human Relations Committee‹ (Ausschuß für menschliche Beziehungen) erstmals eine ungewöhnliche und ausgesprochen wirkungsvolle Technik gegen den Aufeinanderprall von Emotionen an. Damals wurde in der Stahlindustrie eine Forschungsgruppe gegründet zur Behandlung von auftretenden Problemen, bevor diese ernst werden. Die Mitglieder des Komitees gaben sich folgende Regel: Nur jeweils eine Person darf zu einer bestimmten Zeit ärgerlich sein. Damit verpflichteten sich die jeweils anderen, auf einen Ausbruch von Ärger nicht ihrerseits heftig zu antworten. Zugleich erleichterte diese Regel das emotionale Dampfablassen: »In Ordnung. Jetzt darf er.« Darüber hinaus hilft das Verfahren den Leuten auch noch, ihre Emotionen zu kontrollieren. Mißachtet jemand diese Vorschrift, zeigt das, daß er die Selbstkontrolle verloren hat – und damit auch etwas von seinem Ansehen.

Benutzen Sie auch symbolische Gesten

Jeder Verliebte weiß, daß er einen Streit meist durch eine einfache Geste beenden kann. Er schenkt eine rote Rose. Viele Handlungen kosten nicht viel und erzeugen dennoch bei der Gegenseite konstruktive emotionale Wirkungen. Ein Zeichen von Sympathie, ein Ausdruck des Bedauerns, ein Besuch auf dem Friedhof, ein kleines Geschenk für das Enkelkind, Händeschütteln oder Umarmen, miteinander Essengehen – das alles ist unbezahlbar, wenn man eine gespannte emotionale Situation verbessern will, und kostet wirklich nicht viel. Oft baut auch eine simple Entschuldigung wirkungsvoll negative Gefühle ab, selbst wenn Sie persönlich keine Verantwortung für den augenblicklichen Zustand tragen und auch keine Verletzungsabsicht zugeben müssen. Eine Entschuldigung ist für Sie mitunter die billigste und dennoch die rentabelste Investition.

Kommunikation

Ohne Kommunikation ist Verhandeln unmöglich. Verhandeln ist ein nach beiden Seiten fließender Prozeß mit dem Ziel, eine gemeinsame Entscheidung herbeizuführen. Kommunikation ist niemals leicht, auch nicht unter Leuten mit einem umfangreichen Hintergrund gemeinsamer Werte und Erfahrungen. Selbst bei Paaren, die dreißig Jahre miteinander gelebt haben, kommt es noch jeden Tag zu Mißverständnissen. Nicht überraschend also, wenn nur wenig Kommunikation herrscht zwischen Menschen, die einander nicht kennen und sich überdies beargwöhnen oder gar als Gegner betrachten. Was immer Sie auch sagen: Erwarten Sie, daß die andere Seite etwas anderes heraushört.

Bei der Kommunikation gibt es drei große Probleme. Erstens: die Verhandlungspartner sprechen nicht miteinander, oder jedenfalls nicht so, daß sie einander verstehen. Häufig gibt dann die eine Seite auf und macht gar keine Anstalten mehr zu einer ernsthaften Kommunikation. Statt dessen wird nur noch geredet, um Dritte – oder die eigenen Auftraggeber – zu beeindrucken. Man bewegt sich nicht mehr gemeinsam mit dem Verhandlungspartner auf ein beiderseits akzeptables Ergebnis zu, sondern versucht ihm ein Bein zu stellen. Man sucht die Partner nicht mehr zu konstruktiven Schritten zu veranlassen, sondern die Zuschauer zur Parteinahme zu provozieren. Effektive Kommunikation zwischen den Parteien ist völlig unmöglich, wenn sich alle ins Rampenlicht setzen wollen.

Selbst wenn Sie mit der Gegenseite ohne Umschweife und im Klartext reden, hören Ihnen die anderen möglicherweise gar nicht zu, und das bringt uns zum zweiten Kommunikationsproblem. Achten Sie darauf, wie oft die anderen Ihnen offensichtlich nicht aufmerksam genug zuhören. Seien Sie sicher: fast genauso oft wären auch Sie außerstande zu wiederholen, was die anderen gerade gesagt haben. Während der Verhandlung denken Sie vielleicht derart intensiv an das, was Sie als nächstes sagen wollen, an Ihre Antwort auf das Vorgebrachte oder an Ihr nächstes Argument, daß Sie einfach vergessen hinzuhören, was die Gegenseite gerade sagt. Oder Sie konzentrieren sich mehr auf Ihren Auftraggeber als auf die Gegenseite, denn dem sind Sie ja am Ende rechenschaftspflichtig, ihn müssen Sie befriedigen. Also ist es gar kein Wunder, wenn Sie stark auf ihn achten. Aber wenn Sie dabei überhören, was ihre Verhandlungspartner sagen, dann kommt eben keine Kommunikation zustande.

Drittes Kommunikationsproblem: Mißverständnisse. Alles, was jemand sagt, kann vom anderen mißverstanden werden. Selbst in ein und demselben Raum kann zwischenmenschliche Kommunikation eher Rauchzeichen ähneln. Besonders groß ist die Gefahr von Mißverständnissen dort, wo Parteien unterschiedliche Sprachen sprechen. In Persien z.B. hat das Wort »Kompromiß« keinen so positiven Klang wie im Englischen, wo man z.B. darunter eine »Lösung auf dem Mittelweg, mit der beide Seiten leben können«, versteht. In Persien dagegen bedeutet »Kompromiß« eine »Herabsetzung des eigenen Wertes« oder »Kompromittierung unseres Ansehens«. Und »Vermittler« ist dort einer, der sich uneingeladen in etwas hineindrängt. Anfang 1980 flog UN-Generalsekretär Waldheim in den Iran zu Verhandlungen über die Geiselfrage. Das gesamte Anliegen wurde alsbald durch eine Meldung des iranischen Rundfunks und Fernsehens behindert, die einen Ausspruch Waldheims als Nachricht verbreiteten, er habe bei seiner Ankunft gesagt, daß er »als Vermittler kommt, auf der Suche nach einem *Kompromiß*«. Bereits wenige Stunden nach der Sendung warfen verärgerte Iraner mit Steinen auf das Auto Waldheims.

Was kann man zur Lösung dieser drei Kommunikationsprobleme tun?

Hören Sie aufmerksam zu und geben Sie Rückmeldung über das, was gesagt wurde

Daß Zuhören grundwichtig ist, versteht sich von selbst. Dennoch ist das gerade im Streß laufender Verhandlungen besonders schwer. Aber nur wenn Sie wirklich zuhören, verstehen Sie die Vorstellungen der Gegenseite, erkennen ihre Emotionen und erfassen, was die anderen tatsächlich wollen. Aktives Zuhören verbessert nicht nur Ihre Wahrnehmung, es kann auch den Ausführungen der Gegenseite zugute kommen. Wenn Sie aufmerksam sind und gelegentlich unterbrechen: »Habe ich Sie richtig verstanden, Sie wollen sagen...«, dann erkennt die Gegenseite, daß sie hier nicht ihre Zeit vergeudet und daß es sich nicht um bloße Routine handelt. Sie fühlt sich gehört und verstanden, und das befriedigt ungemein. Es stimmt schon: das einfachste Zugeständnis anderen gegenüber besteht darin, sie wissen zu lassen, daß man ihnen zuhört.

Grundtechniken guten Zuhörens bestehen in konzentrierter

Aufmerksamkeit, in der Bitte an die Gegenseite, ihre Meinung deutlich auszudrücken und die Vorstellungen zu wiederholen, wenn Zweideutigkeiten oder Unsicherheiten auftreten. Machen Sie es zu Ihrer Regel, daß Sie während des Zuhörens keine Antwort formulieren, sondern die Sache so zu sehen versuchen wie die Gegenseite selbst. Beachten Sie die Vorstellungen, die Zwänge, die Befangenheiten der anderen.

Manche Verhandelnden halten es für eine gute Taktik, den Interessen der Gegenseite nicht allzuviel Aufmerksamkeit zu schenken und deren Standpunkt keine Berechtigung zuzugestehen. Ein guter Verhandlungspartner tut genau das Gegenteil. Geben Sie keine Rückmeldung und zeigen Sie nicht, daß Sie verstanden haben, glaubt die Gegenseite, daß Sie gar nicht zuhören. Legen Sie dann Ihren gegensätzlichen Standpunkt dar, glauben die anderen, daß Sie noch immer nichts kapiert haben. Die Gegenseite denkt dann: »Jetzt haben wir ihm doch unsere Ansicht erklärt, aber er bringt etwas ganz anderes vor. Er versteht's einfach nicht.« Konsequenz: Statt Ihnen nun zuzuhören, wiederholen die anderen ihre Argumente in neuer Form, damit Sie es diesmal verstehen. Zeigen Sie also gleich, daß Sie alles mitbekommen haben. »Ich will mal sehen, ob ich das verstanden habe. Sie gehen davon aus, daß die Dinge folgendermaßen liegen...«

Wenn Sie wiederholen, wie Sie das alles verstanden haben, formulieren Sie es *positiv*, und zwar vom Standpunkt der Gegenseite aus. Machen Sie auch die Vorteile dieser Argumentation deutlich. Sagen Sie etwa: »Sie haben da eine recht starke Position. Ich will das einmal darzulegen versuchen. Mich selbst betrifft das insofern...« Verstehen bedeutet noch nicht Übereinstimmen. Man kann den anderen vollkommen verstehen und doch ganz anderer Meinung sein. Aber es ist unmöglich, Ihren eigenen Standpunkt sinnvoll darzulegen, bevor die anderen von Ihrem Bemühen um Verständnis überzeugt sind. Haben Sie die Angelegenheit von der anderen Warte her referiert, kommen Sie auf die Probleme zurück, die sich für Sie dabei ergeben.

Wenn es Ihnen gelingt, den Sachverhalt besser darzulegen als die Gegenseite selbst, um ihn dann in Frage zu stellen, haben Sie die allerbeste Chance zum konstruktiven Dialog über die Inhalte. Niemand kann sich dann mehr auf Mißverständnisse berufen.

Sprechen Sie so, daß man Sie auch versteht

Wenden Sie sich der Gegenseite zu. Man vergißt leicht, daß Verhandlungen keine Bundestagsdebatten und auch keine Gerichtsverhandlung sind. Es geht nicht darum, Dritte zu überzeugen. Die Person, die Sie überzeugen müssen, sitzt mit Ihnen am Tisch. Will man Verhandlungen mit einem Gerichtsprozeß vergleichen, so kann man hier allenfalls die Situation zweier Richter bei der Urteilsfindung heranziehen. Versuchen Sie sich in eine solche Rolle zu versetzen: Behandeln Sie die Gegenseite wie einen Richterkollegen, mit dem Sie gemeinsam ein Urteil fällen sollen. Dabei überzeugt man den anderen natürlich nicht durch Schimpfen, Ausfälle oder eine erhobene Stimme. Im Gegenteil, am meisten hilft die Erkenntnis, daß die Gegenseite die Angelegenheit eben anders betrachtet, und daß man am besten so vorgeht wie Leute, die gemeinsam ein und dasselbe Problem zu bewältigen haben.

Nun gibt es eine Reihe hinderlicher Einflüsse von außen – Presse, Rückfragen beim Auftraggeber, unbeteiligte Dritte –, und diese Einflüsse sollte man möglichst reduzieren. Dafür sollte man auch private und vertrauliche Kommunikationsformen mit der Gegenseite pflegen. Kommunikation kann man übrigens auch durch deutliche Beschränkung der Gruppengröße fördern. Die Gespräche über den Status von Triest 1954 zwischen Jugoslawien, Großbritannien und den USA z.B. brachten kaum Fortschritte, bis die drei Chef-Unterhändler ihre großen Delegationen wegschickten und sich allein und ganz informell in einem Privathaus trafen. Hier gilt wohl die Abwandlung eines Slogans von Woodrow Wilson »Offene Abkommen, in offenen Gesprächen erreicht« in »Offene Abkommen, in privaten Gesprächen erreicht«. Ganz gleich, wie viele Leute an einer Verhandlung beteiligt sind – die wichtigen Entscheidungen kommen bezeichnenderweise dann zustande, wenn nur zwei Personen im Raum sind.

Reden Sie über sich, nicht über die Gegenseite

In vielen Verhandlungen legen beide Seiten lang und breit die Absichten und Motive des Gegenübers dar – um sie dann zu verwerfen. Aber man überzeugt mehr, wenn man ein Problem durch seine Rückwirkungen auf einen selbst beschreibt, als wenn man die Anteile der anderen darlegt. »Wir fühlen uns im Stich gelassen« ist wesentlich besser als »Sie haben Ihr Wort gebrochen«. Und statt »Sie sind ein Rassist« sollte man lieber sagen »Wir fühlen uns diskriminiert«. Unterläuft Ihnen eine Behauptung, die die anderen als unwahr empfinden, werden sie sich ärgern oder die Bemerkung einfach ignorieren. Ihre Absichten bleiben auf der Strecke. Reden Sie aber nur über Ihren Gefühlszustand, kann niemand etwas daran aussetzen. Sie übermitteln auf diese Weise die Informationen ebensogut und provozieren dabei keine Verteidigungsreaktionen, die dann Ihre Argumente letztlich blockieren.

Sprechen Sie mit einer bestimmten Absicht

Manchmal hat man allerdings nicht zu wenig, sondern zu viel Kommunikation. Gibt es viel Ärger und Unbehagen, läßt man manche Gedanken besser unausgesprochen. Mitunter behindert die Bereitschaft zu dauernder Flexibilität eine Übereinkunft mehr als sie nützt. Wenn Sie mir mitteilen, daß Sie das Haus für 500000 DM verkaufen würden, nachdem ich schon

530000 geboten habe, wird der Abschluß am Ende vielleicht schwieriger, als wenn Sie gar nichts gesagt hätten. Also: Ehe Sie einen verbindlichen Satz aussprechen, machen Sie sich klar, was Sie eigentlich mitteilen wollen, und überlegen Sie sich, welchem Zweck die Information dient.

Vorausdenken ist wichtig

Normalerweise haben die eben beschriebenen Techniken zum Umgang mit Vorstellungen, Emotionen und Kommunikation gute Erfolge. Am besten sollte man das »Problem Mensch« jedoch schon behandeln, ehe es wirklich zum Problem wird. Das heißt, man sollte eine persönliche und institutionalisierte Beziehung zur Gegenseite aufbauen, die die Menschen gegen mögliche »Verletzungen« in der Verhandlung absichert. Gleichzeitig sollte man damit die Verhandlung so strukturieren, daß die Sachfragen von den menschlichen Beziehungen getrennt werden und man das Ich der Menschen vor der Vermengung mit der Sachauseinandersetzung bewahrt.

Bauen Sie aktive Beziehungen auf

Es hilft immer, wenn man die Gegenseite persönlich kennt. Es ist viel einfacher, einer unbekannten Abstraktion, die man »Gegenseite« nennt, ›teuflische‹ Absichten zu unterstellen, als jemandem, den man persönlich kennt. Man kommt viel leichter mit einem Klassenkameraden, einem Kollegen, einem Freund oder dem Freund eines Freundes zurecht als mit einem Fremden. Je eher Sie einen Fremden zu einem »Bekannten« machen, um so besser läßt es sich verhandeln. Hat man einen Grundstock von Vertrauen, auf den man bei einer schwierigen Verhandlung aufbauen kann, ist es viel einfacher, den anderen zu verstehen. Auch ergibt sich damit eine flüssigere und ungezwungene Kommunikation. Spannungen kann man mit einem Witz oder einem informellen Beiseitenehmen abbauen.

Solche Beziehungen sollten Sie am besten schon vor Verhandlungsbeginn entwickeln. Lernen Sie die anderen kennen und finden Sie ihre Vorlieben und Abneigungen heraus. Suchen Sie nach informellen Zusammenkünften. Kommen Sie zeitig vor Verhandlungsbeginn an und bleiben Sie nach dem Ende noch da. Benjamin Franklin hatte eine besondere Taktik: er bat seinen Gegner, ihm ein bestimmtes Buch zu leihen. Das schmeichelte dem anderen und gab ihm das angenehme Gefühl, daß ihm Franklin nun seinerseits einen Gefallen schuldig war.

Gehen Sie das Problem an – und nicht die Menschen

Begreifen Verhandlungspartner einander als Feinde in persönlicher Konfrontation, ist es schwierig, ihre menschlichen Beziehungen von den Sachfragen zu trennen. Alles, was der eine sagt, scheint bei solcher Interpretation direkt gegen die Person des anderen gerichtet zu sein und wird auch so verstanden. Beide Seiten werden defensiv, gehen nicht mehr auf die legitimen Interessen des anderen ein.

Effektiver ist es da, wenn sich beide Seiten als Partner sehen, die Seite an Seite mit aller Kraft nach einem fairen und für beide Seiten förderlichen Übereinkommen suchen.

Mitunter betrachten Verhandlungspartner einander wie Schiffbrüchige, die über Rationen und Reserven streiten. Jeder sieht den anderen als Hindernis fürs eigene Überleben an. Aber Schiffbrüchige werden, um überleben zu können, die objektiven Probleme von der menschlichen Seite abtrennen. Sie werden die Bedürfnisse aller berücksichtigen, sei es der Sitzplatz im Schatten, Medizin, Wasser oder Essen; und sie behandeln diese Bedürfnisse bald als gemeinsame Probleme, ebenso wie das Wachehalten, Regenwassersammeln und das Bemühen, an

Land anzukommen. Indem sie erkennen, daß sie sich Seite an Seite anstrengen müssen, um die Probleme aller zu lösen, beziehen sie ihre gegenläufigen Interessen mit ein. Genauso liegen die Dinge bei Verhandlungspartnern. Wie schwierig die persönlichen Beziehungen zwischen uns auch sein mögen – einen gütlichen Ausgleich unserer verschiedenen Interessen finden wir nur, wenn wir die Aufgabe als gemeinsames Problem betrachten, das wir miteinander angehen.

Manchmal kann man eine Konfrontationsstellung abbauen und ein Gemeinschaftsgefühl herstellen, indem man die Streitfrage ausdrücklich artikuliert. »Sehen Sie, wir sind doch beide Anwälte (Diplomaten, Geschäftsleute, gehören zur selben Familie etc.). Um Ihre Interessen zu befriedigen, müssen wir ein Übereinkommen finden, in dem meine auch erfüllt werden, und umgekehrt. Konzentrieren wir uns also zuerst einmal auf unser gemeinsames Anliegen.« Sie können aber die Verhandlung auch einfach von sich aus Seite an Seite mit den anderen beginnen und dadurch bei den anderen den Wunsch mitzumachen provozieren.

Oft hilft es, wenn man mitunter auf *einer* Seite des Tisches sitzt und den Vertrag, die Landkarte oder das weiße Blatt Papier – die Ursache des Problems, wie auch immer – gemeinsam vor sich hat. Haben Sie schon vorher eine Grundlage gegenseitigen Vertrauens gefunden, um so besser. Aber wie schwierig Ihre Beziehungen auch sein mögen – versuchen Sie die Verhandlung so zu führen, daß sich die Aktivitäten Seite an Seite abspielen: Sie beide – mit all Ihren unterschiedlichen Interessen und Vorstellungen und Ihrem emotionalen Engagement – gehen miteinander eine gemeinsame Aufgabe an.

Man kann natürlich die menschlichen Probleme von den Sachfragen nicht ein für allemal trennen und die Angelegenheit dann vergessen. Man muß daran weiterarbeiten. Man muß die Menschen stets als Lebewesen und all den damit verbundenen Inhalten betrachten. Womit wir zum nächsten Kapitel kommen.

2. Auf Interessen konzentrieren, nicht auf Positionen

Zwei Männer streiten in einer Bibliothek. Der eine möchte das Fenster offen haben, der andere geschlossen. Sie zanken herum, wie weit man es öffnen soll: einen Spalt weit, halb-, dreiviertel offen. Keine Lösung befriedigt beide.

Die Bibliothekarin kommt herein. Sie fragt den einen, warum er denn das Fenster öffnen möchte. »Ich brauche frische Luft.« Sie fragt den anderen, warum er das Fenster lieber geschlossen hat. »Wegen der Zugluft.« Nach kurzem Nachdenken öffnet sie im Nebenraum ein Fenster weit. Auf diese Weise kommt frische Luft herein, ohne daß es zieht.

Um vernünftige Ergebnisse zu erzielen, muß man die Interessen, nicht die Positionen in Einklang bringen

Diese kleine Geschichte ist typisch für viele Verhandlungen. Solange sich beiderseits das Problem als Konflikt zweier Positionen darstellt und das Ziel die Einigung auf eine Position ist, denken und reden natürlich alle vorwiegend über diese Positionen – und der Prozeß stockt darum auch sehr oft.

Hätte sich die Bibliothekarin nur auf die Positionen eingelassen, sie hätte sicher keine Lösung gefunden – denn nach Angabe der Männer sollte das Fenster ja *entweder* offen *oder* geschlossen sein. Statt dessen suchte die Bibliothekarin nach den dahinterstehenden Interessen – frische Luft einerseits, Vermeidung von Zugluft andererseits. Dieser Unterschied zwischen Positionen und Interessen ist entscheidend.

Das Problem wird durch Interessen bestimmt

Das Grundproblem bei einer Verhandlung liegt nicht in gegensätzlichen Positionen, sondern im Konflikt beiderseitiger Nöte, Wünsche, Sorgen und Ängste. Die beiden Parteien sagen sich z. B.:

»Jetzt muß mit der Preissteigerung für dieses Haus aber endlich Schluß sein.«

Oder:

»Wir akzeptieren nicht. Er möchte 620000 DM für das Haus. Ich möchte aber keinen Pfennig mehr als 600000 DM dafür ausgeben.«

Das tieferliegende Problem aber ist:

»Er braucht das Bargeld. Und ich möchte Ruhe und Frieden haben.«

Oder:

»Er braucht wohl 620000 DM, damit er seine Ex-Frau auszahlen kann. Ich meinerseits habe meiner Familie versprochen, nicht mehr als 600000 DM auszugeben.«

Solche Wünsche und Sorgen sind *Interessen*. Interessen motivieren die Menschen; sie sind die stillen Beweggründe hinter dem Durcheinander von Positionen. Ihre Position ist etwas, zu dem Sie sich bewußt entschieden haben. Ihre Interessen sind die Gründe, die Sie zu dieser Entscheidung veranlaßt haben.

Die ägyptisch-israelischen Friedensverhandlungen in Camp David 1978 zeigen, wie nützlich ein Blick hinter die Positionen sein kann. Israel hatte die ägyptische Sinai-Halbinsel seit dem Sechstagekrieg von 1967 besetzt. Als sich Ägypten und Israel 1978 zu Friedensverhandlungen zusammensetzten, waren ihre Positionen unvereinbar. Israel bestand darauf, Teile des Sinai zu behalten. Ägypten andererseits hielt daran fest, daß jeder Zollbreit des Sinai ägyptischer Souveränität zurückgegeben werden müsse. Immer wieder suchte man nach möglichen Teilungsschemata zwischen Israel und Ägypten am Sinai. Aber ein Kompromiß auf dieser Linie war für Ägypten unannehmbar. Zurückzuweichen zur Lage, wie sie vor 1967 bestand, kam wiederum für Israel nicht in Frage.

Möglich wurde eine Lösung erst, als man sich auf die Interessen beider Staaten konzentrierte. Israels Interessen galten der Sicherheit: sie wollten keine jederzeit einsatzbereiten ägyptischen Panzer an ihrer Grenze sehen. Die ägyptischen Interessen lagen auf dem Gebiet der Souveränität. Der Sinai war seit der Pharaonenzeit ein Teil Ägyptens gewesen. Nach langer Herrschaft von Griechen, Römern, Türken, Franzosen und Engländern hatte Ägypten erst vor kurzer Zeit wieder die volle Souveränität erlangt und war daher nicht bereit, Territorium an einen neuerlichen fremden Eroberer abzugeben.

In Camp David stimmten der ägyptische Präsident Sadat und der israelische Premierminister Begin einem Plan zu, nach dem der Sinai vollständig in ägyptische Souveränität zurückgegeben wurde und dennoch, durch weiträumige Entmilitarisierung, auch die israelische Sicherheit gewährleistet war. Die ägyptische Flagge sollte danach überall wehen, aber ägyptische Panzer würden Israel an keiner Stelle nahekommen.

Werden die Interessen statt der Positionen zur Übereinstimmung gebracht, so hilft das in zweierlei Hinsicht. Erstens kann für gewöhnlich jedes Interesse durch mehrere mögliche Positionen befriedigt werden. Viel zu oft nehmen die Menschen die ungünstigste Position ein – wie z. B. Israel durch die Ankündigung, es wolle Teile des Sinai behalten. Blickt man aber entschieden hinter die gegensätzlichen Positionen und erkennt die treibenden Interessen, dann findet man oft eine alternative Position, die nicht nur die Interessen der einen, sondern auch die der anderen berücksichtigt. Im Sinai war die Entmilitarisierung eine derartige Alternative.

Darüber hinaus ist der Ausgleich von Interessen nützlicher als jeder Positionskompromiß, weil es trotz gegensätzlicher Positionen in aller Regel mehr gemeinsame als gegensätzliche Interessen gibt.

Hinter gegensätzlichen Positionen liegen sowohl gemeinsame und ausgleichbare Interessen als auch sich widersprechende

Wir nehmen meist an, daß die Gegenseite aufgrund ihrer gegensätzlichen Position auch gegensätzliche Interessen hat. Wenn wir ein Interesse an Selbstverteidigung haben, unterstellen wir den anderen, daß sie uns angreifen wollen. Wenn wir ein Interesse an Mietnachlaß haben, nehmen wir an, daß sie eine Erhöhung wollen. Doch bei vielen Verhandlungen wird eine nachdrückliche Untersuchung der zugrundeliegenden Interessen die Existenz von mehr gemeinsamen als von einander widersprechenden Interessen offenbaren.

Ein Beispiel: die gemeinsamen Interessen eines Mieters mit seinem künftigen Vermieter.

- Beide wünschen Stabilität. Der Vermieter möchte einen dauerhaften Mieter; dieser wiederum eine ständige Adresse.
- Beide möchten das Appartement in Ordnung halten. Der Mieter will darin wohnen können; dem Vermieter liegt daran, sowohl den Wert der Wohnung zu vergrößern als auch das Ansehen des Hauses.
- Beide wollen gute Beziehungen nach allen Seiten. Der Vermieter wünscht einen Mieter, der seine Miete pünktlich bezahlt; der Mieter sieht auf einen verantwortungsbewußten Vermieter, der die notwendigen Reparaturen ausführen läßt.

Darüber hinaus haben beide unter Umständen Interessen,die nicht im Gegensatz zueinander stehen, wohl aber unterschiedlicher Natur sind. Etwa:

- Der Mieter ist vielleicht gegen die neue Farbe allergisch. Der Vermieter hat keine Lust, alle Zimmer noch mal streichen zu lassen.
- Der Vermieter wünscht eine Vorauszahlung auf die erste Miete, und zwar schon morgen. Der Mieter hält das Appartement für eine schöne Wohnung, ist aber unschlüssig, ob er die Vorauszahlung schon morgen zahlen soll oder erst später.

Wirft man nun diese teils gemeinsamen, teils unterschiedlichen Interessen in die Waagschale, müßte man mit den gegensätzlichen wie etwa der Mietminderung oder -steigerung eigentlich zurechtkommen. Die gemeinsamen Interessen werden sich vielleicht in einem langjährigen Mietvertrag ausdrücken, einer Übereinkunft zur Kostenübernahme bei Verschönerungen und in dem Bestreben, einander im Interesse guter Beziehungen weiterzuhelfen. Die divergierenden Interessen könnten dadurch ausgeglichen werden, daß schon morgen eine Vorauszahlung erfolgt und der Vermieter die Wohnung streichen läßt, unter der Voraussetzung, daß der Mieter die Kosten trägt. Der genaue Mietpreis bleibt dann als letztes, und hier kann der Marktwert der Wohnung die Basis dafür abgeben.

Oft ist eine Übereinkunft gerade deshalb möglich, weil die Interessen unterschiedlich sind. Sie und der Schuhverkäufer etwa haben beide Geld und Schuhe gern. Beim Verkäufer überwiegt die Liebe zum Geld. Bei Ihnen ist es umgekehrt. Sie möchten lieber die Schuhe als Ihre siebzig Mark. Also gilt das Geschäft. Für eine vernünftige Übereinkunft sind neben gemeinsamen auch die unterschiedlichen Interessen grundlegend nützlich, sofern sie einander ergänzen.

Wie findet man Interessen heraus?

Der Nutzen des Blicks hinter die Positionen, um Interessen herauszufinden, ist klar. Wie man das macht, weniger. Eine Position mag konkret und deutlich sein. Das dahinterliegende Interesse kann jedoch genausogut unausgedrückt, ungreifbar und vielleicht sogar in sich widersprüchlich sein. Wie können Sie nun die Interessen erkennen, die bei Verhandlungen eine Rolle spielen (wobei Sie sich darüber klar sein sollten, daß es nicht nur um die Interessen der *anderen* geht, sondern auch um *Ihre eigenen*)?

Fragen Sie: »Warum?«

Eine Grundtechnik ist dabei, sich an die Stelle der anderen zu versetzen. Sehen Sie sich jede Position an, die die anderen einnehmen, und fragen Sie: »Warum?« Warum, zum Beispiel, möchte Ihr Vermieter die Miete im Rahmen eines Fünfjahres-Vertrages Jahr für Jahr neu festlegen? Sie werden dann wohl herausfinden, daß er sich vor Preissteigerung schützen will – und das ist eines seiner Interessen. Sie können übrigens den Vermieter auch direkt fragen, warum er diese oder jene Position einnimmt. Aber wenn Sie das tun, fragen Sie nicht nach einer Rechtfertigung seiner Position, sondern um die Bedürfnisse, Hoffnungen, Ängste oder Wünsche zu verstehen, die ihn dazu leiten. »Aus welchen Gründen wollen Sie denn den Mietvertrag auf drei Jahre begrenzen, Herr Meier?«

Fragen Sie: »Warum nicht?« Und denken Sie dabei an die Wahlmöglichkeiten der Gegenseite

Ein besonders sinnvoller Weg zum Erkennen von Interessen besteht darin, herauszufinden, welche Grundforderungen die Gegenseite von Ihnen selbst erwartet – und dann fragen Sie sich, warum Ihre Verhandlungspartner ebendiese Lösung nicht als Ergebnis wünschen. Welche Interessen stehen da im Weg? Wenn Sie die Gegenseite zu einer Sinnesänderung bewegen wollen, ist der Ausgangspunkt zunächst einmal, daß Sie herausfinden, was sie im Sinn hat.

Ein Beispiel sind die Verhandlungen aus dem Jahr 1980 zwischen den Vereinigten Staaten und dem Iran über die Freilassung der 52 US-Diplomaten und Botschaftsangestellten, die von militanten Studenten als Geiseln festgehalten wurden. Es gab da eine Unmenge ernster Hindernisse für eine Lösung des Konflikts. Das Problem wird jedoch ganz einfach beleuchtet durch einen der Studentenführer. Die Forderung der USA war eindeutig: »Geiseln freilassen!« Während weiter Strecken des Jahres 1980 muß aber für jeden einzelnen Studentenführer eine Alternativtabelle wie die folgende Grundlage seiner Entscheidungen gewesen sein:

Die Frage, der sich ein iranischer Studentenführer ständig neu stellen mußte, lautete:

Soll ich mich für die Freilassung der amerikanischen Geiseln einsetzen?

Sage ich »Ja«	*Sage ich »Nein«*
– Verrate ich die Revolution;	+ Fördere ich die Revolution;
– werde ich als proamerikanisch kritisiert;	+ werde ich als Verteidiger des Islam gelobt;
– werden die anderen wohl nicht einverstanden sein mit mir; wenn doch, und wir lassen die Geiseln frei, dann ...	+ werden wir vermutlich alle weiterhin fest zusammenhalten;
	+ bekommen wir fantastische Fernsehauftritte und können der Welt von unseren Problemen berichten;
– macht der Iran einen schwächlichen Eindruck;	+ macht der Iran einen starken Eindruck;
– geben wir den USA einfach nach;	+ trotzen wir den USA;

- bekommen wir nichts (weder den Schah noch Geld);
- wissen wir nicht, was die USA hernach tun.

Aber:

+ Es besteht die Chance, daß die wirtschaftlichen Sanktionen aufhören.
+ Unsere Beziehungen zu anderen Völkern, speziell in Europa, werden sich verbessern.

+ haben wir eine Chance, etwas zu bekommen (wenigstens unser Geld zurück);
+ bedeuten die Geiseln einen gewissen Schutz gegen eine amerikanische Intervention.

Aber:

- Die wirtschaftlichen Sanktionen werden zweifellos weitergehen.
- Unsere Beziehungen zu anderen Völkern, speziell in Europa, werden darunter leiden.
- Inflation und wirtschaftliche Probleme werden andauern.
- Es besteht die Gefahr, daß die USA militärisch eingreifen (der Märtyrertod ist allerdings ruhmvoll).

Jedoch:

+ Die USA machen möglicherweise noch weitere Zugeständnisse hinsichtlich unseres Geldes, einer Nichteinmischung, der Aufhebung von Sanktionen etc.;
+ können wir die Geiseln auch später noch freilassen.

Wenn ein durchschnittlicher Studentenführer vor solche oder ähnliche Alternativen gestellt war, ist es gut verständlich, warum die militanten Studenten die Geiseln so lange festgehalten haben. So scheußlich und widerrechtlich die Geiselnahme zunächst war – als man die Geiseln einmal hatte, war es keineswegs irrational, wenn die Studenten sie *weiter* gefangenhielten, von einem Tag zum anderen, und dabei auf eine günstige Zeit für ihre Freilassung warteten.

Wenn man die vorhandenen Wahlmöglichkeiten der Gegenseite herausfinden will, ist die erste Frage: »Wessen Entscheidung will ich bewirken?« Die zweite Frage ist, welche Entscheidung die Menschen auf der Gegenseite von sich verlangt sehen. Wenn Sie keine Vorstellung haben, wozu die anderen sich aufgefordert fühlen, machen diese sich umgekehrt wahrscheinlich auch keine. Das alleine könnte schon die Erklärung dafür sein, daß die Gegenseite nicht Ihren Wünschen folgt.

Dadurch analysieren Sie nun die Konsequenzen so, wie sie die Gegenseite aller Wahrscheinlichkeit nach sieht, je nachdem ob sie der von Ihnen verlangten Entscheidung zustimmt oder nicht. Dabei werden Sie wohl eine Checkliste von Konsequenzen finden, die im eben zitierten Fall nützlich sein mag:

Rückwirkung auf meine Interessen
- Verliere oder gewinne ich politische Unterstützung?
- Kritisieren oder loben mich meine Kollegen?

Rückwirkung auf Gruppeninteressen
- Welche kurzfristigen Konsequenzen ergeben sich? Welche langfristigen?
- Welche wirtschaftlichen Konsequenzen (politische, juristische, psychologische, militärische etc.) entstehen dabei?
- Welche Effekte treten bei den auswärtigen Unterstützern und in der öffentlichen Meinung auf?
- Wird das ein guter oder ein schlechter Präzedenzfall?
- Könnte diese Entscheidung andere, bessere Vorgänge behindern?
- Stimmt die Handlung mit unseren Prinzipien überein? Ist sie »richtig«?
- Könnte ich die Entscheidung auch später treffen, wenn ich wollte?

Bei diesem gesamten Prozeß darf man aber niemals nach allzugroßer Präzision suchen. Das wäre ein Fehler. Sie werden es nur selten mit jemandem zu tun bekommen, der seine Entscheidung nach schriftlich fixierten Pros und Contras trifft. Sie sollten vielmehr das Ganze als ganz und gar menschliches Suchen und Wählen betrachten – und nicht als eine Art mathematischer Kombination.

Erkennen Sie, daß beide Seiten vielfältige Interessen haben

Bei nahezu jeder Verhandlung haben die Beteiligten nicht nur ein Interesse, sondern mehrere. Bei der Verhandlung über einen Mietvertrag geht es Ihnen z.B. um einen vorteilhaften Preis, den Sie schnell und mit möglichst geringer Mühe fixieren wollen. Dabei sollen aber auch die guten Beziehungen zum Vermieter erhalten bleiben. Außerdem geht es Ihnen nicht nur darum, daß die Übereinkunft ganz nach Ihrem Geschmack aussieht, sondern auch darum, daß sie wirkungsvoll ist. Sie sollten deshalb Ihre eigenen selbständigen Interessen gleichzeitig mit dem gemeinsamen Anliegen verfolgen.

Ein weitverbreiteter Fehler bei der Diagnose von Verhandlungssituationen ist die Annahme, daß alle Personen auf der Gegenseite dieselben Interessen haben. Denn das ist faktisch niemals der Fall. Während des Vietnamkrieges warf Präsident Johnson gewöhnlich alle die verschiedenen Mitglieder der nordvietnamesischen Regierung, den Vietcong aus dem Süden sowie ihre sowjetischen und chinesischen Berater in einen Topf, und das Ganze nannte der Präsident dann »er«. »Der Feind muß wissen, daß *er* die Vereinigten Staaten nicht ungestraft reizen kann. *Er* muß erkennen, daß sich Aggression nicht auszahlt.« Nun kann man aber einen solchen »er« (oder auch eine »sie«) schwerlich zu Übereinkünften bewegen, wenn man die unterschiedlichen Interessen der daran beteiligten Leute und Fraktionen nicht richtig einschätzt.

Mitunter mag es durchaus erhellend sein, wenn man sich Verhandlungen so vorstellt, als seien daran nur zwei Personen oder zwei Seiten beteiligt. Aber das sollte nicht darüber hinwegtäuschen, daß normalerweise andere Personen, andere Seiten und andere Einflüsse vorhanden sind. Bei der Verhandlung über die Ablösesumme eines Fußballstars bestand der Manager darauf, daß 500000 DM zu viel seien, obwohl andere Vereine für vergleichbare Fälle ebenso viel gezahlt hatten. Tatsächlich wußte der Manager, daß seine Position unhaltbar war, aber er hatte strikte Anweisung seines Clubs, ohne weitere Begründung bei seiner Behauptung zu bleiben, denn der Verein hatte Geldsorgen, die man nicht an die Öffentlichkeit dringen lassen wollte.

Jeder Verhandlungspartner hat Hintermänner, auf deren Interessen er Rücksicht nimmt – Interessen seines Arbeitgebers, seiner Klienten, seiner Angestellten, seiner Kollegen, seiner Familie, seiner Frau. Will man die Interessen des Verhandlungspartners erkennen, so bedeutet dies auch, daß man die Vielfalt durchaus unterschiedlicher Interessen verstehen muß, die der Partner berücksichtigen muß.

Die wichtigsten Interessen sind die menschlichen Grundbedürfnisse

Bei der Suche nach den Grundinteressen, die sich hinter den Positionen verbergen, sollten Sie besonders auf das achten, was grundsätzlich alle Menschen motiviert. Wenn Sie sich um solche Grundbedürfnisse kümmern, vermehren Sie die Chancen, einerseits zu einer Übereinkunft zu gelangen, andererseits, daß die erreichte Zustimmung dann auch von der Gegenseite eingehalten wird. Menschliche Grundbedürfnisse sind vor allem:

- Sicherheit
- wirtschaftliches Auskommen
- Zugehörigkeitsgefühl
- Anerkanntsein
- Selbstbestimmung

Diese Grundbedürfnisse sind fundamental – und trotzdem leicht zu übersehen. Oft haben wir bei Verhandlungen den Eindruck, daß nur finanzielle Interessen im Spiel sind. Auch wenn es tatsächlich vor allem um Geldfragen geht, wie etwa bei der Höhe von Unterhaltszahlungen bei der Ehescheidung, kann viel mehr dabei mitwirken. Was will die Ehefrau wirklich, wenn sie 5000 DM im Monat haben möchte? Natürlich möchte sie vor allem finanziell abgesichert sein, aber was spielt noch mit? Möglicherweise möchte sie den Betrag auch, um sich seelisch sicher zu fühlen. Vielleicht braucht sie ihn auch, um sich anerkannt zu sehen: daß sie fair behandelt wird und gleichberechtigt ist. Möglicherweise kann der Ehemann die 5000 DM kaum aufbringen, und eventuell braucht die Frau auch gar nicht so viel – und dennoch wird sie weniger nur dann akzeptieren, wenn ihre Bedürfnisse nach Sicherheit und nach Anerkennung in anderer Weise befriedigt werden.

Was für Einzelpersonen gilt, trifft ebenso für Gruppen und für ganze Völker zu. Verhandlungen werden kaum Fortschritte zeitigen, solange die eine Seite glaubt, daß die Erfüllung ihrer Grundbedürfnisse seitens der anderen bedroht ist. Die Vereinigten Staaten verhandelten z. B. mit Mexiko um einen niedrigen Erdgaspreis. Da der Energieminister der USA das Ganze für eine reine Geldsache hielt, weigerte er sich, einer Preiserhöhung zuzustimmen, die ein amerikanisches Ölkonsortium mit den Mexikanern ausgehandelt hatte. Da die Mexikaner zu dieser Zeit keinen anderen zahlungskräftigen Käufer hatten, glaubte der Minister, daß die Gegenseite ihre Preisvorstellungen reduzieren würde. Aber die Mexikaner hatten großes Interesse daran, nicht nur einen guten Preis für ihr Erdgas zu bekommen, sondern auch mit Respekt und einer ausdrücklichen Gleichberechtigung behandelt zu werden. Die Aktion der USA sah mehr nach einer Tyrannisierung Mexikos aus und provozierte enormen Ärger. Die mexikanische Regierung verbrannte ihr Gas lieber, als es zu verkaufen, und jegliche Einigung auf niedrigerem Preisniveau wurde nun politisch unmöglich.

Ein anderes Beispiel: Bei den Verhandlungen über die Zukunft Nordirlands ignorieren die Führer der Protestanten gerne das Bedürfnis der Katholiken sowohl nach einem Zugehörigkeitsgefühl wie nach Anerkanntsein und nach Gleichberechtigung. Umgekehrt gehen die katholischen Führer offenbar häufig zu wenig auf das Bedürfnis der Protestanten nach Sicherheit ein. Eine Lösung wird nur schwieriger, wenn man die Ängste der Protestanten damit abtut, daß das »ihr Problem« sei, und das Ganze nicht als legitimes Gefühl behandelt, das es wert ist, beachtet zu werden.

Erstellen Sie eine Liste

Am besten sortiert man die verschiedenen Interessen aller an der Verhandlung Beteiligten, indem man sie so niederschreibt, als würden sie einen selbst betreffen. Das hilft nicht nur, sich dauernd daran zu erinnern; dadurch wird auch Ihre Einschätzung besser, da Sie neue Informationen bekommen und die Interessen in der vermuteten Reihenfolge ihrer Bedeutung ordnen können. Darüber hinaus mag das auch Vorstellungen darüber hervorbringen, wie man auf diese Interessen eingehen kann.

Sprechen Sie über die Interessen

Zweck jeder Verhandlung ist es, Ihren Interessen zu nützen. Daß dies geschieht, wird wahrscheinlicher, wenn Sie über Interessen sprechen. Möglicherweise weiß die Gegenseite gar nichts über sie, genauso wie Sie umgekehrt nichts über die Interessen der anderen wissen. Der eine oder der andere (oder beide) fixiert sich vielleicht auf früheren Verdruß statt auf künftige Angelegenheiten. Oder Sie haben einander einfach nicht zugehört. Wie kann man Interessen konstruktiv diskutieren und nicht dabei in rigide Positionskämpfe verfallen?

Wenn Sie Ihre Interessen von der Gegenseite berücksichtigt sehen wollen, machen Sie den anderen klar, worin diese Interessen liegen. Der Sprecher einer Bürgerinitiative, die sich über ein Bauprojekt in der Nachbarschaft beklagt, sollte explizit über Auflagen sprechen, die die Sicherheit von Kindern und ungestörte Nachtruhe gewährleisten.

Ein Autor, der seine Bücher in großen Auflagen verkaufen will, sollte mit seinem Verleger darüber sprechen. Der Verleger hat mit ihm das gemeinsame Verkaufsinteresse und kann durchaus bereit sein, ihm einen niedrigen Verkaufspreis zuzusagen.

Machen Sie Ihre Interessen deutlich

Wenn Sie mit einem Magengeschwür zum Arzt gehen, können Sie kaum auf Hilfe hoffen, wenn Sie das Ganze als eine leichte Magenverstimmung darstellen. Es ist Ihre Aufgabe, der Gegenseite genau klarzumachen, wie wichtig und legitim Ihre Interessen sind.

Eine Leitlinie besteht darin, daß man konkret wird. Klare Einzelheiten machen Ihre Darlegung nicht nur glaubwürdig, sie zeitigen auch Wirkung. Zum Beispiel: »Dreimal wäre letzte Woche um ein Haar ein Kind von Ihrem Lastwagen angefahren worden. Am Dienstag früh um halb neun mußte Ihr roter Laster stadtauswärts bei mehr als 70 km Geschwindigkeit ausweichen und hätte beinahe die siebenjährige Loretta John gestreift.«

Solange Sie nicht den Eindruck erwecken, daß die Interessen der Gegenseite unwichtig oder illegitim sind, können Sie sich leisten, die Ernsthaftigkeit Ihres Anliegens in aller Härte darzustellen. Wenn Sie die Gegenseite einladen: »Verbessern Sie mich, wenn etwas nicht stimmt...«, zeigen Sie Ihre Offenheit, und wenn Sie nicht korrigiert werden, bedeutet dies, daß die anderen Ihre Lagebeschreibung akzeptieren.

Wollen Sie die Gegenseite von Ihren Interessen überzeugen, so liegt ein wichtiger Aspekt darin, ihr die Legitimität Ihrer Interessen klarzumachen. Sie sollten den anderen das Gefühl vermitteln, daß Sie sie nicht persönlich angreifen, sondern daß vor allem das angesprochene Problem Aufmerksamkeit erfordert. Sie müssen die anderen davon überzeugen, daß sie genau so wie Sie fühlen werden, wenn sie an Ihrer Stelle wären. »Haben Sie Kinder? Wie würden Sie das empfinden, wenn Lastwagen mit mehr als 70 Stundenkilometern durch die Straße rasen, in der Sie leben?«

Erkennen Sie die Interessen der anderen als Teil des Problems an

Jeder von uns neigt zu einer derartigen Hinwendung zu den eigenen Interessen, daß er viel zu wenig auf die der anderen achtet.

Die Menschen hören Ihnen besser zu, wenn sie das Gefühl haben, verstanden zu werden. Sie glauben gerne, daß diejenigen, die sie verstehen, intelligent und sympathisch sind, und daß man deren Meinung ruhig einmal anhören sollte. Wenn Sie also wollen, daß die andere Seite *Ihre* Interessen würdigt, fangen Sie damit an, daß Sie ganz offensichtlich die Interessen der *anderen* würdigen.

»Wenn ich Sie richtig verstanden habe, dann bestehen Ihre Interessen als Bauträger darin, daß der Auftrag möglichst schnell und mit geringen Kosten ausgeführt wird, und daß Sie Ihr Ansehen hinsichtlich der Sicherheit und Verantwortlichkeit in dieser Stadt wahren. Haben Sie noch weitere wichtige Interessen dabei?«

Über eine solche Demonstration Ihres Verständnisses der anderseitigen Interessen hinaus ist auch der Hinweis wichtig, daß man die Interessen der Gegenseite als Teil des Gesamtproblems betrachtet, an dessen Lösung Sie arbeiten. Das ist besonders dann leicht, wenn Sie auch gemeinsame Interessen haben: »Es wäre doch furchtbar für uns alle, wenn einer Ihrer Lastwagen ein Kind verletzen würde!«

Stellen Sie erst das Problem dar, bevor Sie antworten

Wenn Sie dem Vertreter einer Baufirma gegenüber so anfangen: »Wir meinen, Sie sollten innerhalb von vierundzwanzig Stunden einen Zaun um das Areal herum bauen und damit sofort beginnen und dabei die Geschwindigkeit Ihrer Lastwagen auf dreißig Stundenkilometer begrenzen, und ich will Ihnen nun sagen warum ...« – dann können Sie ganz beruhigt sein: er wird Ihren Begründungen nicht mehr folgen. Er hat gehört, was Sie wollen und sucht nun seinerseits nach Argumenten, die gegen Ihre Position sprechen. Wahrscheinlich hat ihn schon Ihr Ton, oder aber auch die ganze Vorstellung als solche durcheinander gebracht. Folglich wird Ihre Begründung beim einen Ohr hinein- und beim anderen wieder hinausgehen.

Wenn Sie möchten, daß Ihnen jemand zuhört und Ihre Begründungen versteht, dann setzen Sie Ihre Interessen und Ihre Gründe an den Anfang und lassen erst dann die Konsequenzen oder Vorschläge zur Lösung folgen. Berichten Sie der Firma zuerst über die Gefahren, die für die Kinder entstehen, und über Ihre schlaflosen Nächte. Dann werden die anderen aufmerksam zuhören, und wenn es nur deshalb geschieht, weil sie darauf warten, worauf Ihre Argumentation hinausläuft. Und wenn Sie es Ihnen dann sagen, werden sie verstehen warum.

Schauen Sie nach vorne, nicht rückwärts

Es ist immer wieder überraschend, wie oft wir schlicht auf das reagieren, was irgend jemand anderer gesagt oder getan hat. Zwei Menschen verfallen oft in Gesprächsformen, die zwar einer Verhandlung ähneln, aber in Wirklichkeit gar nicht auf ein Ergebnis hinauslaufen – wie immer dieses auch bestimmt sein mag. Sie streiten über irgend etwas, und das Gespräch läuft so ab, als suchten beide nach einer Übereinkunft. Tatsächlich aber läuft alles nach einem bestimmten Ritual ab, oder es wird zum Zeitvertreib. Jeder sammelt möglichst viele Punkte gegen den anderen oder sucht lediglich Beweise, um seine schon lange feststehende Sicht von ihm zu bestätigen. Keiner visiert dabei eine Übereinkunft an oder trachtet wirklich, den anderen zu beeinflussen.

Wenn man dann zwei solche Personen fragt, worüber sie eigentlich streiten, wird sich die Antwort bezeichnenderweise auf einen Grund beziehen und nicht auf ein Ziel. Wenn es Krach gibt zwischen Eheleuten, zwischen der Firmenleitung und der Gewerkschaft, zwischen zwei Geschäften, antworten die Menschen meist eher auf das, was die Gegenseite gesagt oder getan hat, als daß sie hinsichtlich ihrer langfristigen Interessen handeln. »So können die nicht mit mir umspringen. Wenn die meinen, daß sie so davonkommen, werden sie sich noch umsehen. Ich werd's ihnen zeigen.«

Die Frage »Warum« hat zwei ganz verschiedene Bedeutungen. Die eine ist rückwärtsgerichtet, hin zu einer Ursache oder einem Grund und sieht unser Verhalten als bestimmt durch frühere Ereignisse an. Die andere blickt nach vorne und sucht Ziele, betrachtet unser Verhalten als Konsequenz unseres freien Willens. Wir müssen jetzt nicht in eine philosophische Debatte zwischen freiem Willen und Determinismus eintreten, um über unser Handeln zu entscheiden. Ob der Wille nun frei ist oder festgelegt – auf alle Fälle treffen wir Entscheidungen. Wir können immer dazwischen wählen, nach vorne oder zurück zu schauen.

Ihren Interessen werden Sie besser dienen, wenn Sie darüber sprechen, welches Ziel Sie ansteuern wollen, als wenn Sie sich darüber auslassen, woher Sie kommen. Streiten Sie sich also nicht mit der Gegenseite über die Vergangenheit – über den früheren Mietpreis (der zu hoch war), die Aktion letzte Woche (die ohne Sachverstand durchgeführt wurde), über die gestrige Leistung (die geringer als erwartet war): Sprechen Sie lieber über das, was nach Ihrer Meinung künftig geschehen sollte. Fragen Sie nicht nach einer Rechtfertigung für Gestern, sondern: »Wer soll morgen was erledigen?«

Seien Sie bestimmt, aber flexibel

Bei einer Verhandlung möchten Sie wissen, wo es langgeht, und dennoch für neue Ideen aufgeschlossen sein. Viele Leute gehen aus Angst vor schwierigen Entscheidungen in die Verhandlungen oft mit keinem anderen Plan als dem, sich mit der Gegenseite zusammenzusetzen und zu warten, was diese an Vorschlägen oder Forderungen auf den Tisch legt.

Wie kann man nun von der Definition der Interessen zur Entwicklung konkreter Wünsche oder Forderungen gelangen, und dabei doch hinsichtlich dieser Optionen flexibel bleiben? Wenn Sie Ihre Interessen in konkrete Vorstellungen umwandeln wollen, dann fragen Sie sich zunächst: »Wenn die Gegenseite morgen zustimmt, mit mir gemeinsame Sache zu machen, womit soll sie sich denn eigentlich einverstanden erklären?« Ihre Flexibilität halten Sie am besten aufrecht, indem Sie jede Wahlmöglichkeit (Option) als große Veranschaulichung darstellen. Sie sollten immer mehr als nur eine Option, die Ihren Vorstellungen entspricht, darlegen. »Erläuternde Konkretheit« sollte der Schlüsselbegriff sein.

Viel von dem, was diejenigen, die um Positionen ringen, mit ihrer anfänglichen Position zu erreichen hoffen, kann man genausogut bekommen, wenn man eine Vorstellung darlegt, die als Veranschaulichung wirkt und dennoch Ihren Interessen entspricht. Zum Beispiel könnte ein Agent bei der Transferverhandlung eines Fußballstars folgendes formulieren: »Eine Million DM Jahresgehalt würde die Vorstellungen von Cortez hinsichtlich seiner eigenen Wert-Einschätzung befriedigen. Und eine Art Fünfjahresvertrag käme auch seinem Bedürfnis nach Sicherheit entgegen.«

Wenn Sie sich über Ihre Interessen im klaren sind, dann sollten Sie nicht nur mit einer oder mehreren konkreten Vorstellungen, die Ihren legitimen Interessen entsprechen, in die Verhandlung gehen, sondern auch mit Flexibilität.

Seien Sie hart in der Sache, aber sanft zu den beteiligten Menschen

Wenn Sie über Ihre Interessen sprechen, können Sie dabei genauso hart sein, wie es ein Verhandlungspartner ist, der seine Position darlegt. Es ist in der Regel tatsächlich ratsam, hart zu bleiben. Auch wenn es möglicherweise nicht klug ist, sich auf seine Position zu versteifen, ist es jedenfalls klug, an seinen Interessen festzuhalten. Unter Umständen hat die mit ihren eigenen Interessen beschäftigte Gegenseite übermäßig optimistische Erwartungen bezüglich einer Übereinkunft. Oft werden die klügsten Lösungen – die für einen selbst den größten Nutzen bringen bei geringsten Kosten für die Gegenseite – nur durch härtestes Verfechten der eigenen Interessen erzielt. Zwei Verhandlungspartner, von denen jeder seine Interessen mit aller Härte vertritt, stimulieren gegenseitig ihre Kreativität beim Nachdenken über eine Lösung, die für beide vorteilhaft ist.

Die von der Inflation betroffene Baufirma in unserem Beispiel legt größten Wert auf niedrige Kosten und rechtzeitige Auftragserledigung. Sie müssen sie nun irgendwie aufrütteln. Eine Art Ehrgefühl kann hier unter Umständen einen Ausgleich zwischen dem Profitdenken und dem Leben der Kinder wiederherstellen. Ihr Wunsch nach Entgegenkommen sollte Sie nicht von einer gerechten Vertretung Ihrer Sache abhalten. »Sie werden ja wohl nicht sagen, daß das Leben meines Kindes weniger wert ist als der Zaun. Das würden Sie sicher auch nicht über Ihr eigenes Kind sagen. Ich halte Sie, Herr Huber, nicht für einen gefühllosen Menschen. Lassen Sie uns also überlegen, wie wir das Problem lösen können.«

Wenn sich die anderen durch den sachlichen Angriff persönlich bedroht fühlen, fühlen sie sich unter Umständen in die Defensive gedrängt und hören nicht mehr zu. Gerade deshalb ist es wichtig, die menschliche Seite von der sachlichen abzutrennen. Greifen Sie die Dinge sachlich an, ohne den Menschen Schuld zuzuweisen. Gehen Sie sogar noch weiter, helfen Sie in persönlichen Dingen: Hören Sie respektvoll zu, zeigen Sie Höflichkeit, drücken Sie Wertschätzung für aufgewandte Zeit und Mühe aus, unterstreichen Sie Ihre Anteilnahme an den Grundbedürfnissen der Gegenseite und so weiter. Zeigen Sie, daß Sie es auf das Problem abgesehen haben, nicht auf die Menschen.

Eine Faustregel besteht darin, daß man den Menschen auf der Gegenseite persönliche Hilfe in genau derselben Stärke zuteil werden läßt, in der man das Problem selbst attackiert. Diese Verbindung von Hilfe und Angriff mag zunächst widersprüchlich erscheinen. Psychologisch gesehen trifft das auch zu. Aber gerade diese Widersprüchlichkeit läßt das Ganze funktionieren. Eine bekannte Theorie der Psychologie – die Theorie der kognitiven Dissonanz – besagt, daß Menschen Widersprüchlichkeit nicht aushalten können und sie auszuschalten suchen. Wenn Sie, im Beispiel mit der Baufirma, das Problem der zu schnell fahrenden Lastwagen in einer Wohnstraße angehen und zur gleichen Zeit dem Vertreter der Firma persönliche Hilfe zuteil werden lassen, schaffen Sie so eine kognitive Dissonanz für ihn. Um diesen Widerspruch zu beseitigen, wird er sich selbst von dem Problem abzukoppeln versuchen und gemeinsam mit Ihnen etwas dagegen tun wollen.

Die harte Auseinandersetzung über die Hauptstreitpunkte verstärkt den Zwang zu einer wirkungsvollen Lösung. Die Unterstützung der Menschen auf der Gegenseite wiederum verbessert die Beziehungen und erhöht die Wahrscheinlichkeit, daß man zu einer Übereinkunft gelangt. Dabei wirkt vor allem die Mischung aus Hilfe und Angriff. Jede der beiden Methoden für sich alleine dagegen ist unwirksam.

Wenn Sie entschieden für Ihre Interessen eintreten, heißt das nicht, daß Sie sich dem Standpunkt der Gegenseite verschließen. Im Gegenteil, Sie können kaum damit rechnen, daß die andere Seite auf Ihre Interessen schaut und Ihre Vorstellungen diskutiert, wenn Sie Ihrerseits nicht die Interessen der anderen in Rechnung ziehen und zeigen, daß Sie für die Vorschläge der anderen offen sind. Erfolgreiches Verhandeln erfordert sowohl Härte als auch Offenheit.

3. Entwickeln Sie Entscheidungsmöglichkeiten (Optionen) zum beiderseitigen Vorteil

Die zitierten Verhandlungen zwischen Israel und Ägypten über die Frage, wer wieviel von der Sinai-Halbinsel behalten dürfe, weist sowohl auf ein Hauptproblem aller Verhandlungen hin wie auf eine Schlüsselchance zur Lösung.

Das Problem ist allgemeiner Natur. Es scheint zunächst keinen Weg zu geben, die Gesamtmaterie so aufzuschlüsseln, daß beide Seiten zufrieden sind. Oft geht es bei Verhandlungen quasi eindimensional zu, bewegt sich alles in eine Richtung – wie bei Gebietsansprüchen, dem Verkaufspreis eines Autos, der Mietdauer für eine Wohnung oder der Höhe einer Provision. Ein andermal stehen Sie vielleicht vor einer Entweder-oder-Entscheidung: Wie die Wahl auch ausfällt, sie ist entweder nur für Sie oder für die Gegenseite vorteilhaft. Wer z. B. bekommt bei einer Scheidungsauseinandersetzung das Haus? Wer bekommt das Sorgerecht? Jeder sieht das Ganze als Gewinnen oder Verlieren – und natürlich will keiner der Verlierer sein. Aber wenn man gewinnt und den Wagen für 12000 DM bekommt, den Mietvertrag auf fünf Jahre, das Haus, das Sorgerecht etc. – auf jeden Fall beschleicht einen das ungute Gefühl, daß die Gegenseite einem das heimzahlen wird. Wie auch immer die Lage ist – die Wahlmöglichkeiten scheinen begrenzt.

Das Beispiel der Sinai-Verhandlungen macht nun die möglichen Chancen klar. Ein phantasievoller Ausweg, wie der vom entmilitarisierten Sinai, schafft oft den entscheidenden Unterschied zwischen Scheitern und Übereinkommen. Ein mit uns befreundeter Rechtsanwalt führt seine Erfolge unmittelbar auf seine Fähigkeit zurück, Lösungen zu finden, die sowohl für seine Klienten als auch für die Gegenseite vorteilhaft sind. In gewisser Weise vergrößert er den Kuchen, ehe er ihn teilt. Gewandtheit bei der Entwicklung von Wahlmöglichkeiten gehört zu den nützlichsten Attributen eines erfolgreich Verhandelnden.

Allzuoft geht es Verhandlungspartnern jedoch so wie den beiden sprichwörtlichen Schwestern, die über eine Orange stritten. Nachdem sie schließlich übereingekommen waren, die Frucht zu halbieren, nahm die erste ihre Hälfte, aß das Fleisch und warf die Schale weg; die andere warf statt dessen das Innere weg und benutzte die Schale, weil sie nämlich lediglich einen Kuchen backen wollte. Allzuoft lassen die Verhandlungspartner sozusagen »Geld auf dem Tisch liegen« – sie kommen zu keiner Übereinstimmung, oder die Übereinstimmung hätte für alle Seiten besser aussehen können. Viel zu viele Verhandlungen enden mit der halben Orange für jede Seite anstatt der ganzen Frucht für die eine und der ganzen Schale für die andere. Warum?

Diagnose

Obwohl es nützlich ist, wenn verschiedene Wahlmöglichkeiten bestehen, sehen nur wenige Menschen in Verhandlungen die Notwendigkeit dazu ein. Bei einer Auseinandersetzung glauben die Leute meist, daß sie die richtige Antwort schon kennen, und wollen, daß ihre Sicht der Dinge die Oberhand behält. Bei Vertragsverhandlungen glauben alle, daß ihr Angebot vernünftig ist und angenommen werden sollte, eventuell mit einer kleinen Korrektur. Alle brauchbaren Antworten scheinen dabei auf einer geraden Linie zwischen der Position der Gegenseite und ihrer eigenen zu liegen. Der einzige kreative Weg, der dabei dann mitunter aufscheint, besteht darin, die Differenz zu halbieren.

Bei den meisten Verhandlungen zeigen sich vier Haupthindernisse hinsichtlich der Entwicklung einer Vielfalt von Entscheidungsmöglichkeiten: 1. vorschnelles Urteil, 2. Suche nach »der« richtigen Lösung, 3. die Annahme, daß der »Kuchen« begrenzt sei, 4. die Vorstellung, daß die anderen ihre Probleme gefälligst selbst lösen sollen. Damit man solche Sperren überwinden kann, muß man sie zuerst verstehen.

Vorschnelles Urteil

Die Entwicklung von Wahlmöglichkeiten kommt nicht von selbst. *Nicht*entwicklung von Optionen ist, auch wenn Streß dabei keine Rolle spielt, der Normalfall. Wenn Sie gefragt werden, wer als einziger in der Welt den Friedensnobelpreis verdient, sind bei jeder Antwort, die Sie auch geben mögen, wohl auch Ihre Zweifel und Unsicherheiten mit eingeschlossen. Wie können Sie sicher sein, daß diese Person den Preis *am meisten* verdient? Vielleicht fällt Ihnen gar niemand ein, oder Sie geben mehrere Antworten, die herkömmlicherweise üblich sind: »Der Papst, oder der Präsident...«

Nichts schadet der Erfindungskraft so sehr wie kritischer Sinn, der nur darauf wartet, die Kehrseite jeder neuen Idee vorzuführen. Urteile behindern den Einfallsreichtum.

Unter dem Druck einer bevorstehenden Verhandlung ist Ihr kritischer Sinn oft noch mehr geschärft als sonst. Praktische Verhandlungsführung besteht in praktischem Denken und nicht in der Produktion wilder Gedanken.

Oft schränkt auch die Anwesenheit der »Gegenseite« die Kreativität ein. Sie verhandeln z. B. mit Ihrem Chef über das Gehalt im kommenden Jahr. Sie haben eine Erhöhung von monatlich 800 DM vorgeschlagen, er hat 300 DM angeboten – was Sie als unzureichend bezeichnet haben. In einer derart gespannten Situation können Sie kaum den Einfallsreichtum für eine entsprechende Lösung entwickeln. Sie fürchten etwa, daß Sie als Trottel dastehen, wenn Sie irgendeine unausgegorene Idee präsentieren, z. B. die Hälfte als Gehaltserhöhung und die andere Hälfte als Sonderzulagen auszuweisen. Ihr Chef sagt vielleicht: »Seien Sie nicht kindisch. Sie wissen doch genau, daß das nicht geht. Es brächte unsere ganze Firma durcheinander. Ich bin überrascht, daß gerade Sie so etwas vorschlagen.« Wenn Sie spontan eine realistische Möglichkeit vorschlagen, etwa eine progressive Gehaltserhöhung im Laufe der Zeit, wird er das eventuell als Verhandlungsangebot annehmen: »Darauf können wir aufbauen.« Besteht Gefahr, daß er alles, was Sie sagen, als Selbstverpflichtung Ihrerseits auffaßt, sollten Sie alles doppelt überdenken, ehe Sie überhaupt irgend etwas sagen.

Möglicherweise haben Sie auch Angst, daß Sie durch die Entwicklung bestimmter Optionen Ihre sonstige Stellung gefährden. Sollten Sie z. B. vorschlagen, daß die Firma Ihnen bei der Finanzierung eines Hauskaufes hilft, schließt Ihr Chef eventuell daraus, daß Sie auf alle Fälle bei der Firma bleiben wollen und am Ende auch jedes Angebot annehmen werden, das er hinsichtlich der Gehaltserhöhung macht.

Die Suche nach »der« richtigen Lösung

In der Vorstellung vieler Menschen gehört die Entwicklung von Alternativen überhaupt nicht zum Verhandlungsprozeß. Die Menschen sehen ihre Aufgabe oft darin, die Kluft zwischen den Positionen zu verkleinern, anstatt die verfügbaren Optionen zu erweitern. Ihre Gedanken lauten dabei oft: »Es ist schwer genug und zeitraubend dazu, eine Übereinkunft wie diese zu schaffen. Was wir jetzt überhaupt nicht brauchen können, ist ein Haufen unterschiedlicher Ideen.« Solange man sich als Endprodukt der Verhandlung eine einzige Entscheidung vorstellt, fürchten natürlich alle, daß eine frei verlaufende Diskussion nur verzögert oder durcheinanderbringt.

Wenn das erste Hindernis kreativen Denkens vorschnelles Urteilen ist, dann besteht das zweite in der vorschnellen Einengung. Wenn Sie von Anfang an auf die »einzige«, die »beste« Lösung starren, brechen Sie leicht einen Prozeß ab, der Ihnen die Auswahl einer großen Anzahl möglicher Lösungen gestatten würde.

Die Annahme, daß der »Kuchen« begrenzt sei

Eine dritte Erklärung dafür, daß oft so wenig gute Wahlmöglichkeiten auf den Tisch kommen, liegt darin, daß alle Seiten die Situation als Entweder/Oder begreifen – entweder ich bekomme das Fragliche oder du kriegst es. Solche Verhandlungen stellen sich oft dar als ein Spiel um »feste Summen«: 250 DM mehr für dich auf den Gesamtpreis des Wagens bedeuten 250 DM weniger für mich. Warum soll ich mich anstrengen und Optionen entwickeln, wenn sie alle eindeutig darauf hinauslaufen, dich nur auf meine eigenen Kosten zufriedenzustellen?

Die Vorstellung, daß die anderen ihre Probleme selbst lösen sollen

Das letzte große Hindernis für die Entwicklung realistischer Optionen ist die Beschäftigung jeder Seite nur mit den eigenen unmittelbaren Interessen. Will ein Verhandlungspartner bei einer Übereinkunft seine Eigeninteressen wahren, muß er sich um eine Lösung bemühen, die auch die Interessen der anderen umfaßt. Emotionale Probleme der einen Seite hinsichtlich einer Lösung erschweren die Ungezwungenheit, die man braucht, um vernünftige Wege zur Wahrung der Interessen beider Seiten zu finden: »Wir haben genug eigene Probleme; sollen sie sich um die ihren kümmern.« Oft herrscht auch ein psychologischer Widerwille dagegen, die Legitimität des Standpunkts der Gegenseite anzuerkennen. Man kommt sich fast verräterisch gegen sich selbst vor, wenn man über Wege nachsinnt, die auch die anderen befriedigen. Kurzsichtige Beschäftigung nur mit sich selbst bringt einen Verhandlungspartner schließlich nur dazu, daß er einseitige Positionen, einseitige Argumente und einseitige Lösungsvorschläge entwickelt.

Rezepte

Wer kreative Wahlmöglichkeiten entwickeln will, muß

1. den Prozeß des Findens von Optionen von der Beurteilung eben dieser Optionen trennen;
2. danach trachten, die Zahl der Optionen eher zu vermehren als nach der »einen« Lösung zu suchen;
3. nach Vorteilen für alle Seiten Ausschau halten;
4. Vorschläge entwickeln, die den anderen die Entscheidung erleichtern.

Diese Schritte sollen nun dargestellt werden.

Bei der Entwicklung von Vorstellungen auf ihre Beurteilung verzichten

Da die kritische Beurteilung jegliche Phantasie behindert, muß man den kreativen vom kritischen Prozeß trennen; man muß das Ausdenken möglicher Entscheidungen vom Vorgang der Beurteilung dieser Entscheidungen abspalten. Erst erfinden, dann entscheiden.

Wenn Sie verhandeln, werden Sie schon aus purer Notwendigkeit für sich selbst allerhand erfinden. Das ist nicht leicht. Die Erfindung neuer Ideen bedeutet ja per definitionem, daß

Sie über Dinge nachdenken müssen, die noch gar nicht in Ihrem Kopf sind. Erstrebenswert ist deshalb, daß Sie mit einigen Freunden oder Kollegen eine Sitzung zum Zusammentragen von Ideen, ein »Brainstorming« arrangieren. Damit kann man die Entwicklung von Ideen sehr wirkungsvoll vom Entscheidungsprozeß abkoppeln.

Ein solches Brainstorming sollte so viele Ideen wie möglich produzieren, die einer Lösung des anstehenden Problems dienlich sein können. Die Grundregel ist dabei, jegliche Kritik und Bewertung von Ideen hintanzustellen. Die Gruppe erfindet ausschließlich Ideen und unterbricht niemals, um zu beurteilen, ob diese Ideen gut oder schlecht, realistisch oder unrealistisch sind. Wenn man das konsequent durchführt, dann provoziert die eine Idee die nächste, und sie explodieren wie Knallfrösche hintereinander.

Bei einem Brainstorming muß keiner der Teilnehmer Angst haben, daß er dumm dasteht, denn die Entwicklung noch so wilder Ideen wird ja gerade angeregt. Und weil gleichzeitig auch die Gegenseite nicht dabei ist, muß sich auch niemand vorsehen, daß nicht irgendwelche vertraulichen Informationen oder unausgegorenen Vorstellungen (etwa als verbindliche) Vorschläge weitergereicht werden.

Es gibt keine allgemeinverbindliche Form des Brainstorming. Man sollte es auf die eigenen Bedürfnisse und Möglichkeiten zurichten. Dabei können unter Umständen die folgenden Richtlinien nützlich sein.

Vor dem Brainstorming:

1. *Bestimmen Sie den Zweck.* Überlegen Sie, was Sie mit dem Brainstorming erreichen wollen.

2. *Wählen Sie einige Teilnehmer dazu aus.* Die Gruppe sollte groß genug sein, daß gegenseitige Befruchtung erfolgt, aber auch klein genug, um jeden persönlich mitmachen zu lassen und

der Erfindungsgabe freien Raum zu geben. Fünf bis acht Personen bilden gewöhnlich eine gute Gruppengröße.

3. *Sorgen Sie für Tapetenwechsel.* Die Sitzung sollte zeitlich und örtlich möglichst klar von den Verhandlungen selbst getrennt sein. Je mehr sich das Brainstorming von den Arbeitstreffen unterscheidet, um so leichter können die Teilnehmer kritische Haltungen gegenüber neuen Ideen abbauen.

4. *Sorgen Sie für eine informelle Atmosphäre.* Sehen Sie zu, daß dies für Sie und die anderen zum Ausdruck kommt: reden Sie über einem Drink, treffen Sie sich in einem malerischen Ausflugsort, oder ziehen Sie Jackett und Krawatte während des Brainstorming aus und reden Sie sich mit dem Vornamen an.

5. *Wählen Sie einen Moderator.* Einer aus der Gruppe sollte moderieren – damit auch alle mitmachen, damit jeder zu Wort kommt, die Regeln eingehalten werden und die Diskussion durch eine grundsätzliche Fragehaltung angeregt wird.

Während des Brainstorming:

1. *Setzen Sie die Teilnehmer nebeneinander und markieren Sie das Problem in irgendeiner Weise auf der gegenüberliegenden Seite.* Diese physische Anordnung wirkt für die psychische Seite verstärkend. Wenn man körperlich nebeneinander sitzt, wird die geistige Bereitschaft erklärt, ein gemeinsames Problem miteinander anzugehen. Wenn man statt dessen einander gegenübersitzt, neigt man eher zu persönlichen Antworten, zum Dialog und zum Argumentieren. Sitzt man aber in einem Halbkreis und blickt auf eine Tafel oder Pinwand, so reagiert man eher auf das dort angeschlagene Problem.

2. *Erklären Sie die Regeln und dabei auch das Verbot der Kritik.* Wenn die Teilnehmer sich gegenseitig nicht alle schon kennen, sollten sie sich zu Anfang rundum bekanntmachen. Dann werden die Regeln erläutert. Negative Kritik wird als unerwünscht erklärt.

Dieses gemeinsame Erfinden bringt deshalb neue Ideen hervor, weil wir normalerweise alle nur innerhalb der Grenzen unserer Grundannahmen etwas entwickeln. Wenn Ideen niedergemacht werden, sofern sie nicht allen gefallen, so stellt man sich darauf ein, nur solche Ideen zu entwickeln, die eben nicht niedergemacht werden. Wenn aber andererseits alle denkbaren, auch wilde Ideen angeregt werden, selbst wenn sie außerhalb jeglicher Realisierungschance liegen, so kann die Gruppe von solchen ganz irrealen Ausgangspunkten Optionen entwikkeln, die dann tatsächlich möglich sind und auf die sonst niemand gekommen wäre.

Als weitere Grundregel können Sie auch einführen, daß die gesamte Sitzung ohne vorbereitetes Konzept bleibt und daß alle Ideen ohne Zuordnung zu einem bestimmten Teilnehmer festgehalten werden.

3. *Beginnen Sie mit dem Brainstorming.* Lassen Sie Ihrer Phantasie freien Raum, sobald der Zweck der Sitzung allen klar ist. Legen Sie möglichst viele Ideen vor. Gehen Sie die Frage von jeder nur möglichen Seite an.

4. *Zeigen Sie die gesamte Ideenfülle auf.* Wenn Sie alle Gedanken auf einer Tafel oder, besser noch, auf einer Pinwand oder Zeitungsfahnen aufzeichnen, bekommt die Gruppe einen sinnlichen Eindruck von der gemeinsamen Leistung. Das bekräftigt auch die Regel von der Enthaltung jeglicher Kritik, bewahrt vor unnötigen Wiederholungen und provoziert schließlich auch weitere Ideen.

Nach dem Brainstorming:

1. *Markieren Sie die aussichtsreichsten Ideen.* Nach dem Brainstorming sollten Sie das Verbot der kritischen Einwände etwas mildern, damit nun die aussichtsreichsten Ideen herausgefiltert werden können. Noch sind Sie aber nicht in der Phase des Entscheidens: Sie benennen nur die Ideen, die für weitere Entwick-

lung geeignet sind. Markieren Sie die Ideen, die die Gruppe für die besten hält.

2. *Suchen Sie nach Wegen, die aussichtsreichen Ideen weiter zu verbessern.* Nehmen Sie eine der vielversprechenden Ideen und suchen Sie nach Möglichkeiten, sie zu verbessern und realistisch zu machen, und denken Sie sie bis zum Ende durch. Auf dieser Etappe ist das Ziel, die Idee so attraktiv wie nur möglich zu machen. Animieren Sie konstruktive Kritik der Art: »Was mir am besten an dieser Idee gefällt, ist...« »Könnte man das nicht noch verbessern, indem...?«.

3. Entscheiden Sie, wann die Ideen bewertet werden und wann über sie entschieden werden soll. Ehe Sie den Vorgang des Gewichtens beenden, zeichnen Sie eine Auswahlliste der Gedanken aus dieser Sitzung auf und geben einen Zeitpunkt bekannt, wann darüber entschieden wird, welche dieser Ideen in anstehenden Verhandlungen weiterverfolgt werden und wie dies geschehen soll.

Ziehen Sie auch ein Brainstorming mit der Gegenseite in Betracht

Brainstorming mit der Gegenseite ist natürlich viel schwieriger als mit den eigenen Leuten. Trotzdem kann es außerordentlich wertvoll sein. Schwieriger ist es wegen der erhöhten Gefahr, daß trotz der ausdrücklich festgelegten Regeln für das Brainstorming eine Ihrer Äußerungen als Vorentscheidung verstanden wird. Möglicherweise rutscht Ihnen eine vertrauliche Information heraus, oder die Gegenseite mißversteht eine bloße Wahlmöglichkeit schon als konkretes Angebot. Nichtsdestoweniger hat ein gemeinsames Brainstorming den großen Vorteil, daß hier Ideen produziert werden, die den Interessen aller Beteiligten Rechnung tragen und eine Atmosphäre gemeinsamer Problemlösung hervorrufen, und daß dabei gegenseitige Informationen über die einzelnen Probleme ausgetauscht werden können.

Sie können sich einigermaßen vor negativen Folgen schützen, wenn Sie das gemeinsame Brainstorming mit der Gegenseite ausdrücklich von den Verhandlungssitzungen trennen, in denen die Teilnehmer ihre offiziellen Standpunkte darlegen und vorbereitete Statements abgeben. Die meisten Menschen sind derart auf das Ziel angestrebter Übereinkünfte eingeschworen, daß man ihnen alles andere ausdrücklich deutlich machen muß.

Das Risiko, durch irgendeine von Ihnen vorgestellte Idee schon festgelegt zu werden, können Sie dadurch mindern, daß Sie grundsätzlich immer zwei Alternativen zur gleichen Zeit entwickeln. Oder Sie legen Vorstellungen dar, die Sie ganz offensichtlich selbst ablehnen. »Ich könnte Ihnen ja das Haus umsonst geben, oder Sie könnten mir auch zwei Millionen in bar dafür geben, oder...« Da Sie nun offensichtlich keine dieser beiden Möglichkeiten als solche anbieten, wird man auch diejenigen, die Sie nun folgen lassen, als bloße Möglichkeiten und nicht als konkrete Angebote einordnen.

Wir wollen Ihnen einmal den Eindruck von einem gemeinsamen Brainstorming vermitteln. Wir nehmen dazu an, daß die örtlichen Gewerkschaftsführer sich mit dem Management eines Kohlebergwerks treffen, um per Brainstorming herauszufinden, wie man die wilden Ein- oder Zweitage-Streiks vermindern kann. Zehn Leute – fünf von jeder Seite – sind dabei, sitzen halb um einen Tisch herum mit Blickrichtung zur Wandtafel. Ein neutraler Moderator fragt die Teilnehmer nach ihren Ideen und schreibt sie auf die Tafel.

Moderator: Gut, wir wollen zuerst einmal sehen, welche Vorstellungen Sie über dieses Problem der wilden Arbeitsniederlegungen haben. Versuchen wir, innerhalb von fünf Minuten zehn Ideen auf die Tafel zu kriegen. Fangen wir an. Tom?

Tom (Gewerkschafter): Die Vorarbeiter müssen die Beschwerde eines Gewerkschaftsmitglieds auf der Stelle klären können.

Moderator: Gut, ich habe es notiert. Jim, du hast die Hand gehoben.

Jim (Management): Gewerkschaftsmitglieder müßten mit ihren Vorarbeitern sprechen, ehe sie irgendeine Aktion –

Tom (Gewerkschafter): Das tun sie ja, aber die Vorarbeiter hören ihnen ja nicht zu.

Moderator: Tom, bitte, jetzt wird noch nicht kritisiert. Wir waren alle damit einverstanden, daß das später kommt. O.k.? Jerry, was meinst du? Du sieht aus, als hättest du eine Idee.

Jerry (Gewerkschafter): Wenn es nach einem Streik aussieht, sollten die Gewerkschaftsmitglieder die Erlaubnis bekommen, sich sofort im Umkleideraum zu treffen.

Roger (Management): Das Management könnte die Umkleideräume für Gewerkschaftertreffen zur Verfügung stellen und die Ungestörtheit der Arbeiter dadurch garantieren, daß die Türen verriegelt und die Vorarbeiter ausgeschlossen werden.

Carol (Management): Könnte man es nicht zur Regel machen, daß es keinen Streik gibt, ehe die Gewerkschaftsführer und das Management nicht die Möglichkeit hatten, das Problem unmittelbar zu lösen?

Jerry (Gewerkschafter): Könnte man nicht die Beschwerdeprozedur beschleunigen und ein Treffen innerhalb von 24 Stunden zulassen, wenn die Vorarbeiter und das Gewerkschaftsmitglied die Sache nicht unter sich bereinigen?

Karen (Gewerkschafter): Jawohl. Und wie wäre es mit einem gemeinsamen Training der Gewerkschaftsmitglieder und der Vorarbeiter, wie man Probleme miteinander löst?

Phil (Gewerkschafter): Wenn einer gut arbeitet, sollte man ihm das auch bestätigen.

John (Management): Gute Beziehungen zwischen den Gewerkschaftern und dem Management herstellen.

Moderator: Das klingt vielversprechend, John, aber könnten Sie das noch etwas genauer darlegen?

John (Management): Wie wäre es mit einer gemeinsamen Volleyballmannschaft aus Gewerkschaftern und Angehörigen des Managements?

Tom (Gewerkschafter): Und einen Kegelclub dazu.

Roger (Management): Und wie wäre es mit einem jährlichen gemeinsamen Picknickausflug zusammen mit allen Familienmitgliedern?

Und so weiter, die Teilnehmer produzieren ganze Berge von Ideen. Viele davon wären niemals außerhalb dieses Brainstorming zustandegekommen, und manche davon werden möglicherweise tatsächlich bei der Reduzierung wilder Streiks helfen. Die Zeit des gemeinsamen Brainstorming gehört sicherlich zu den bestangelegten Zeiten während einer Verhandlung.

Ob Sie nun miteinander Brainstorming betreiben oder nicht – bei jeder Verhandlung ist es von großem Nutzen, den Akt der Entwicklung von Optionen vom Vorgang der Entscheidung zwischen diesen Optionen zu trennen. Zielvorstellungen zu diskutieren oder Positionen einzunehmen, ist etwas ganz anderes. Die Position der einen Seite wird immer mit der der anderen in Konflikt stehen – Optionen bringen statt dessen andere Optionen hervor. Schon alleine die Sprache, die Sie dabei verwenden, ist ganz anders. Sie besteht in Fragen, nicht in Versicherungen, ist offen, nicht geschlossen: »Eine Vorstellung besteht darin, daß ... An welche anderen Optionen haben Sie gedacht?« »Was ist, wenn wir zustimmen?« »Wie wäre es, wenn wir so vorgingen?« »Wie kann das funktionieren?« »Was könnte daran schlimm sein?« Suchen Sie, ehe Sie entscheiden.

Verbreitern Sie die Basis Ihrer Wahlmöglichkeiten

Auch wenn die Vorsätze hervorragend sind: meist arbeiten Teilnehmer selbst in einer Brainstorming-Sitzung in der Annahme, daß sie in Wirklichkeit nach der *einen* besten Antwort suchen; das ist wie die berühmte Suche nach der Stecknadel im Heuhaufen, wo man schließlich jeden Halm umdrehen muß.

An diesem Punkt der Verhandlungen sollten Sie jedoch noch nicht nach dem richtigen Weg schauen. Sie entfalten gerade erst den Raum, innerhalb dessen Sie verhandeln. Aber Raum können Sie nur entfalten, wenn Sie eine nennenswerte Anzahl deutlich unterschiedlicher Ideen haben – Ideen, auf denen Sie und die Gegenseite später in der Verhandlung aufbauen können und unter denen Sie dann gemeinsam wählen können.

Ein Weinbauer wählt für einen guten Wein seine Trauben aus einer Anzahl verschiedener Sorten aus. Eine Fußballmannschaft, die neue Stars sucht, wird Talentsucher sowohl zu den regionalen Ligen wie zu den anderen Mannschaften im ganzen Land senden. Genau dasselbe gilt auch für Verhandlungen. Der Schlüssel für kluges Entscheiden – ob bei der Weinherstellung, beim Fußball oder beim Verhandeln – liegt in der Auswahl aus einer großen Zahl verschiedener Optionen.

Wenn Sie also gefragt werden, wer dieses Jahr den Friedensnobelpreis bekommen sollte, antworten Sie am besten: »Gut, wir wollen einmal darüber nachdenken« und listen hundert und mehr Namen aus dem diplomatischen Dienst, dem Geschäftsleben, Journalismus, Religion, Rechtsprechung, Landwirtschaft, Politik, Wissenschaft, Medizin und anderen Gebieten auf, wobei Sie ganz sicher eine Menge wilder Vorstellungen produzieren. Aber ziemlich sicher werden Sie dabei zu einer besseren Entscheidung kommen, als wenn Sie das Ganze gleich vom Fleck weg entscheiden wollen.

Ein Brainstorming gibt den Menschen die Freiheit zu kreativem Denken. Ist die Freiheit einmal da, braucht man nun auch

Wege, auf denen man über die Probleme nachdenken und konstruktive Lösungen entwerfen kann.

Vervielfältigen Sie die Optionen, indem Sie zwischen Besonderem und Allgemeinem pendeln: Das Kreisdiagramm

Vier verschiedene Denkweisen liegen der Entwicklung von Optionen zugrunde. Die erste bezieht sich auf ein besonderes Problem – etwa darauf, daß über Ihr Gebiet ein schmutziger, stinkender Fluß fließt, der Sie stört. Die zweite Denkweise besteht in der beschreibenden Analyse. Sie diagnostizieren in ganz allgemeinen Begriffen eine bestehende Situation. Dabei scheiden Sie die Probleme in bestimmte Kategorien und stellen Vermutungen über die Ursachen an. Das Flußwasser hat möglicherweise hohen Chemikalienanteil oder zu wenig Sauerstoff. Vielleicht verdächtigen Sie schon einige flußaufwärts liegende Industrieanlagen. Die dritte Denkweise sucht, wieder in allgemeinen Begriffen, nach dem, was möglicherweise zu tun ist. Aufgrund der erstellten Analyse sehen Sie sich nach Rezepten um, nach denen zumindest theoretisch der Chemikalienausfluß oder die Wasserableitung reduziert oder frisches Wasser aus anderen Flüssen zugeführt werden kann. Die vierte und letzte Denkweise zielt darauf, eine Reihe spezifischer und realisierbarer Vorschläge für künftiges Handeln aufzubauen. Wer z. B. könnte morgen etwas tun, um die allgemeinen Überlegungen in die Tat umzusetzen. So könnte z. B. die staatliche Umweltbehörde der flußaufwärts gelegenen Industrieanlage Auflagen hinsichtlich der erlaubten Einleitung chemischer Stoffe erteilen.

Das nachfolgend abgebildete Kreisdiagramm illustriert diese vier Denkweisen und stellt sie als Schritte dar, die man nacheinander vollziehen muß. Wenn alles nach Plan abläuft, können Sie mit der spezifischen Lösungsweise auch Ihre Probleme entsprechend behandeln.

Das Kreisdiagramm

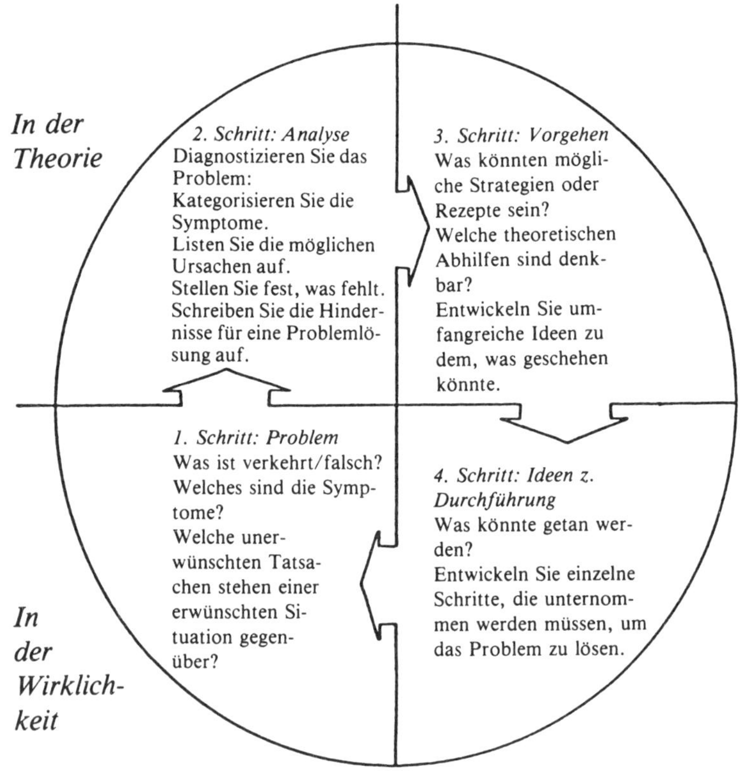

Das Kreisdiagramm verschafft einen leichten Weg, um aufgrund einer guten Idee andere Ideen hervorzubringen. Wenn Sie eine sinnvolle Handlungsidee vor sich haben, können Sie (oder eine Gruppe, mit der Sie Brainstorming betreiben) z. B. zurückgehen und den generellen Ansatz herausfinden, von dem die Handlungsidee lediglich eine konkrete Anwendung darstellt. Dann können Sie sich auch andere Handlungsideen ausdenken, die auf demselben Grundansatz beruhen. Analog dazu können Sie auch noch einen Schritt zurückgehen und fragen: »Wenn mir dieser Ansatz nützlich erscheint – Welche Diagnose liegt ihm dann schon vorher zugrunde?« Haben Sie die Diagnose dann ausgemacht, so können Sie wieder andere Ansätze für die Behandlung von Problemen erstellen, die in derselben Weise diagnostiziert wurden, und diese neuen Ansätze in die Praxis umsetzen. Eine gute Option eröffnet also die Möglichkeit zur Erkenntnis der Theorie, nach der diese Option gut ist; und diese Theorie wiederum wird zum Auffinden weiterer Optionen verwendet.

Zur Illustration ein Beispiel: Nehmen wir als gute Ausgangsidee den Vorschlag, daß während des Konflikts in Nordirland katholische und protestantische Lehrer ein gemeinsames Schulbuch über die Geschichte Nordirlands erstellen, das in den Unterklassen beider Schulsysteme verwendet werden soll. Das Buch würde die Geschichte Nordirlands von verschiedenen Gesichtspunkten aus zeigen und den Kindern Übungen ermöglichen, mit denen sie sich in Rollenspielen an die Stelle der jeweils anderen setzen können. Zur Produktion weiterer Ideen sollten Sie mit dem Vorstellen dieser Aktion beginnen und dann nach dem theoretischen Ansatz suchen, der ihr zugrundeliegt. Sie werden dann wohl so allgemeine Vorstellungen herausfinden, wie:

»Es sollte wenigstens einige gemeinsame Bildungsinhalte in den beiden Schulsystemen geben.«

»Katholiken und Protestanten sollten in bescheidenen, aber immerhin handhabbaren Projekten zusammenarbeiten.«

»Gegenseitiges Verständnis sollte bei den Kindern gefördert werden, ehe es zu spät ist.«

»Geschichte sollte so unterrichtet werden, daß Einseitigkeiten als solche deutlich werden.«

Aufgrund solcher theoretischer Aussagen können Sie dann weitere Handlungsvorschläge entwickeln, wie etwa gemeinsame Filmprojekte von Katholiken und Protestanten, die die Geschichte Nordirlands von beiden Standpunkten aus beleuchten.

Auch ein Lehreraustauschprogramm oder gemischte Einschulungsklassen von Kindern beider Systeme sind denkbar.

Betrachten Sie die Sache vom Standpunkt verschiedener Experten

Ein anderer Weg zu vielfältigen Wahlmöglichkeiten besteht darin, das Problem von der Perspektive verschiedener Experten und Deutungsschemata zu sehen.

Wenn Sie nach möglichen Lösungen beim Streit über das Sorgerecht für Kinder suchen, betrachten Sie das Problem von der Warte eines Erziehers, eines Bankiers, eines Psychiaters, eines Rechtsanwalts, eines Ministers, eines Ernährungsfachmannes, eines Arztes, einer Feministin, eines Fußballtrainers oder sonstwie. Wenn Sie über einen Geschäftsvertrag verhandeln, suchen Sie nach Wahlmöglichkeiten, die einem Bankier, einem Erfinder, einem Laborleiter, einem Immobilienspekulanten, einem Börsenmakler, einem Volkswirtschaftler, einem Steuerfachmann oder einem Sozialisten einfallen könnten.

Das Kreisdiagramm können Sie mit dieser Idee verbinden. Überlegen Sie nacheinander, wie jeder der Experten die Lage diagnostizieren würde, welche Ansätze jedem einfallen würden und welche praktischen Vorschläge daraus folgen.

Suchen Sie nach Problemlösungen mit unterschiedlichem Wirkungsgrad

Die Anzahl möglicher Übereinkünfte kann man auch dadurch vermehren, daß man »weichere« Möglichkeiten in Betracht zieht, falls die gewünschte Übereinkunft nicht in Sicht kommt. Manchmal kann man auch eine Übereinstimmung hinsichtlich des Verfahrens erreichen, wenn man schon in der Materie nicht zusammenkommt. Wenn eine Schuhfabrik sich mit einem

Großhändler bezüglich einer Sendung schadhafter Schuhe nicht einigen kann, so können beide doch darin übereinkommen, daß der Fall einem Schlichter übergeben wird. Ähnlich kann vielleicht eine provisorische Übereinkunft erzielt werden, wo eine dauerhafte Lösung (noch) nicht möglich ist. Schließlich kann man dort, wo man nicht zu einer vollständigen Übereinkunft gelangt, normalerweise zu einer partiellen kommen – d. h., man einigt sich darüber, wo man nicht einer Meinung ist, so daß beide die Streitpunkte nun kennen (die keineswegs immer offensichtlich sind). Nachfolgend sind mögliche Übereinkünfte mit unterschiedlichem Wirkungsgrad paarweise aufgelistet:

Härter	*Weicher*
Sachliche Einigung	Einigung über das Verfahren
Dauerhafte Einigung	Vorläufige Einigung
Umfassende Einigung	Partielle Einigung
Endgültige Einigung	Prinzipielle Einigung
Bedingungslose Einigung	Bedingte Einigung
Bindende Einigung	Nichtbindende Einigung
Erstrangige Einigung	Nachrangige Einigung

Verändern Sie die Reichweite der vorgeschlagenen Übereinkunft

Ziehen Sie auch die Möglichkeit in Betracht, nicht nur den Wirkungsgrad der Übereinkunft zu verändern, sondern auch ihre Reichweite. Sie können z. B. Ihr Problem auch aufspalten in kleinere und darum vielleicht handlichere Einheiten. Schlagen Sie z. B. dem vorgesehenen Verleger Ihres Buches vor: »Vereinbaren wir zunächst einmal für das erste Kapitel 500.– DM und sehen dann, wie die Sache läuft.« Übereinkünfte können durchaus nur Teillösungen beinhalten, weniger Parteien betreffen als ursprünglich beabsichtigt, nur bestimmte ausgewählte Bereiche abdecken, sich nur auf ein bestimmtes geographisches Gebiet beziehen oder nur für eine bestimmte Zeitspanne gelten.

Manchmal fördert es die Verhandlungen, wenn man überlegt, ob die Gesamtmaterie nicht vergrößert werden kann, gleichsam als »Verzuckerung« des Ganzen, damit die Einigung attraktiver wird. Die Auseinandersetzung zwischen Indien und Pakistan über das Wasser des Indus kam einer Lösung näher, als die Weltbank in die Gespräche mit einbezogen wurde. Die Parteien wurden zur Ausarbeitung neuer Begradigungs- und Eindämmungsanlagen sowie anderer Bauprojekte aufgefordert, was beiden Nationen zugute kam – alles mit Hilfe der Weltbank.

Suchen Sie nach Vorteilen für beide Seiten

Die dritte große Hemmschwelle zur kreativen Problemlösung liegt in der Annahme, daß der »Kuchen« begrenzt sei. Dadurch entsteht eine Haltung »Der kleinere Teil für dich, der größere für mich.« Dabei stimmt diese Annahme nur selten. Zuerst einmal können am Ende immer beide Seiten schlechter dastehen als vorher. Schach z. B. wird allgemein als Nullsummenspiel betrachtet; wenn der eine verliert, gewinnt der andere – bis ein Hund daherkommt, den Tisch umwirft, das Bier verschüttet und beide schlechter als vorher aussehen.

Ganz abgesehen davon, daß beide das gemeinsame Interesse haben, nichts zu verlieren, gibt es nahezu immer die Möglichkeit, Vorteile für beide Seiten zu entwickeln. Das kann in Form einer gegenseitig förderlichen Beziehung geschehen oder auch als gemeinsame Interessenbefriedigung mit Hilfe einer kreativen Lösung.

Finden Sie die gemeinsamen Interessen heraus

Rein theoretisch ist es offensichtlich, daß gemeinsame Interessen bei der Herstellung von Übereinkünften hilfreich sind. Wenn man eine Idee austüftelt, die die Interessen zusammenbringt, so ist das per definitionem gut für Sie wie für die Gegenseite. Praktisch sieht die Sache allerdings weniger klar aus. Bei Verhandlungen über einen bestimmten Preis sind gemeinsame Interessen meist nicht sichtbar und offenbar nicht relevant. Wie kann die Suche nach gemeinsamen Interessen dennoch hilfreich sein?

Nehmen wir ein Beispiel. Stellen Sie sich vor, Sie seien der Manager einer Ölraffinerie. Nennen wir diese Townsend Oil. Der Bürgermeister von Pageville – dem Ort, in dem die Raffinerie liegt – hat Ihnen erklärt, daß er die Steuer für die Gesellschaft von einer Million auf zwei Millionen jährlich erhöhen will. Sie haben ihm mitgeteilt, daß Ihrer Meinung nach eine Million völlig genügt. An dieser Stelle bewegt sich nun derzeit die Verhandlung: Er möchte mehr, Sie möchten die bisherige Steuerhöhe beibehalten. Wo kommen bei einer solchen durchaus typischen Verhandlung gemeinsame Interessen ins Spiel?

Werfen wir einen genaueren Blick auf die Wünsche des Bürgermeisters. Er möchte Geld – sicherlich um städtische Dienstleistungen zu bezahlen, z.B. um ein neues Gemeindezentrum zu erstellen, und um die anderen, kleinen Steuerzahler zu entlasten. Aber die Stadt kann nicht jetzt und in alle Zukunft ihre Geldbedürfnisse nur durch Townsend Oil befriedigen. Sie wird z.B. auch Geld von der petrochemischen Industrie am Ort fordern, und fernerhin auch von den neuen Geschäften und den schon bestehenden Firmen, die expandieren. Der Bürgermeister ist selbst Geschäftsmann und wird wohl die industrielle Entwicklung fördern und neue Geschäfte an den Ort locken, die neue Arbeitsplätze schaffen und die Wirtschaft des Ortes ankurbeln.

Welche Interessen haben Sie mit Ihrer Ölgesellschaft? Die Technologie im Ölgeschäft ändert sich schnell und Ihre Raffinerie ist veraltet, weshalb Sie derzeit eine größere Modernisierung und Vergrößerung der Firma planen. Sie haben Angst, daß die Stadt alsbald den Realwert der ausgebauten Firma höher ansetzen und danach auch die Steuern erhöhen wird. Sie haben überdies ein Kunststoffwerk an den Ort geholt, das Ihren Rohstoff verarbeitet; und natürlich müssen Sie fürchten, daß diese Firmen sich ebenfalls über die wachsende Steuerlast Gedanken machen.

Nun werden die gemeinsamen Interessen zwischen Ihnen und dem Bürgermeister schon deutlicher. Sie stimmen beide darin überein, daß man industrielle Expansion fördern und neue Industrien ermutigen sollte. Wenn Sie nun diese gemeinsamen Interessen unter einen Hut bringen und entsprechende Zielsetzungen entwickeln wollen, werden Sie wohl zu einer Reihe von Ideen kommen: Steuerfreiheit von sieben Jahren für neu angesiedelte Industrieanlagen; eine gemeinsame Werbungskampagne mit der Handelskammer, um neue Firmen anzuziehen; Steuererleichterung für expansionswillige Industriefirmen. Solche Ideen können Ihnen helfen, Geld zu sparen, während gleichzeitig die Steuersäckel der Stadt gefüllt werden. Verschlechtern sich statt dessen aber die Beziehungen zwischen Ihrer Firma und der Stadt, so werden beide die Verlierer sein. Sie Ihrerseits werden möglicherweise Ihre Spenden für soziale Belange und für sportliche Angelegenheiten verringern. Die Stadt wiederum wird vielleicht die Bauvorschriften und andere Anordnungen verschärfen. Auch Ihre persönlichen Beziehungen zu den politischen und geschäftlichen Führungspersönlichkeiten der Stadt werden getrübt. Das Verhältnis beider Seiten zueinander, das häufig einfach vorausgesetzt oder einfach übersehen wird, wiegt oft genug schwerer als das Ergebnis irgendeines besonderen Streitfalles.

Als Verhandlungspartner wird man fast immer nach Lösungen suchen, die die Gegenseite möglichst zufriedenstellen.

Wenn sich der Käufer geprellt fühlt, hat der Verkäufer einen Fehler begangen. Er verliert möglicherweise einen Kunden und noch dazu leidet sein guter Ruf. Ein Ergebnis, bei dem die Gegenseite absolut keinen Gewinn hat, ist ungünstiger für Sie, als wenn die anderen zufriedengestellt sind. In nahezu jedem Fall wird Ihre eigene Befriedigung davon abhängen, wie zufrieden die Gegenseite mit dem Ergebnis ist, mit dem sie ja auch leben möchte.

Drei Punkte sollten Sie sich hinsichtlich gemeinsamer Interessen in Erinnerung halten.

Erstens: Gemeinsame Interessen gibt es, vielleicht auch verborgen, bei jeder Verhandlung. Sie sind vielleicht nicht sofort einsichtig. Fragen Sie sich: Haben wir ein gemeinsames Interesse am Erhalt unserer Beziehung? Welche Möglichkeiten ergeben sich für Kooperation und gegenseitigen Gewinn? Was kostet es uns, wenn die Verhandlungen abgebrochen würden? Gibt es allgemeine Prinzipien, etwa einen fairen Preis, die wir beide gleichermaßen anerkennen können?

Zweitens: Gemeinsame Interessen sind Möglichkeiten, nicht Gottgegebenheiten. Damit sie Ihnen nützen, müssen Sie erst etwas daraus machen. Sinnvollerweise sollten Sie gemeinsame Interessen ausdrücklich benennen und als gemeinsame *Ziele* darstellen. Mit anderen Worten: Konkretisieren Sie die gemeinsamen Interessen und weisen Sie damit in die Zukunft. Mit dem Bürgermeister von Pageville könnten Sie sich als Manager von Townsend Oil das gemeinsame Ziel setzen, innerhalb von drei Jahren fünf neue Industriefirmen an den Ort zu bringen. Die Steuerbefreiung für Neuansiedler würde dann nicht eine Konzession des Bürgermeisters darstellen, sondern eine Aktion zur Realisierung des gemeinsamen Ziels.

Drittens: Wenn Sie die gemeinsamen Ziele unterstreichen, werden möglicherweise die Verhandlungen flüssiger und freundlicher. Die Insassen eines Rettungsbootes auf dem offenen Meer, die nur begrenzte Lebensmittelvorräte besitzen, werden ihre Differenzen hinsichtlich der Essensverteilung hinter dem gemeinsamen Ziel zurückstellen, sobald wie möglich an Land zu kommen.

Verschmelzen Sie unterschiedliche Interessen

Erinnern Sie sich an die beiden Schwestern, die über die Orange stritten. Jede wollte sie haben, also haben sie sie geteilt, ohne zu bedenken, daß die eine nur das Fleisch essen und die andere nur die Schale zum Backen haben wollte. Dieser Fall ist recht häufig. Er kann zufriedenstellend gelöst werden, weil jeder Partner etwas *anderes* möchte. Genau betrachtet ist das wohl etwas überraschend. Normalerweise nimmt man ja an, daß die Differenzen zwischen zwei Parteien das Problem schaffen. Aber Differenzen können genausogut zu einer Lösung führen.

Übereinstimmung beruht oft auf Nicht-Übereinstimmung. Es ist absurd, wenn man beispielsweise vorgeht wie jener Aktienkäufer, der den Verkäufer davon zu überzeugen trachtet, daß die Kurse wahrscheinlich steigen werden. Wenn beide darin übereinstimmen, daß die Kurse wohl steigen werden, wird der Verkäufer sicherlich nichts hergeben.

Der Handel wird erst dann klappen, wenn der Käufer glaubt, daß die Aktien steigen und der Verkäufer denkt, daß sie fallen. Diese unterschiedlichen Meinungen sind die Basis für den Handel.

Viele kreative Übereinkünfte spiegeln dieses Prinzip wider. Unterschiede in Interessen und Überzeugungen ermöglichen oft einen Konnex zwischen großem Nutzen für den einen und geringen Kosten für den anderen. Ein Kinderreim sagt:

Jack Sprat konnt' niemals Fettes essen
Und seine Frau nichts Mageres
So taten sie sich schnell zusammen
und aßen den Teller leer!

Am besten lassen sich diejenigen Unterschiede nutzen, die sich auf die Interessen, die Überzeugung und die Wertschätzung hinsichtlich zeitlicher Abläufe, Prognosen und Risikobereitschaft beziehen.

Bestehen Interessensunterschiede? Die nachfolgende kurze Checkliste weist auf die häufigsten Möglichkeiten hin, die man beachten sollte:

Die eine Partei sieht mehr auf:	*Die andere Partei sieht mehr auf:*
Form	Inhalt
wirtschaftliche Überlegungen	politische Überlegungen
innere Betrachtungsweise	äußere Betrachtungsweise
Symbolik	Praxis
die nahe Zukunft	die fernere Zukunft
unmittelbare Ergebnisse	gute Beziehungen
nackte Tatsachen	Ideologie
Fortschritt	Respekt vor der Tradition
frühere Vorfälle	den vorliegenden Fall
Prestige und guten Ruf	Ergebnisse
politische Kontakte	das Wohl der Gruppe

Unterschiedliche Überzeugungen? Wenn ich im Recht zu sein glaube und Sie auch, können wir aus diesem Überzeugungsunterschied Nutzen ziehen: Wir können dann nämlich beide einen unabhängigen Schiedsrichter in der Streitsache anrufen. Beide glauben wir ja an einen Sieg. Wenn zwei Fraktionen der Gewerkschaft sich nicht über eine Lohnforderung einigen können, können sie sich einer Abstimmung seitens aller Mitglieder unterwerfen.

Zeitabhängige unterschiedliche Wertschätzung? Ihnen erscheint vielleicht die Gegenwart wichtiger, während sich die Gegenseite mehr Gedanken um die Zukunft macht. In der Geschäftssprache heißt das, Sie diskontieren Zukunftswerte zu unterschiedlichen Sätzen. Ratenzahlungen funktionieren nach diesem Prinzip. Der Käufer ist bereit, mehr zu bezahlen, wenn er das erst später tun muß. Der Verkäufer akzeptiert spätere Bezahlung, wenn er dadurch einen höheren Preis erzielt.

Unterschiedliche Prognosen? Bei den Gehaltsverhandlungen eines Fußballstars mit einem Bundesligaclub erwartet der Spieler, daß die Mannschaft durch ihn viele Spiele gewinnt. Der Manager glaubt das aber nicht. Aus diesen unterschiedlichen Prognosen ziehen beide für die Verhandlung Nutzen: Sie einigen sich auf ein Grundgehalt von 500000 DM im Jahr plus 180000 DM, wenn der Spieler in der Gesamtsaison mehr als 15 Tore in den Bundesligaspielen schießt.

Unterschiedliche Risikobereitschaft? Schließlich noch eine andere kapitalisierbare Differenz: die Risikobereitschaft. Nehmen wir z. B. den Streit um den Abbau von Bodenschätzen auf dem Meeresgrund im Rahmen der Seerechtsverhandlungen. Wieviel sollten die Schürfgesellschaften der internationalen Gemeinschaft für die Abbaurechte bezahlen? Die Bergwerksgesellschaften sorgen sich mehr darum, große Verluste zu vermeiden als darum, hohe Gewinne zu machen. Für sie bedeutet das Schürfen auf dem Meeresgrund jedoch hohe Investitionen. Sie wollen das Risiko möglichst niedrig halten. Die internationale Gemeinschaft andererseits interessiert sich für Einkünfte. Wenn irgendeine Minengesellschaft großen Profit aus dem »gemeinsamen Erbe der Menschheit« zieht, möchte der Rest der Welt einen hohen Anteil bekommen.

In diesem Unterschied liegt der Grundstock für einen beiderseits vorteilhaften Handel. Das Risiko kann gegen Einkünfte aufgerechnet werden. Der Vertrag sieht daher, unter Einbezug der unterschiedlichen Risikobereitschaft, für die Gesellschaften niedrige Abgaben für die Zeit vor, in denen sie ihre Investitionen noch nicht hereingewirtschaftet haben – mit anderen Worten, so lange sie ein hohes Risiko tragen – und große Zahlungen unmittelbar danach, sobald das Risiko entsprechend niedrig ist.

Erkunden Sie die Hauptanliegen der Gegenseite

Ein Weg, die Interessen zu beiderseitigem Nutzen zusammenzubringen, besteht darin, mehrere Wahlmöglichkeiten zu finden, die Ihnen alle gleichermaßen akzeptabel erscheinen, und die Gegenseite zu fragen, welche davon sie bevorzugen würde. Sie fragen dabei nicht unbedingt danach, was akzeptabel erscheint, sondern was man bevorzugen würde. Dann können Sie mit der gewählten Option weiterarbeiten, wiederum zwei oder mehr Varianten vorstellen und wieder nach den Präferenzen fragen. Auf diese Weise können Sie, noch ehe irgend jemand etwas entschieden hat, einen Plan entwerfen – so lange, bis Sie keinen weiteren gemeinsamen Nutzen finden können. Der Agent des Fußballstars fragt z.B. den Club-Manager: »Was käme Ihnen mehr entgegen, 500000 DM im Jahr, bei einer Vertragsdauer von vier Jahren, oder 600000 DM pro Jahr, aber auf drei Jahre? Letzteres? Gut. Was sagen Sie dann zu dem Vorschlag, daß er 550000 im Jahr, immer noch bei drei Jahren Dauer, kriegt und noch 170000 dazu, wenn er mehr als 15 Tore in der Saison schießt?«

Für eine Nutzenteilung gehen Sie am besten so vor, daß Sie nach Punkten suchen, die Sie selbst wenig kosten und den anderen große Vorteile bringen, und umgekehrt. Nutzenteilung wird überall möglich, wo es unterschiedliche Interessen, Prioritäten, Überzeugungen, Prognosen und Risikobereitschaften gibt. Das Motto eines Verhandlungspartners könnte also auch sein: »Es lebe der Unterschied!«

Erleichtern Sie der Gegenseite die Entscheidung

Da Ihr Erfolg bei Verhandlungen davon abhängt, daß die Gegenseite Entscheidungen in Ihrem Sinn trifft, sollten Sie alles in Ihren Kräften Stehende tun, um diese Entscheidungen zu erleichtern. Machen Sie die Dinge für die Gegenseite niemals schwierig, sondern suchen Sie sie mit einer Wahl zu konfrontieren, die möglichst schmerzlos ist. Da die meisten Leute ganz mit ihren eigenen Problemen beschäftigt sind, achten sie zu wenig auf Möglichkeiten, ihre eigenen Vorteile durch die Beachtung von Interessen der Gegenseite zu fördern. Am besten versetzen Sie sich, zur Überwindung der Kurzsichtigkeit allzu ichbezogener Denkweise, einfach in die Lage der anderen. Ohne auch für die Gegenseite günstige Wahlmöglichkeit wird es kaum eine Übereinkunft geben.

Mit wem verhandeln?

Wollen Sie einen einzelnen Vertragspartner, einen abwesenden Chef, ein Komitee oder eine kollektiv entscheidende Körperschaft beeinflussen? Man kann nicht erfolgreich mit Abstraktionen wie etwa »München« oder der »Hamburger Universität« verhandeln. Sie sollten nicht versuchen, »die Versicherungsgesellschaft« von einer Entscheidung zu überzeugen, sondern sich darauf konzentrieren, einem zuständigen Mitarbeiter der Versicherung eine entsprechende Empfehlung zu geben. Wie kompliziert der Entscheidungsprozeß auf der Gegenseite auch sein mag, Sie verstehen das Ganze besser, wenn Sie sich eine Person – am besten die, mit der Sie verhandeln – herausholen und zusehen, wie sich für diese Person das Problem darstellt.

Wenn Sie sich auf eine Person konzentrieren, so vernachlässigen sie deshalb keineswegs die Komplexität der Dinge. Statt dessen kriegen Sie die Gegenseite in den Griff dadurch, daß sie erkennen, wie die Person, mit der Sie verhandeln, ihrerseits beeinflußt wird. Sie werden alsbald Ihre eigene Rolle bei der Verhandlung neu einschätzen und Ihre Aufgabe beispielsweise dann darin sehen, daß Sie die Position des Ansprechpartners stärken, indem Sie ihm Argumente an die Hand geben, die er wiederum zur Überzeugung anderer in seiner Gruppe braucht. Ein britischer Botschafter beschrieb einmal seine eigene Aufgabe als »Hilfe für mein Gegenüber, neue Anweisungen zu erhalten«. Wenn Sie sich selbst in die Lage Ihres Gegenübers versetzen, werden Sie seine Probleme verstehen und verstehen, welche Optionen eben diese Probleme lösen können.

Welche Entscheidung ist wünschenswert?

Im Kapitel 1 haben wir untersucht, wie man durch die Analyse der gegenwärtigen von der Gegenseite wahrgenommenen Wahlmöglichkeiten ihre Interessen erkennen kann. Nun müssen Sie Optionen entwickeln, die die Wahlmöglichkeiten der Gegenseite ändern, so daß sie in einer Sie befriedigenden Weise entscheidet. Ihre Aufgabe besteht jetzt darin, nicht mehr Fragen aufzuwerfen, sondern Antworten zu finden, die die anderen nicht vor eine schwierige, sondern vor eine leichte Entscheidung stellen. Dabei ist es grundsätzlich wichtig, daß Sie Ihre Aufmerksamkeit auf den Inhalt der Entscheidung selbst konzentrieren, denn diese wird oft durch Unschlüssigkeit behindert.

Meist möchte man natürlich so viel wie möglich herausschlagen; aber wieviel das ist, weiß man eben nicht so genau. Da ist man versucht zu sagen: »Machen Sie einen Vorschlag, und ich sage Ihnen dann, ob es reicht.« Das erscheint Ihnen vielleicht vernünftig, aber wenn Sie das von der Gegenseite her betrachten, wird Ihnen klar, daß Sie wohl eine sinnvollere Frage stellen sollten. Denn was immer die anderen auf ein solches Ansinnen auch antworten – Sie werden es immer nur als Grundlage akzeptieren und mehr fordern. Auch wenn Sie die Gegenseite bitten, mehr zu bieten, wird das kaum eine Entscheidung in Ihrem Sinn provozieren.

Viele Verhandelnde sind sich auch nicht darüber im klaren, ob sie nun nur Verhandlungsangebote wollen oder präzise Leistungen. Wünschen Sie eine konkrete Leistung, dann sollten Sie einen »Verhandlungsspielraum« vorgeben. Wenn Sie wollen, daß ein Pferd über ein Hindernis springt, erhöhen Sie ja auch nicht das betreffende Hindernis. Und wenn Sie mit Ihrem Automaten ein Getränk für 80 Pfennig verkaufen wollen, geben Sie ja auch nicht den Preis mit 1.– DM an, um noch Verhandlungsspielraum zu haben.

In den meisten Fällen zielt man auf ein Versprechen ab – ein Abkommen. Nehmen Sie Papier und Kugelschreiber und versuchen Sie einige mögliche Absprachen zu fixieren. Man kann in einer Verhandlung nie zu früh damit anfangen – es ist immer eine Hilfe zu klarem Denken. Bereiten Sie die verschiedensten Versionen vor, beginnen Sie dabei mit den einfachsten. Welche Bedingungen könnte die Gegenseite unterschreiben, die auch für Sie attraktiv sind? Können Sie die Anzahl der Leute reduzieren, deren Zustimmung dafür nötig ist? Können Sie eine Übereinkunft formulieren, die für die Gegenseite leicht realisierbar ist? Die anderen werden Schwierigkeiten beim Aushandeln einer Übereinkunft in Rechnung ziehen; das sollten auch Sie tun.

Normalerweise ist es leichter, eine bisher unterbliebene Handlung auch weiterhin zu unterlassen, als sie auszusetzen, wenn sie schon begonnen hat. Und es ist einfacher, mit etwas aufzuhören, als nochmal ganz von vorne anzufangen. Wenn Arbeiter bei ihrer Tätigkeit Musik hören wollen, ist es für die Firmenleitung leichter, wenn sie ein von den Arbeitern selbst organisiertes Experiment für einen bestimmten Zeitraum zuläßt, als von vornherein ein ganzes Problem zu billigen.

Viele Leute sind sehr stark von ihrer Vorstellung von Rechtmäßigkeit beeinflußt. Ein effektiver Weg zur Lösung solcher Probleme besteht daher darin, alles so zu organisieren, daß die Sache unbedingt legitim erscheint. Die Gegenseite wird Lösungen um so leichter zustimmen, wenn es den Anschein hat, daß man das Rechte tut – recht im Sinne von fair, legal, ehrenhaft und so weiter.

Kaum etwas erleichtert Verhandlungen so wie ein Präzedenzfall. Suchen Sie danach. Suchen Sie nach einer Entscheidung oder einem Kernsatz, den die Gegenseite in einer ähnlichen Situation gemacht hat und bauen Sie darauf Ihren Vorschlag für die Übereinkunft auf. Das verschafft Ihnen eine objektive Ausgangslage für Ihren Antrag und erleichtert den anderen das Mitziehen. Stellen Sie den vermuteten Wunsch der Gegenseite nach Beständigkeit in Rechnung und klären Sie, was früher getan oder gesagt wurde. Das hilft Ihnen bei der Entwicklung von Optionen, die Sie akzeptieren können und die gleichzeitig den Standpunkt der anderen mit einbeziehen.

Drohungen helfen nicht

Sie sollten nicht nur über die Inhalte der von Ihnen gewünschten Entscheidungen nachdenken, sondern auch vom Standpunkt der Gegenseite aus die daraus folgenden Konsequenzen bedenken. Wenn Sie die anderen wären, welche Ergebnisse würden Sie am meisten fürchten? Worauf würden Sie hoffen?

Oft versuchen wir andere durch Drohungen und Warnungen vor möglichen Konsequenzen im Ablehnungsfalle zu beeinflussen. Positive Angebote sind jedoch viel effektiver. Konzentrieren Sie sich darauf, die Konsequenzen einer Zustimmung zu Ihrem Vorschlag deutlich zu machen, und erhöhen Sie die Wirkung noch, indem Sie sich dabei auf den Standpunkt der Gegenseite stellen. Wie können Sie Ihre Angebote noch glaubwürdiger machen? Welche speziellen Dinge würden den anderen wohl gefallen? Würde es ihnen entgegenkommen, den abschließenden Vorschlag selbst zu unterbreiten, oder das Ganze der Öffentlichkeit vorzustellen? Was kann man sich ausdenken, das für die Gegenseite attraktiv ist und Sie gleichzeitig wenig kostet?

Zur Einschätzung einer Wahlmöglichkeit vom Standpunkt der Gegenseite her überlegt man am besten, in welcher Weise die Verhandlungsführer im Falle der Annahme kritisiert würden. Formulieren Sie für sich einige Sätze, mit denen die Gegenseite die von Ihnen gewünschte Entscheidung am heftigsten kritisieren könnte. Dann notieren Sie ein paar Sätze, mit denen die Gegenseite, nun zur eigenen Verteidigung, auf Kritik antworten könnte. Das hilft Ihnen zur Einschätzung der Einschränkungen, unter denen die Gegenseite verhandelt. Und es hilft bei der Entwicklung von Optionen, die gleichermaßen die Interessen der Gegenseite in Rechnung stellt, so daß diese ihrerseits in Ihrem Sinne entscheiden kann. Ein abschließender Test für eine Option besteht darin, sie in Form eines Vorschlags niederzuschreiben, so, daß zur Antwort der Gegenseite ein schlichtes »Ja« ausreichend, realistisch und grundlegend für die Zusammenarbeit wäre. Wenn das möglich ist, dann haben Sie das Risiko einer allzustarken Selbstbezogenheit hinreichend reduziert und die Interessen der anderen entsprechend in Ihr Kalkül einbezogen.

In einer komplexen Situation ist kreatives Erfinden eine absolute Notwendigkeit. Das öffnet Türen bei jeder Art von Verhandlung und schafft Übereinkünfte, die beide Seiten zufriedenstellen. Deshalb sollten Sie möglichst viele Optionen produzieren, ehe Sie unter diesen auswählen. Erst erfinden, dann entscheiden. Halten Sie Ausschau nach gemeinsamen Interessen ebenso wie nach unterschiedlichen, die man aber zu beiderseitigem Nutzen verwenden kann. Und trachten Sie danach, der Gegenseite die Entscheidungen zu erleichtern.

4. Bestehen Sie auf der Anwendung neutraler Beurteilungskriterien

Wie gut Sie auch immer die Interessen der Gegenseite verstehen, wie genial Sie auch die Interessen zusammenbringen, wie hoch Sie auch die künftigen gegenseitigen Beziehungen einschätzen mögen – immer werden Sie mit der harten Wirklichkeit einander widerstreitender Interessen konfrontiert sein. Und keine noch so schöne Rede vom beiderseitigen »Gewinn« kann das aus der Welt schaffen. Sie wünschen eine niedrigere Miete; der Vermieter eine höhere. Sie möchten, daß die Waren morgen geliefert werden; der Händler will das erst nächste Woche tun. Sie möchten unbedingt das große Büro mit der schönen Sicht; Ihr Partner ebenfalls. All das kann man nicht unter den Teppich kehren.

Bloße Willensentscheidungen kommen teuer

Üblicherweise suchen Verhandlungspartner solche Konflikte durch das Feilschen um Positionen zu lösen – mit anderen Worten, indem sie über das reden, was sie akzeptieren wollen und was nicht. Mancher Verhandlungspartner fordert wesentliche Zugeständnisse oft nur, weil er eben darauf besteht: »Der Preis ist 120.– DM, und dabei bleibt's.« Ein anderer macht vielleicht ein großzügiges Angebot, weil er auf irgendeinen Vorteil oder auf Freundschaft hofft. Ob das Ganze nun zu einem Wettbewerb darüber wird, wer der hartnäckigste ist oder wer der großzügigste sein mag – solche Verhandlungsprozesse beziehen sich nur auf das, was jede Seite als Übereinkunft haben *möchte*. Das Ergebnis leitet sich von einer Interaktion zwischen zwei menschlichen Wesen her – fast so, als ob die Verhandlungspartner auf einer einsamen Insel leben würden, ohne Geschichte, ohne Sitten und ohne moralische Prinzipien.

Wie schon im Kapitel 1 diskutiert, verursacht die Beilegung von Differenzen auf der Basis des Willens hohe Kosten. Kaum eine Verhandlung wird effektiv oder gütlich verlaufen, wenn Sie nur Ihren Willen gegen den der anderen setzen, gleichgültig, ob am Ende Sie nachgeben oder die anderen. Ob sie einen Platz zum Essen suchen, ein Geschäft organisieren oder über das Sorgerecht für Ihr Kind verhandeln: Sie werden kaum ein vernünftiges Übereinkommen auf der Grundlage objektiver Prinzipien zustande bringen, wenn Sie nicht einen entsprechenden Standard in ihre Verhandlung einbauen.

Hat die Lösung von Differenzen durch Willenskampf also hohe Kosten zur Folge, so sollte der bessere Ansatz darin bestehen, daß man auf einer vom beiderseitigen Willen *unabhängigen* Basis verhandelt – das heißt also, auf der Basis von objektiven Kriterien.

Das Argument für die Anwendung objektiver Kriterien

Nehmen Sie einmal an, Sie haben einen Festpreis beim Bau Ihres Hauses abgeschlossen. Darin wird zwar das Fundament als solches erwähnt, nicht aber, wie tief es genau sein soll. Der Bauunternehmer meint einen halben Meter. Sie halten jedoch 1,25 m entsprechend dem Bautyp für angemessener.

Nehmen wir an, der Bauunternehmer sagt: »Ich habe Ihnen Stahlträger für das Dach zugesagt. Da könnten Sie mir auch die Fundamenttiefe überlassen.« Nun würde kein rechter Hauseigner hier nachgeben. Er will keinen Kuhhandel, aber er besteht darauf, daß der Streit auf der Grundlage objektiver Sicherheitsstandards entschieden wird. »Schauen Sie, es kann ja sein, daß ich unrecht habe. Vielleicht reichen 50 cm aus. Was ich möchte, sind Fundamente, die fest und tief genug sind und das Haus sicher tragen. Gibt es da nicht genaue staatliche Bauvorschriften? Wie tief sind die Fundamente in anderen Häusern hier in der Gegend? Gibt es hier Erdbeben? Wo, meinen Sie, könnten wir Kriterien zur Lösung dieser Fragen herbekommen?«

Einen guten Vertrag auszuarbeiten ist genauso schwer wie ein gutes Fundament zu bauen. Wenn man sich nun aber in dem Fall des Hauseigentümers und des Bauunternehmers so gut auf objektive Standards verlassen kann, warum dann nicht auch bei Geschäftsabschlüssen, kollektiven Verhandlungen, Rechtsabkommen und internationalen Verhandlungen? Warum soll man nicht darauf bestehen, daß ein ausgehandelter Preis auf Kriterien wie Marktwert, Wiederbeschaffungskosten, Verkehrswert oder Konkurrenzangebote gründet, anstatt auf irgendwelchen Forderungen des Verkäufers?

Kurz gesagt: Der Ansatz besteht darin, daß sich Ihre Lösung auf Prinzipien gründet und nicht durch gegenseitigen Druck zustande kommt. Konzentrieren Sie sich auf die Sachlage und nicht auf den Eifer der Partner. Seien Sie offen für Vernunftgründe, aber verschließen Sie sich jeglicher Drohung.

Sachbezogenes Verhandeln bringt auf gütliche und wirkungsvolle Weise vernünftige Übereinkünfte zustande

Je stärker Sie die Kriterien der Fairneß, der Effektivität oder der wissenschaftlichen Sachbezogenheit bei Ihrem speziellen Problem zum Tragen bringen, um so wahrscheinlicher werden Sie am Ende zu einem vernünftigen und fairen Resultat gelangen. Je mehr Sie und die Gegenseite sich auf ihre frühere und auf die allgemein übliche Praxis beziehen, um so größer ist Ihre Chance, von der vorangegangenen Erfahrung zu profitieren. Steht ein Abkommen mit früheren Fällen im Einklang, ist es auch weniger angreifbar. Wenn ein Mietvertrag Standardbedingungen enthält oder ein Kaufvertrag mit der industriellen Praxis übereinstimmt, ist das Risiko geringer, daß einer der Verhandlungspartner sich schlecht behandelt fühlt oder später das Ganze revidieren möchte.

Fortwährender Kampf um die Oberhand bedroht die Beziehungen. Sachbezogenes Verhandeln dagegen schützt sie. Man kommt mit den Leuten viel besser aus, wenn beide Seiten objektive Kriterien zur Lösung des Problems diskutieren, als wenn man den anderen zum Nachdenken zwingen will.

Strebt man eine Übereinkunft durch die Diskussion objektiver Kriterien an, so vermindert man auch die Anzahl der Bindungen, die jede Seite zuerst einmal eingeht und dann wieder abbauen muß, um sich auf eine Lösung zuzubewegen. Beim Feilschen um Positionen verbringen die Verhandlungspartner viel Zeit mit der Selbstverteidigung und mit dem Angriff auf die Gegenseite. Wer statt dessen objektive Kriterien verwendet, nutzt normalerweise seine Zeit effektiver durch Gespräche über mögliche Prinzipien und Lösungen.

Unabhängige Kriterien wirken sich noch viel entscheidender aus, wenn mehr als zwei Parteien im Spiel sind. In solchen Fällen ist das Feilschen um Positionen ganz besonders schwierig. Das erfordert nämlich Koalitionen unter den Parteien; und je mehr Parteien einer Position zugestimmt haben, um so schwieriger wird es, diese wieder zu verändern. Dementsprechend wird die Einnahme und die Veränderung von Positionen besonders zeitraubend und schwierig, wenn jeder Verhandlungspartner die Annahme einer Position mit dem Auftraggeber rücksprechen oder Vorgesetzte zur Klärung der Sachlage aufsuchen muß.

Eine Episode aus der Seerechtskonferenz illustriert die Vorteile der Verwendung objektiver Kriterien. An einem bestimmten Punkt schlug Indien, als Vertreter der Dritten Welt, eine Vorauszahlung für Gesellschaften zur Erschließung der Meeresbodenschätze von 60 Millionen Dollar pro Schürfplatz vor. Die Vereinigten Staaten wiesen den Antrag zurück. Sie wollten keinerlei Vorauszahlung. Beide Seiten gruben sich ein. Die Sache wurde zur Frage der Willensstärke.

Dann bemerkte jemand, daß das ›Massachusetts Institute of Technology‹ (MIT) ein ökonomisches Modell für den Bergbau auf dem Meeresgrund entwickelte hatte. Dieses Modell wurde nach und nach von den Parteien als objektiv anerkannt und sah eine bestimmte Art der Bewertung jeder einzelnen Schürfung vor. Der indische Delegierte erkannte, daß die in seinem Vorschlag vorgesehene, für viele schockierende Vorauszahlung – die fünf Jahre vor jeder Rendite hätte beglichen werden müssen – möglicherweise den Abbau für jede Minengesellschaft unmöglich gemacht hätte. Beeindruckt gab er seine Position auf. Andererseits wurden durch die MIT-Studie auch die amerikanischen Delegierten aufgeklärt, die bisher ihre Informationen nur sehr begrenzt durch die Bergwerksgesellschaften bezogen hatten. Das MIT-Modell belegte, daß eine Vorabzahlung auf jeden Fall möglich sein mußte. Als Ergebnis änderten auch die USA ihre Position.

Niemand mußte nachgeben. Keiner erschien als der Schwächere – sondern nur als vernünftig. Nach langer Verhandlung erreichten die Parteien ein vorläufiges Abkommen, das für alle Seiten befriedigend war.

Das MIT-Modell vergrößerte die Chance zu einer Übereinkunft und senkte das teure Schachern mit Positionen. Es führte zu einer besseren Lösung, die sowohl die Gesellschaften zum Abbau anlocken wie auch beträchtliche Einnahmen für die Nationen der Welt schaffen würde. Das Vorhandensein eines objektiven Modells zur Prognose der Konsequenzen aller Vorschläge erleichterte die Überzeugung der Parteien, daß sie ein faires vorläufiges Abkommen gefunden hatten. Im Lauf der Zeit erzeugte das Modell engere Beziehungen zwischen den

Verhandlungspartnern und machte es wahrscheinlicher, daß die Übereinkunft auch über das Versuchsstadium hinaus dauerhaft sein würde.

Die Entwicklung objektiver Kriterien

Wenn man sachbezogen verhandelt, stellen sich zwei Fragen: Wie kann man objektive Kriterien entwickeln? Und wie verwendet man sie beim Verhandeln?

Welche Verhandlungsmethode Sie auch verwenden – Sie tun gut daran, sich die Sache vorher zu überlegen. Das ist jedenfalls beim sachbezogenen Verhandeln richtig. Entwickeln Sie also vorher einige alternative Kriterien und durchdenken Sie Ihre Anwendung für den jeweiligen Fall.

Faire Kriterien

Üblicherweise werden Sie mehr als ein objektives Kriterium finden, das sich als Basis für eine Übereinkunft eignet. Nehmen Sie z. B. an, daß Ihr Auto beschädigt wurde, und Sie reichen den Fall bei der Versicherung ein. In der Auseinandersetzung mit dem Sachbearbeiter führen Sie etwa folgende Maßstäbe für den Wert Ihres Autos an: 1. den Neuwert minus Abnutzung; 2. den Verkaufswert des Wagens; 3. den Listenpreis für Autos dieses Modells und Alters; 4. den Beschaffungspreis für ein vergleichbares Auto; und 5. was das Gericht als Wert für das Auto wohl festsetzen würde.

In anderen Fällen könnten Sie die Übereinkunft z. B. auf folgenden Kriterien aufbauen:

- Marktwert
- frühere Vergleichsfälle

- wissenschaftliches Gutachten
- Kriterien von Sachverständigen
- Auswirkungen
- Kosten
- mögliche Gerichtsurteile
- moralische Kriterien
- Gleichbehandlung
- Tradition
- Gegenseitigkeit usw.

Auf alle Fälle müssen objektive Kriterien unabhängig vom beiderseitigen Willen sein. Im Idealfall – was einem vernünftigen Übereinkommen besondere Sicherheit verleiht – sollten objektive Kriterien nicht nur willensunabhängig sein, sondern auch gesetzlich legitimiert und praktisch durchführbar. Bei einer Grenzauseinandersetzung z. B. kann man sich leichter auf irgendwelche Geländemerkmale wie einen Flußlauf einigen als auf einen Meter östlich des Flußufers.

Objektive Kriterien sollten, zumindest theoretisch, beiden Seiten passen. Sie können das testen, indem Sie es von beiden Seiten her anwenden: dann sehen Sie, ob es fair und unabhängig vom Willen beider Parteien ist. Wenn Ihnen z. B. ein Immobiliengeschäft ein Haus verkauft und Ihnen dabei einen Standard-Vertrag vorschlägt, sollten Sie so klug sein und nachsehen, ob die Firma selbst denselben Vertrag benutzt, wenn sie *ihrerseits* ein Haus kauft. Drei Negativbeispiele: der Nahe Osten, Nordirland, Zypern; dort wird zwar von einer Vielzahl von Leuten die Selbstbestimmung als Fundamentalrecht reklamiert – aber sie selbst verweigern eben dieses Recht zahlreichen ihrer Mitbürger.

Faire Verfahrensweisen

Um Ergebnisse zu erzielen, die unabhängig vom Willen der Beteiligten sind, kann man die fairen Kriterien sowohl für die Inhalte wie auch für die Verfahrensweise zur Abstimmung der sich widersprechenden Interessen anwenden. Nehmen Sie z. B. die uralte Methode, ein Stück Kuchen zwischen zwei Kindern zu teilen: Das eine zerschneidet den Kuchen, das andere darf sich ein Stück auswählen. Keines der beiden kann sich über eine ungerechte Teilung beklagen.

Diese einfache Vorgehensweise wurde bei den Seerechtsverhandlungen benutzt – eine der kompliziertesten Verhandlungen, die es je gab. Die Verhandlungen waren an dem Punkt festgefahren, wo es Streit um die Zuweisung der Schürfrechte in der Tiefsee gab. Unter den Bedingungen des vorläufigen Abkommens sollte die Hälfte der Schürfplätze von privaten Gesellschaften und die andere Hälfte von der »Enterprise«, einer Bergwerksgesellschaft im Besitz der Vereinten Nationen, belegt werden. Da die privaten Minengesellschaften der reichen Nationen die Technologie und auch das ›Know-how‹ zur Wahl der besten Schürfplätze hatten, fürchteten die ärmeren Nationen, daß die weniger gut ausgestattete »Enterprise« schlecht abschneiden würde.

Die Lösung sah dann vor, daß eine private Schürfgesellschaft der »Enterprise« jeweils zwei mögliche Abbauplätze vorschlagen sollte. »Enterprise« sollte den einen für sich wählen und der anderen Gesellschaft eine Lizenz zum Abbau des anderen gewähren. Da die Privatgesellschaft ja die Wahl von »Enterprise« nicht kennt, wird sie wohl allen Grund haben, beide Schürfplätze in aussichtsreicher Lage zu wählen. Durch diese ganz einfache Prozedur wurde die größere Erfahrung der privaten Gesellschaften zu beiderseitigem Vorteil genutzt.

Eine Variante des Verfahrens »der eine schneidet, der andere wählt« besteht darin, daß die Parteien zuerst darüber verhandeln, was sie jeweils für ein faires Arrangement halten, ehe sie sich für spezifische Rollen entscheiden. In der Auseinandersetzung über das Sorgerecht bei Kindern sollten sich die Eltern z. B. zuerst über die Besuchsmodalitäten und -häufigkeiten des anderen Partners einigen. Das gibt beiden den Ansporn zu einer fairen Besuchsregelung.

Denken Sie bei den Verfahrensvorschlägen immer an alle möglichen Arten zur Beilegung von Differenzen: Platztauschen, Losziehen, Dritte entscheiden lassen usw.

Das Platztauschen ist oft bei Erbangelegenheiten der beste Weg, wenn viele einzelne Erbstücke allen gemeinsam hinterlassen wurden. Danach können sie ja untereinander handeln, wenn sie wollen. Man kann auch vor jeder Festlegung einen Teilungsversuch unternehmen und sehen, was dabei herauskäme. Losziehen, Münzenwerfen und andere Verteilungsformen sind im Ganzen durchaus fair. Mag sein, daß am Ende nicht für jeden das Gleiche herauskommt, aber jeder hat zumindest die gleiche Ausgangschance.

Eine recht häufig angewendete Prozedur mit fast unendlichen Variationsmöglichkeiten besteht darin, einem Dritten die Schlüsselrolle bei der Entscheidung zuzuweisen. Die Parteien einigen sich z. B. darauf, eine spezielle Frage einem Experten vorzulegen, der daraufhin einen Rat erteilt oder die Entscheidung trifft. Man kann auch einen Moderator befragen, um zu einer Entscheidung zu gelangen. Oder man kann das Ganze auch einem Schiedsrichter zur sachgerechten und bindenden Entscheidung vorlegen.

Im amerikanischen Baseball gibt es z. B. einen Schiedsspruch, der das letzte, beste Angebot bei Auseinandersetzungen um Spielergehälter festlegt. Der Schiedsmann muß zwischen dem letzten Angebot der einen und der letzten Offerte der Gegenseite entscheiden. Der Grundgedanke dabei ist der, daß Druck auf die beiden Parteien entsteht, ihre Angebote gewissermaßen an der Vernunft zu orientieren. Das führt beim Baseball (und auch anderweitig, z. B. in Staaten, wo diese Schiedsform bei bestimmten Tarifstreitigkeiten vorgeschrieben ist) offenbar öfter zum Ausgleich als in Vergleichsfällen, wo man sich auf konventionelle Schiedssprüche verläßt. Wer von den Beteiligten nicht mitmacht, stellt dabei jedoch den Schiedsrichter manchmal vor eine unerfreuliche Wahl.

Verhandeln mit Hilfe objektiver Kriterien

Wenn sie nun eine Reihe objektiver Kriterien und Verfahrensweisen ausgemacht haben, wie können Sie diese nun in die Diskussion mit der Gegenseite einbringen?

Sachbezogenes Verhandeln hat drei Grundelemente:

1. Funktionieren Sie jeden Streitfall zur gemeinsamen Suche nach objektiven Kriterien um.
2. Argumentieren Sie vernünftig – und seien Sie selbst offen gegenüber solchen Argumenten, die auf einsichtigen Kriterien beruhen und die sagen, wie man sie entsprechend umsetzen soll.
3. Geben Sie niemals irgendwelchem Druck nach, beugen Sie sich nur (sinnvollen) Prinzipien.

Kurz: Legen Sie sich entschieden, aber flexibel auf die Verwendung objektiver Kriterien fest.

Funktionieren Sie jeden Streitfall zur gemeinsamen Suche nach objektiven Kriterien um

Wenn Sie um ein Haus verhandeln, sagen Sie am besten: »Sehen Sie, Sie fordern einen hohen Preis, und ich biete einen niedrigen. Wir wollen herausfinden, welcher Preis nun fair ist. Welche objektiven Kriterien wären hier wohl am wichtigsten?« Sie und die Gegenseite mögen durchaus unterschiedliche Interessen haben, aber nun haben Sie beide ein gemeinsames Ziel: einen fairen Preis zu bestimmen. Beginnen Sie etwa selbst mit der Darlegung des einen oder anderen Kriteriums – den Hauswert abzüglich Abnutzung und Inflation, Vergleichswerte anderer kürzlich verkaufter Häuser in der Umgebung, eine unabhängige Schätzung – und fordern Sie nun den Verkäufer auf, seine Vorstellungen darzulegen.

Fragen Sie: »*Wie denken Sie darüber?*« Wenn der Verkäufer dann Stellung bezieht, etwa: »Der Preis ist 750000 DM«, dann fragen Sie weiter: »Wie kommen Sie gerade auf diesen Preis?« Behandeln Sie das Problem so, als ob sich der Verkäufer selbst um einen fairen Preis bemühen würde, den er auf objektiven Kriterien aufbaut.

Einigen Sie sich zuerst über die Prinzipien

Ehe Sie sich den möglichen Bedingungen zuwenden, sollten Sie sich über die Kriterien einigen, die Sie anwenden wollen.

Jedes Kriterium, das die Gegenseite vorschlägt, wird zu einem Ansatz, mit dem Sie sie überzeugen können. Ihre Argumentation wird noch viel durchschlagender, wenn Sie auf Kriterien aufbauen, die die Gegenseite selbst vorgeschlagen hat.

Die anderen tun sich wesentlich schwerer zu widersprechen, wenn Sie deren Kriterien auf das Problem anwenden. »Sie sagen, daß das Haus von Familie Meier nebenan für 340000 DM verkauft wurde. Und Sie sind der Meinung, daß auch Ihr Haus unter den Bedingungen bewertet werden soll, wie sie hier üblich sind, nicht wahr? Gut, dann sehen wir mal zu, für wieviel das Haus von Müllers an der nächsten Ecke und das von Schmidts zwei Straßen weiter verkauft wurden.« Schwierig wird Nachgeben immer dann, wenn man den Vorschlägen anderer Leute folgen soll. Hat man aber die Kriterien selbst ins Spiel gebracht, so bedeutet Nachgeben nicht einen Akt der Schwäche, sondern ist Ausdruck von Korrektheit: Man steht zu seinem Wort.

Argumentieren Sie vernünftig – und seien Sie solcher Argumentation gegenüber selbst offen

Eine Verhandlung wird dann zur *gemeinsamen* Suche – wie viele objektive Kriterien Sie auch in der Hand haben –, wenn Sie mit aller Offenheit in die Verhandlung gehen. Bei vielen Verhandlungen benutzen die Menschen frühere oder irgendwelche anderen Kriterien schlichtweg als Argumente zur Zementierung der eigenen Position. Eine Polizeigewerkschaft besteht z. B. auf einer bestimmten Gehaltserhöhung und rechtfertigt ihre Position mit den Forderungen der Kollegen aus anderen Regionen. Mißbraucht man Kriterien auf diese Weise, halten meist auch die anderen noch mehr an ihren Positionen fest.

Noch einen Schritt weiter zurück: Manche Leute beginnen von vornherein mit der Verkündigung, daß das Ganze sowieso ein Streit um Prinzipien sei (und legen damit ihre Position fest), und weigern sich, die Gegenseite überhaupt wirklich anzuhören. »Das ist eine Frage des Prinzips« lautet der Schlachtruf bei ›heiligen Kriegen‹ mit ideologischem Charakter. Praktische Unterschiede arten in prinzipielle Differenzen aus, binden die Verhandlungspartner eher als daß sie sie befreien.

Genau das ist kein sachbezogenes Verhandeln. Wenn Sie darauf beharren, daß eine Übereinkunft auf objektiven Kriterien beruhen muß, so heißt das nicht, daß Sie nur auf den Kriterien bestehen sollen, die *Sie* vorgeschlagen haben. Die Existenz *eines* legitimen Kriteriums schließt nicht aus, daß es noch andere gibt. Und was die andere Seite für fair hält, muß noch lange nicht von Ihrer Seite aus fair erscheinen. Verhalten Sie sich wie ein Richter: Auch wenn Sie natürlich der einen Seite zugeneigt sind, sollten Sie bereitwillig auf Argumente eingehen, die eine Anwendung anderer Kriterien oder eine andere Anwendung der vorliegenden Kriterien befürworten. Wenn beide Seiten mit unterschiedlichen Standards zusammenkommen, suchen Sie nach einer objektiven Grundlage für ihre Entscheidung – etwa danach, welche Kriterien die Parteien früher gemeinsam angewendet haben oder welches Kriterium allgemein verbreiteter ist. Ebenso wie die Hauptsache nicht auf der Grundlage bloßer Willenskämpfe entschieden werden soll, darf auch die Frage nach den verwendeten Kriterien nicht bloß von der Willkür der einen oder anderen Seite abhängen.

Es mag vorkommen, daß in einem gegebenen Fall zwei Kriterien (wie der Marktwert und der Abschreibungswert) unterschiedliche Ergebnisse zeitigen, die aber beiden Parteien gleichermaßen legitim erscheinen. In diesem Falle ist es wiederum vollkommen gerechtfertigt, die Differenz zu teilen oder irgendwelchen anderen Kompromiß dazwischen zu finden. Das Ergebnis ist immer noch unabhängig von der Willkür beider Parteien.

Wenn Sie jedoch nach eingehender Diskussion der Sachlage bei einem Streitfall noch immer nicht die von der Gegenseite vorgeschlagenen Kriterien als angemessen anerkennen können, so schlagen Sie einen Test darüber vor. Einigen Sie sich auf eine Person, die Sie beide als fair einschätzen, und geben Sie ihr eine Liste der vorgeschlagenen Kriterien. Lassen Sie diese Person entscheiden, welche sie für die fairsten oder angemessensten hinsichtlich der vorliegenden Situation hält. Da man objektiven Kriterien ja unterstellt, daß sie legitim sind, und da Legitimität die Anerkennung durch viele Menschen bedeutet, ist eine solche Nachfrage durchaus fair. Sie bitten dabei übrigens die dritte Person nicht um Beilegung Ihrer Auseinandersetzung – sondern lediglich um einen Rat, welches Kriterium zur Beilegung verwendet werden sollte.

Der Unterschied zwischen der Suche nach Übereinstimmung hinsichtlich der verwendeten Prinzipien zur Sachentscheidung und der Benutzung von Prinzipien lediglich zur Stützung von Positionen ist manchmal subtil, aber immer bedeutungsvoll. Wer sachbezogen verhandelt, ist offen für eine inhaltliche, vernünftige Überzeugungsarbeit. Wer nur um Positionen feilscht, ist dies gerade nicht. Die Kombination aus Offenheit gegenüber Vernunftgründen und dem Beharren auf Lösungen auf der Grundlage objektiver Kriterien macht das sachbezogene Verhandeln so überzeugend und bringt die Gegenseite auch mit solcher Effektivität zum Mitspielen.

Geben Sie niemals irgendeinem Druck nach

Nehmen wir noch einmal den Fall mit dem Bauunternehmer. Was ist, wenn er Ihnen anbietet, daß er Ihren Schwager bei sich anstellt unter der Bedingung, daß Sie bei der Tiefe des Fundaments nachgeben? Darauf sollten Sie antworten: »Ein Arbeitsplatz für meinen Schwager hat doch nichts damit zu tun, ob das Haus sicher auf einem derartigen Fundament steht.« Was weiter, wenn der Unternehmer nun eine Preiserhöhung androht? Dann sollten Sie so antworten: »Wir müssen das Ganze sachlich entscheiden. Sehen wir einmal, was andere Unternehmer für eine entsprechende Arbeit fordern«, oder: »Bringen Sie mir Ihre Kalkulation und wir werden einen fairen Profit für Sie aushandeln.« Wenn der andere dann mit Worten ankommt wie: »Na, Sie werden mir doch vertrauen, oder?«, dann sollten Sie dagegenhalten: »Vertrauen ist eine ganz andere Sache. Hier geht es darum, wie tief die Fundamente sein müssen, damit das Haus sicher steht.«

Druck kann verschiedene Formen haben: Bestechung, Drohung, manipulativer Vertrauensappell oder schlicht Weigerung, sich von der Stelle zu bewegen. In all diesen Fällen lautet die prinzipielle Antwort gleich: Fordern Sie die Gegenseite zum vernünftigen Argumentieren auf, schlagen Sie mögliche objektive Kriterien vor und bestehen Sie darauf, auf deren Grundlage weiter zu verhandeln. Geben Sie niemals irgendwelchem Druck nach, unterwerfen Sie sich nur vernünftigen Prinzipien.

Wer wird nun bei einer solchen Verhandlung am Ende gewinnen? Das läßt sich nicht generell voraussagen, aber ganz allgemein haben Sie einen gewissen Vorteil. Denn zusätzlich zu Ihrer Willenskraft haben Sie auch noch die Macht der Legitimität und eine überzeugende Wirkung dadurch, daß Sie Offenheit zeigen gegenüber vernünftigen Argumenten. Sie können sich leichter der Willkür verweigern, als die Gegenseite sich der Entwicklung objektiver Kriterien entziehen kann. Wenn Sie sich weigern nachzugeben (ausgenommen seien klare Vernunftgründe), so ist das eine Position, die Sie besser – öffentlich wie privat – verteidigen können, als wenn Sie sich gegen die Entwicklung einsichtiger Vernunftargumente sperren.

Schließlich werden Sie jedenfalls im Hinblick auf die verfahrensmäßigen Fragen gewinnen. Normalerweise können Sie den Prozeß vom Feilschen um Positionen hinlenken zur Suche nach objektiven Kriterien. In diesem Sinn dominiert das sachbezogene Verhandeln als Strategie gegenüber dem Feilschen um Positionen. Wer darauf besteht, daß die Verhandlung sachbezogen sein muß, bringt meist die anderen zum Mitziehen, zumal das dann zur einzigen Möglichkeit wird, ihre substantiellen Interessen zu entwickeln.

Inhaltlich empfiehlt sich das sachbezogene Verhandeln ebenfalls. Speziell wer sich durch ein nur um Positionen feilschendes Gegenüber eingeschüchtert fühlt, bekommt durch das sachbezogene Verhandeln immer die Möglichkeit, die eigene Position zu halten und dennoch fair zu bleiben. Das Prinzip dient dazu, dem Druck eines hartnäckigen Partners nicht nachzugeben. Das Ganze ist dann eine Form von »Recht macht stark«.

Wenn am Ende die Gegenseite sich aber überhaupt nicht bewegen will und auch keine überzeugende Basis für ihre Position entwickelt, dann gibt es schlichtweg keine Verhandlung mehr. Das ist dann etwa so, wie wenn Sie in ein Geschäft mit festen Warenpreisen gehen. Dann können Sie nur entscheiden, ob Sie kaufen wollen oder nicht. Bevor Sie allerdings mit dem Verhandeln aufhören, sollten Sie noch einmal prüfen, ob Sie nicht doch noch ein objektives Kriterium übersehen haben, unter dem das Angebot der anderen Seite als fair angesehen werden könnte. Finden Sie eines und können Sie damit doch noch zu einem Übereinkommen (statt zu gar keinem) kommen, so akzeptieren Sie es. Ist das Kriterium brauchbar, so vermeidet man damit den Nachteil, sich einer willkürlichen Position zu unterwerfen.

Rückt die Gegenseite nicht von ihrer Position ab und finden Sie keine Möglichkeit, dies zu akzeptieren, dann sollten Sie abschätzen, ob es besser ist, die ungerechtfertigte Position der Gegenseite in Kauf zu nehmen oder sich der besten sich bietenden Alternative zuzuwenden. Wägen Sie die sachlichen Vorteile ab gegenüber der Verbesserung Ihres guten Rufs als sachbezogener Verhandlungspartner, wenn Sie die Verhandlung in dieser Situation abbrechen.

Wenn Sie während einer Verhandlung die Diskussion von der Frage, was die Gegenseite unbedingt will, wegverlagern zur Frage, auf welche Weise man die Sache am besten entscheidet, so ist damit der Streitfall natürlich noch nicht entschieden, und dieses Vorgehen garantiert auch keineswegs ein vorteilhaftes Resultat für Sie. Auf alle Fälle haben Sie damit jedoch eine Strategie, die Sie entschieden verfolgen können, ohne den hohen Preis zu zahlen, den das Feilschen um Positionen kostet.

»Die Gepflogenheiten der Firma« – Ein konkreter Fall

Sehen wir uns einen authentischen Fall an, in dem die eine Seite das Feilschen um Positionen betrieb, die andere aber das sachbezogene Verhandeln. Der geparkte Wagen von Tom, einem unserer Kollegen, war von einem Lastwagen völlig ramponiert worden. Das Auto war versichert, aber die Höhe des Schadens sollte Tom nun mit dem Sachbearbeiter der Versicherung aushandeln.

Sachbearbeiter	*Tom*
Wir haben Ihren Fall geprüft und sind zu der Entscheidung gekommen, daß die Police den Unfall deckt. Das heißt, Sie bekommen eine Entschädigung von 6600 Dollar.	
	Mal sehen. Wie sind Sie zu der Summe gekommen?
Das entspricht der Höhe, auf die wir Ihren Wagen wertmäßig schätzen.	
	Das verstehe ich schon, aber nach welchen Kriterien setzen Sie üblicherweise diese Höhe fest? Können sie mir sagen, wo ich für den Preis einen vergleichbaren Wagen kaufen kann?
Wieviel wollen Sie denn an Entschädigung?	
	Genausoviel, wie die Police es vorsieht. Ich habe einen Wagen gefunden, der meinem früheren entspricht, und der kostet 7700 Dollar. Mit Mehrwertsteuer und Vermittlungsgebühr sind das über 8000 Dollar.
8000 Dollar! Das ist zuviel!	
	Ich fordere nicht 8000 Dollar – auch nicht 6000 oder 10000, sondern eine faire Entscheidung. Sind Sie der Meinung, daß es nur fair ist, wenn ich genug bekomme, um den Wagen zu ersetzen?
Einverstanden. Ich biete Ihnen 7000 Dollar an. Das ist der höchste Satz, den ich geben kann. Das entspricht den Gepflogenheiten der Versicherung.	

Nach welchen Kriterien berechnet die Gesellschaft das?

Sehen Sie, 7000 Dollar sind das höchste, was Sie bekommen können. Nehmen Sie's oder lassen Sie's.

Kann sein, daß 7000 Dollar ein fairer Preis sind, ich kenne mich da nicht aus. Ich verstehe natürlich Ihre Position, wenn Sie da an die Gepflogenheiten der Firma gebunden sind. Aber solange Sie mir nicht objektiv sagen können, warum gerade diese Summe berechtigt ist, werde ich meine Sache wohl besser vor Gericht verfolgen. Vielleicht sollten wir aber beide die Sache noch einmal durchsehen und uns dann wieder sprechen. Ginge es am Mittwoch um 11 Uhr?

***

Schön, Mr. Griffith, heute habe ich eine Anzeige in der Zeitung gefunden, ein Ford Taunus, Modell 89, für 6800 Dollar.

Aha. Wieviel Meilen hat er?

49000. Warum?

Meiner hatte erst 25000. Welcher Wertminderung entspricht das in Ihren Richtlinien?

Mal sehen... 450 Dollar.

Nehmen wir die 6800 Dollar als Grundpreis, macht das nun 7250 Dollar. Steht etwas über ein Radio in der Anzeige?

Nein

Was macht das nach Ihren Richtlinien zusätzlich aus?

125 Dollar

Klimaanlage?

***

Eine halbe Stunde später kam Tom mit einem Scheck über 8024 Dollar aus der Versicherungsagentur heraus.

III. Ja, aber…

1. Und wenn die Gegenseite stärker ist?

Entwickeln Sie die ›Beste Alternative‹ zur Verhandlungsübereinkunft*

Was nützt nun das Gespräch über Interessen, Optionen und Kriterien, wenn die Gegenseite in der stärkeren Position ist? Wenn sie reicher ist oder die besseren Verbindungen hat, wenn sie einen größeren Verhandlungsstab hat oder stärkere Waffen?

Keine Verhandlungsmethode kann Erfolge garantieren, wenn die Macht auf der Gegenseite liegt – schließlich können Sie auch nicht aus einem Buch über Gartenbau die Aufzucht von Lilien in der Wüste oder im Sumpf lernen. Wenn Sie in einem Antiquitätengeschäft ein Silbergeschirr im Wert von zehntausend Mark kaufen wollen und nur hundert Mark besitzen, können Sie kaum erfolgreiche Verhandlungen zur Überbrückung der Differenz erwarten. Bei jeder Verhandlung gibt es Realitäten, die einfach nicht zu ändern sind. Als Antwort auf schlichte Übermacht kann eine geschickte Verhandlungsart allenfalls zweierlei Ziele erreichen: erstens, sie kann Sie vor einer Übereinkunft schützen, die Sie besser nicht eingehen sollten; und zweitens, sie kann noch das beste aus der schlechten Ausgangslage machen, so daß Sie am Ende eine Übereinkunft erreichen, die Ihren Interessen so gut wie noch irgend möglich nützt. Sehen wir uns die beiden Zielsetzungen nun nacheinander an.

* In den folgenden Ausführungen wird dies kurz ›Beste Alternative‹ genannt im Unterschied zu der in der amerikanischen Ausgabe verwendeten Abkürzung BATNA (Best Alternative to Negotiated Agreement). (Anm. d. Übers.)

Schützen Sie sich

Wenn Sie unbedingt ein bestimmtes Flugzeug erreichen wollen, scheint Ihnen dieses Ziel unter Umständen als ungeheuer wichtig. In der späteren Rückschau erkennen Sie dann, daß Sie ruhig auch das nächste hätten nehmen können. Beim Verhandeln sieht man sich oft in der gleichen Lage. Etwa wenn Sie befürchten, daß Sie bei einem wichtigen Geschäft, in das Sie viel persönlich investiert haben, nicht zu einer Übereinkunft gelangen. Dabei besteht dann die große Gefahr, daß Sie nur allzu bereit sind, sich den Standpunkt der Gegenseite zu eigen zu machen – zu schnell auf alles eingehen. Der Sirenengesang »Laßt uns doch das Ganze beenden und uns einigen« wird dann schnell sehr überzeugend. Und am Ende haben Sie ein Abkommen, das Sie besser nicht abgeschlossen hätten.

Die Verwendung eines »Limits« und der Preis dafür

Viele Verhandelnde suchen sich im allgemeinen gegen solche Ergebnisse durch die Festsetzung einer Art von »Limit«, des Mindestergebnisses sozusagen, zu schützen. Beim Einkaufen ist das etwa der höchste Preis, den man zahlen möchte; beim Verkaufen die niedrigste Summe, die man akzeptieren kann. Sie und Ihr Ehepartner fordern z.B. 650000 DM für Ihr Haus, Sie sind sich aber einig, daß Sie keinesfalls unter 600000 DM heruntergehen werden.

Wenn man sich ein derartiges Limit setzt, kann man Druck und Versuchungen des Augenblicks leichter widerstehen. Im Fall des Hauskaufs z.B. kann möglicherweise der Käufer nicht mehr als 560000 DM bezahlen, und jeder der Beteiligten weiß auch, daß Sie das Haus im Vorjahr selbst für nur 520000 DM gekauft haben. In dieser Situation läge es ganz bei Ihnen – und nicht beim Käufer –, ein Übereinkommen zu erzielen; der Makler und auch alle anderen bei der Verhandlung werden Sie möglicherweise dazu drängen. Ihr vorher festgesetztes Limit wird Sie dann möglicherweise vor einer Entscheidung bewahren, die Sie später bereuen würden.

Wenn bei der Verhandlung mehr als eine Person auf Ihrer Seite steht, sollte man ein solches Limit gemeinsam festsetzen – das verhindert, daß einer davon der Gegenseite signalisiert, man könne doch noch darunter abschließen. Es schränkt die Verfügungsmacht eines Rechtsanwalts, eines Maklers oder auch irgendeines anderen Agenten ein. »Holen Sie den höchsten Preis heraus, aber Sie sind nicht befugt, unter 400000 DM zu verkaufen.« Wenn Sie z.B. im Rahmen von verschiedenen Arbeitnehmerorganisationen mit den Arbeitgebern verhandeln, mindert ein festgesetztes Limit das Risiko, daß einer der Beteiligten aufgrund von Angeboten der Gegenseite einen Alleingang unternimmt.

Allerdings fordert der Selbstschutz mit Hilfe eines Limits auch einen hohen Preis. Es schränkt nämlich auch Ihre Fähigkeit ein, von dem zu profitieren, was Sie erst während der Verhandlung erfahren. Ein Limit ist ja per definitionem eine unverrückbare Position. Derart, daß Sie Ihre Ohren an dieser Stelle verschließen müssen und dabei bleiben, daß nichts, was die Gegenseite vorbringt, Sie zur Erhöhung respektive Verminderung Ihres Limits veranlassen kann.

Ein Limit behindert auch die Ausbreitung jeglicher Phantasie. Es drängt den Anreiz zur Entwicklung einer maßgeschneiderten Lösung zurück, die unterschiedliche Interessen in einer für beide Seiten vorteilhaften Weise verbinden würde. Nahezu jede Verhandlung umfaßt mehr als eine Variable. Statt Ihre Liegenschaft für 400000 DM zu verkaufen, könnte es Ihren Interessen dienlicher sein, wenn Sie bei 360000 abschließen, dazu aber eine Wiederverkaufsklausel einsetzen, das Verkaufsdatum hinausschieben (und das Anwesen somit zunächst selbst weiterbenutzen), das Recht auf Verwendung des Speichers als Lager für zwei Jahre festschreiben oder ein Rückkaufsrecht für zwei Hektar des Weidelandes fixieren. Wenn Sie statt dessen auf

Ihrem Limit bestehen, werden Sie kaum eine phantasievolle Lösung solcher Art finden. Ein Limit – da von Natur aus starr – erweist sich meistens als zu unbeweglich.

Darüber hinaus wird ein Limit sehr gerne zu hoch festgesetzt. Nehmen Sie an, Sie sitzen mit Ihrer Familie beim Frühstück und beschließen über den niedrigsten Preis, den Sie für Ihr Haus gerade noch akzeptieren wollen. Das eine Familienmitglied schlägt 430000 DM vor, das andere meint: »Wir sollten doch mindestens 500000 DM kriegen.« Das dritte wirft ein: »500000 DM für *unser* Haus? Das wäre ja glatter Diebstahl. Es ist mindestens 540000 DM wert.« Dagegen kann nun wiederum niemand aus der Runde etwas einwenden – zumal ja alle von einem höheren Preis profitieren würden. Hat man ein solches Limit aber erst einmal beschlossen, kann man es kaum mehr verändern, und das kann den Verkauf dann auf Jahre hinaus unmöglich machen. Unter anderen Umständen kann ein Limit durchaus auch einmal zu niedrig angesetzt sein; dann wäre es besser gewesen, nicht zu verkaufen, sondern zu vermieten.

Noch einmal also: Die Festsetzung eines Limits kann Sie zwar vor dem Abschluß eines schlechten Übereinkommens bewahren; aber es kann Sie gleichzeitig auch von der Entwicklung und Annahme eines Abkommens abhalten, das Sie klugerweise annehmen sollten. Eine willkürlich festgelegte »Grenzlinie« ist kein Maßstab für das, was Sie akzeptieren können.

Gibt es eine Alternative zum Limit? Gibt es eine Maßgabe für Übereinkünfte, die Sie sowohl vor der Annahme eines Abkommens schützt, das Sie besser nicht akzeptieren sollten, wie auch vor der Ablehnung einer Einigung, die Sie unterschreiben können? Es gibt sie.

Verschaffen Sie sich Klarheit über Ihre ›Beste Alternative‹

Wenn Ihre Familie über den Mindestpreis für Ihr Haus entscheidet, wäre die richtige Frage nicht, was Sie bekommen »müssen«, sondern was Sie tun, wenn Sie das Objekt nicht innerhalb einer bestimmten Zeit verkauft haben. Wollen Sie es unentwegt weiter anbieten? Wollen Sie es vermieten, abreißen, das Grundstück zu einem Parkplatz machen, irgendwen frei darin wohnen lassen, wenn er es dafür neu streicht, oder was sonst? Welche dieser Wahlmöglichkeiten ist die beste, wenn man alles in Rechnung zieht? Und in welchem Verhältnis steht diese Möglichkeit zum höchsten bisher eingegangenen Angebot? Es könnte sein, daß eine der Alternativen attraktiver ist als der Verkauf für 400000 DM. Andererseits kann der Verkauf für 350000 DM besser sein, als das Haus auf Dauer im Besitz zu haben. Es ist äußerst unwahrscheinlich, daß es irgendein willkürliches Limit gibt, das tatsächlich den Interessen der Familie entspricht.

Der Grund dafür, daß Sie über etwas verhandeln, liegt ja prinzipiell darin, daß für Sie etwas Besseres dabei herauskommt, als wenn Sie nicht verhandeln würden. Welche Ergebnisse sind das nun? Und welches sind dazu die Alternativen? Was ist für Sie die »Beste Alternative zur Verhandlungsübereinkunft«? Dies ist das Kriterium, an dem Sie jedes vorgeschlagene Abkommen messen sollten. Die Beste Alternative ist das einzige Kriterium, das Sie sowohl vor der Annahme allzu ungünstiger Bedingungen wie auch vor der Ablehnung von Konditionen bewahren kann, die Sie in Ihrem Interesse akzeptieren sollten.

Ihre Beste Alternative ist nicht nur der geeignete Maßstab, sondern hat auch den Vorteil, flexibel genug zur Erkundung phantasievoller Lösungen zu sein. Statt jede Lösung unterhalb Ihres Limits auszuschließen, können Sie jeden Vorschlag mit ihrer Besten Alternative vergleichen und zusehen, was Ihren Interessen mehr dient.

Die Unsicherheit bezüglich einer unbekannten ›Besten Alternative‹

Wenn Sie nicht sorgfältig darüber nachgedacht haben, was Sie tun, sofern keine Übereinkunft zustande kommt, verhandeln Sie wie mit geschlossenen Augen. Dann sind Sie z.B. zu optimistisch und glauben, daß Sie viele andere Möglichkeiten besitzen: andere Häuser zum Verkauf, andere Käufer für Ihren Gebrauchtwagen, andere Klempner für die Installation, andere Arbeitsplätze, andere Lieferanten usw. Selbst wenn die Alternative als solche feststeht, sehen Sie möglicherweise die Konsequenzen aus der nicht erreichten Übereinkunft zu rosig. Sie sind sich nicht über die ganze Härte eines Gerichtsverfahrens klar, über eine Scheidung, einen Streik, das Wettrüsten, einen Krieg.

Ein häufiger Fehler besteht darin, daß man, psychologisch gesehen, seine Alternativen immer bündelweise betrachtet. Sie reden sich ein: Wenn ich mit meiner Gehaltsforderung nicht durchkomme, kann ich immer noch nach Berlin ziehen, oder nach München, oder eine Umschulung vornehmen, mich als Sekretärin verdingen, als Landarbeiter, ich kann auch in Paris leben oder irgend so etwas unternehmen. All das zusammen erscheint Ihnen in Ihrem Gehirn wahrscheinlich attraktiver als eine Arbeit unter solchen Bedingungen wie hier. Das Problem liegt darin, daß Sie eben dies alles nicht zusammen haben können. Wenn Sie nicht zu einem Arbeitsvertrag kommen, müssen Sie sich für genau eine der Alternativen entscheiden, sofern diese überhaupt realistisch sind.

In den meisten Fällen liegt die größere Gefahr jedoch darin, daß man sich *zu* sehr darauf festlegt, daß eine Übereinkunft getroffen werden muß. Wenn Sie keine Alternative zur Verhandlungslösung entwickelt haben, werden Sie über Gebühr pessimistisch sein hinsichtlich dessen, was passiert, wenn die Verhandlungen abgebrochen werden.

Die Beste Alternative ist also sehr wertvoll; trotzdem werden Sie möglicherweise zögern, Alternativen auszuforschen. Sie hoffen einfach, daß der nächste Käufer Ihnen ein attraktives Angebot für Ihr Haus macht. Vielleicht trauen Sie sich auch nicht an die Frage heran, was passiert, wenn die Verhandlungen scheitern. Sie denken etwa: »Wir wollen erst mal verhandeln und schauen, was geschieht. Wenn die Sache schlecht läuft, sehen wir weiter.« Es ist aber für eine kluge Verhandlungsführung unerläßlich, das man wenigstens ansatzweise eine Antwort auf diese Frage hat. Denn Zustimmung oder Ablehnung hängt bei einer Verhandlung völlig davon ab, wie attraktiv die beste denkbare Alternative ist.

Ziehen Sie einen Stolperdraht

Ihre Beste Alternative ist die zuverlässige Meßlatte, an der Sie jedes vorgeschlagene Übereinkommen bewerten sollten; trotzdem mag Ihnen noch an einem weiteren Test gelegen sein. Um sich selbst davor zu warnen, daß ein mögliches Abkommen für Sie unattraktiv und damit riskant zu werden beginnt, ist es ganz nützlich, sich eine Übereinkunft vorzustellen, die weit vom besten Ergebnis entfernt, aber immer noch besser als die Beste Alternative ist. Ehe Sie diesen Stolperdraht dann übersteigen, sollten Sie die Verhandlungen eine gewisse Zeit aussetzen und sich die Lage vergegenwärtigen. Wie beim Limit, so kann man auch mit einem solchen Stolperdraht die Befugnisse eines Agenten einschränken: »Verkaufen Sie keinesfalls unter 190000 DM, ehe Sie nicht mit mir gesprochen haben.«

Ein solcher Stolperdraht bietet Ihnen einen weiteren Verhandlungsspielraum. Wenn Sie das Kriterium hinreichend fixiert haben und dann einen Vermittler anrufen wollen, so haben Sie gleich etwas, mit dem Sie ihn arbeiten lassen können. Sie haben sich noch einmal Bewegungsspielraum verschafft.

Machen Sie das Beste aus Ihren Möglichkeiten

Es ist eine Sache, sich gegen ein schlechtes Abkommen zu schützen; eine andere Sache ist es aber, das Beste aus seinen Möglichkeiten hinsichtlich einer Übereinkunft zu machen. Wieder liegt die Antwort bei der Besten Alternative.

Je attraktiver Ihre ›Beste Alternative‹, um so größer ist Ihre Macht

Meist glaubt man, die Verhandlungsstärke einer Partei sei bestimmt durch Hilfsquellen wie Reichtum, politische Verbindungen, physische Kraft, Freunde, militärische Gewalt. Tatsächlich aber hängt die Verhandlungsstärke primär davon ab, wie attraktiv die Optionen bei einem Scheitern der Verhandlungen sind.

Ein Beispiel: Ein reicher Tourist will von einem Straßenverkäufer für wenig Geld einen kleinen Messingtopf kaufen. Der Händler ist vielleicht arm, aber er kennt den Markt. Bringt er den Gegenstand nicht an diesen Touristen los, dann sicher an einen anderen. Er weiß aus Erfahrung, wann und für wieviel er das Ding an irgendjemanden verkaufen kann. Der Tourist kann durchaus reich und »mächtig« sein, aber bei dieser Verhandlung ist er tatsächlich schwach, solange er nicht ungefähr weiß, was solch ein Gerät kostet und wie schwierig es sein wird, ein ähnliches anderswo aufzutreiben. Er ist sicher, daß er entweder eine gute Gelegenheit verpaßt oder einen zu hohen Preis bezahlt. Der Reichtum des Touristen stärkt in keiner Weise seine Verhandlungsmacht. Wenn sein Reichtum auch noch sichtbar ist, wird das seine Möglichkeiten, den Gegenstand zu niedrigem Preis zu erstehen, *schwächen* . Möchte er seinen Reichtum auch in Verhandlungsstärke ummünzen, so muß er sich dazu bequemen, etwas über den Preis zu erfahren, den er anderswo für einen gleichen oder noch schöneren Messingtopf bezahlen müßte.

Stellen Sie sich vor, wie Sie sich fühlen, wenn Sie ein Gespräch über einen neuen Arbeitsplatz führen müssen, ohne anderweitige Offerten in der Rückhand zu haben. Denken Sie nur, wie die Gehaltsverhandlung dann verlaufen würde. Und nun überlegen Sie, wie das Ganze vor sich ginge, wenn Sie zwei weitere Angebote in der Tasche hätten. Wie sähen dann die Gehaltsgespräche aus? Der Unterschied zwischen beiden Situationen macht deutlich, was Verhandlungsstärke ausmacht.

Dies alles gilt nicht nur für Verhandlungen zwischen Einzelpersonen, sondern auch für solche zwischen Organisationen. Das relative Kräfteverhältnis zwischen einem großen Industriekomplex und einer Kleinstadt, die die Betriebssteuern erhöhen will, bestimmt sich nicht durch die jeweilige Höhe ihres Etats oder ihren politischen Einfluß, sondern durch ihre jeweils beste Alternative. Es gibt einen Fall, in dem eine Kleinstadt eine sogar außerhalb der Stadtgrenzen gelegene Firma von einer »freiwilligen« Zahlung von 300000 Dollar jährlich auf 2,3 Millionen Dollar heraufhandelte. Wie hat sie das gemacht?

Die Stadtverwaltung wußte genau, was sie im Falle eines Scheiterns des Abkommens tun würde: Sie würde die Stadtgrenze einfach so weit ausdehnen, daß die Firma darin eingeschlossen würde und damit die volle Steuer von ca. 2,5 Millionen Dollar für Betriebe im Stadtgebiet zahlen müßte. Das Unternehmen andererseits war an den Firmensitz gebunden. Es hatte keine Alternative hinsichtlich des Abkommens erarbeitet. Auf den ersten Blick also schien zwar der Betrieb sehr mächtig, stellte die meisten Arbeitsplätze für die Bewohner der im übrigen wirtschaftlich armen Stadt (so daß eine Schließung die Stadt ruiniert hätte); und tatsächlich trug schon die bisher bezahlte Steuer dazu bei, daß die Stadtväter ihre eigenen Gehälter zahlen konnten – die Stadtväter, die nun nach mehr riefen. Aufgrund des Fehlens einer Alternative half all diese Macht der Firma in diesem Falle allerdings wenig. Die Stadtverwaltung hatte die Beste Alternative entwickelt und besaß daher mehr Einfluß auf das Verhandlungsergebnis als eine der größten Firmen der Welt.

Entwickeln Sie Ihre ›Beste Alternative‹

Eine konsequente Analyse, was Sie im Falle des Scheiterns einer Übereinkunft tun können, stärkt unter Umständen Ihre Position ganz erheblich. Natürlich liegen die attraktiven Alternativen nicht so einfach in der Gegend herum und warten auf Sie. Normalerweise müssen Sie sie erst entwickeln. Dazu sind drei unterschiedliche Operationen vonnöten: 1. Sie müssen eine Liste von Aktionen erstellen, die Sie möglicherweise durchführen, wenn es zu keiner Übereinkunft kommt; 2. Sie müssen ein paar besonders vielversprechende Ideen weiterentwickeln und in praktische Optionen umwandeln; und 3. Sie müssen versuchsweise die beste dieser Möglichkeiten auswählen.

Zuerst also müssen Sie Erfindungsgabe zeigen. Wenn Ihnen die Firma X bis zum Ende des Monats keine befriedigende Stelle anbietet, was könnten Sie dann alles unternehmen? Bei der Firma Y anheuern? In eine andere Stadt ziehen? Selbst ein Geschäft aufmachen? Oder was sonst? Für eine Gewerkschaft gibt es Alternativen zu einem Abkommen in Form von Streikaufrufen, tariflosem Weiterarbeiten, einen Schlichter bei einer Streikpause von sechzig Tagen anrufen, die Arbeiter zum Bummelstreik auffordern.

Zweite Etappe: die besten dieser Einfälle weiterentwickeln und die aussichtsreichsten in realistische Optionen übersetzen. Wenn Sie daran denken, nach München überzusiedeln, sollten Sie von dort mindestens ein Stellenangebot besitzen. Haben Sie eine solche Offerte in der Hand (oder umgekehrt: haben Sie herausbekommen, daß es da gar keine Chance für Sie gibt), können Sie viel besser Vor- und Nachteile des Angebots aus Frankfurt abschätzen. Noch während der Verhandlungen sollte, im zweiten Beispiel, die Gewerkschaft den Gedanken an einen Schlichter oder an einen Streik in genaue Entscheidungen umsetzen, die sofort durchgeführt werden können. Sie kann z. B. eine Urabstimmung vorbereiten für den Fall, daß es in der vorgesehenen Zeit zu keiner Einigung kommt.

Der letzte Schritt bei der Entwicklung der Besten Alternative besteht im Auswählen der besten Option. Wenn es keine Übereinkunft gibt, welche Ihrer realisierbaren Möglichkeiten werden Sie dann verfolgen wollen?

Wenn Sie das alles durchgespielt haben, besitzen Sie Ihre Beste Alternative. Vergleichen Sie jedes Angebot damit. Je besser Ihre Beste Alternative, um so mehr sind Sie in der Lage, die Bedingungen für jedes Verhandlungsergebnis zu verbessern. Sie werden zusätzliches Selbstvertrauen in den Verhandlungsprozeß einbringen, wenn Sie wissen, was Sie im Falle eines Scheiterns tun. Man kann übrigens Verhandlungen dann auch leichter abbrechen, wenn man weiß, wie man dann weitermacht. Je stärker Ihre Bereitschaft ist, Verhandlungen auch scheitern zu lassen, um so machtvoller können Sie Ihre Interessen und die für Sie akzeptable Grundlage für ein Übereinkommen präsentieren.

Inwieweit es wünschenswert ist, daß Sie Ihre Beste Alternative der Gegenseite offenbaren, hängt von Ihrer Einschätzung des Denkens der Partner ab. Wenn Ihre Beste Alternative besonders attraktiv ist – wenn z. B. ein anderer Kunde schon nebenan wartet –, liegt es in Ihrem Interesse, die Gegenseite einzuweihen. Oder, wenn die anderen meinen, Sie hätten überhaupt keine oder keine gute Alternative, während Sie tatsächlich eine besitzen, dann sollten die Partner das durchaus wissen. Ist Ihre Beste Alternative allerdings schlechter, als die Gegenseite annimmt, würde eine solche Offenbarung Ihre Position eher schwächen als stärken.

Untersuchen Sie auch die ›Beste Alternative‹ der Gegenseite

Sie sollten sich auch ansehen, welche Alternativen zu einem Verhandlungsabkommen die Gegenseite hat. Auch die anderen können über Gebühr optimistisch hinsichtlich dessen sein, was sie im Falle eines Scheiterns tun können. Vielleicht haben auch sie nur eine vage Vorstellung, daß sie viele Wahlmöglichkeiten besitzen, und sehen auch nur alle diese Optionen zusammen, nicht aber, daß sie am Ende nur eine davon realisieren können.

Je mehr Sie über die Möglichkeiten der Gegenseite herausbekommen, um so besser sind Sie für die Verhandlungen gerüstet. Wenn Sie die Alternativen der anderen kennen, schätzen Sie viel realistischer ein, was Sie von den Verhandlungen überhaupt erwarten können. Wenn die Gegenseite ganz offenbar ihre Beste Alternative überschätzt, müssen Sie dafür sorgen, daß die Erwartungen heruntergeschraubt werden.

Vielleicht ist die Beste Alternative der anderen für sie besser als jede faire Lösung, die Sie selbst sich vorstellen können. Ein Beispiel: Sie gehören einer Gruppe von Einwohnern an, die besorgt ist über die Giftgase, welche möglicherweise von einem gerade im Bau befindlichen Kraftwerk verströmt werden. Die Beste Alternative der Kraftwerksgesellschaft besteht darin, entweder den Protest von Ihnen allen zu ignorieren, oder mit Ihnen im Gespräch zu bleiben, während sie inzwischen den Bau fertigstellt. Damit die Gesellschaft Ihre Sorgen ernst nimmt, sollten Sie Klage mit dem Ziel einer Rücknahme der Baugenehmigung einreichen. Mit anderen Worten: Wenn die Beste Alternative der Gesellschaft so gut ist, daß sie sachbezogenes Verhandeln für unnötig hält, dann sehen Sie zu, daß die Gegenseite diese Einstellung ändert.

Wenn beide Seiten eine attraktive Beste Alternative haben, ist das beste Verhandlungsergebnis – für beide Seiten –, eben kein Übereinkommen zu treffen. In diesem Fall besteht das erfolgreiche Verhandeln in der freundschaftlichen und effektiven Entdeckung, daß der beste Weg zum Verfolg Ihrer beiderseitigen Interessen der ist, sich anderweitig umzusehen und nicht weiter nach Möglichkeiten zu einem Abkommen zu suchen.

Wenn die Gegenseite Macht besitzt

Wenn die Gegenseite mit großen Geschützen auffährt, sollten Sie die Verhandlung nicht in ein Artillerieduell verwandeln. Je stärker die anderen im physischen oder ökonomischen Sinn erscheinen, um so mehr können Sie von sachbezogenem Verhandeln profitieren. Wenn die anderen Muskeln haben und Sie nur Prinzipien, dann kommen Sie um so besser weg, je umfangreicher Sie die Prinzipien in die Verhandlungen einbringen können.

Eine attraktive Alternative fördert sachbezogenes Verhandeln. Alle Hilfsquellen, die Sie besitzen, können Sie in Verhandlungsstärke verwandeln, wenn Sie Ihre Beste Alternative entwickeln und verbessern. Verwenden Sie Wissen, Zeit, Geld, Leute, Beziehungen und all Ihren Witz darauf, die für Sie beste und von der Zustimmung der Gegenseite unabhängige Lösung zu finden. Je leichter und unbeschwerter Sie aus der Verhandlung ausscheiden können, um so stärker ist Ihre Einflußmöglichkeit auf die Verhandlungen selbst.

Wenn Sie Ihre Beste Alternative entwickeln, so können Sie damit nicht nur die Grenzlinie zu einem akzeptablen Abkommen herausfinden, sondern diese Grenze darüber hinaus auch noch zu Ihren Gunsten verschieben. Wenn Sie mit einem offenbar stärkeren Partner verhandeln, ist die Entwicklung Ihrer Besten Alternative die vielleicht wirkungsvollste Aktivität, die es dabei gibt.

2. Und wenn die anderen nicht mitspielen?

Wenden Sie das Verhandlungs-Judo an

Nun ist das Gespräch über Interessen, Wahlmöglichkeiten und Kriterien ein kluges, wirkungsvolles und friedliches Spiel – was aber, wenn die Gegenseite nicht mitmacht? Möglicherweise legen die anderen ihre Position in unzweideutigen Rahmenbedingungen fest, während Sie über Interessen sprechen. Während Sie sich um die Entwicklung möglicher Übereinkünfte zu beiderseits größtmöglichem Nutzen kümmern, greifen die anderen Ihre Vorschläge mit dem Ziel an, für sich selbst alleine den großen Gewinn herauszuschlagen. Sie gehen das Problem sachbezogen an, die Gegenseite greift Sie persönlich an. Wie können Sie die anderen vom reinen Positionskampf wegbringen, hin zur Beschäftigung mit den Sachinhalten?

Es gibt drei Ansätze, mit denen man die anderen zur Konzentration auf die Inhalte bringen kann. Der erste bezieht sich auf das, was *Sie* dazu beitragen können. Sie können sich Ihrerseits auf die Sachgehalte konzentrieren statt auf die eingenommenen Positionen. Diese Methode – über die dieses Buch ja handelt – wirkt allgemein ansteckend. Sie öffnet allen, die über Interessen, Optionen und Kriterien sprechen wollen, den Weg zum Erfolg. Tatsächlich kann man ein Spiel auch dadurch ändern, indem man ein neues beginnt.

Hilft das nichts und die Gegenseite feilscht weiter um Positionen, können Sie Zuflucht zu einer zweiten Strategie nehmen – diese konzentriert sich auf die Handlungen der Gegenseite. Sie kontert die grundlegenden Bewegungen beim Feilschen um Positionen, indem sie die Aufmerksamkeit auf die sachliche

Ebene lenkt. Diese Strategie nennen wir das *Verhandlungs-Judo*.

Der dritte Ansatz bezieht sich auf das, was *Dritte* tun können. Wenn die Gegenseite weder durch sachbezogenes Verhandeln noch durch das Verhandlungs-Judo zum Mitspielen zu bewegen ist, sollten Sie Dritte einbeziehen, die Übung im Umlenken der Diskussion auf Interessen, Optionen und Kriterien haben. Das wahrscheinlich wirkungsvollste Mittel für eine solche dritte Partei bei einem derartigen Unterfangen ist das »Ein-Text-Verfahren«.

Der erste Ansatz – sachbezogenes Verhandeln – wurde bereits dargelegt. In diesem Kapitel geht es um das Verhandlungs-Judo und um das Ein-Text-Verfahren. Das Kapitel schließt mit einem Dialog zwischen einem Mieter und einem Vermieter, der illustrieren soll, wie man eine Partei zum Mitspielen bringt, die das gar nicht will; und zwar mit Hilfe einer Kombination aus sachbezogenem Verhandeln und Verhandlungs-Judo.

Verhandlungs-Judo

Sobald die Gegenseite eine feste Position einnimmt, sind Sie natürlich versucht, diese Position zu kritisieren und zurückzuweisen. Wenn die anderen Ihren Vorschlag bemäkeln, versuchen Sie wohl, diesen zu verteidigen und graben sich in Ihrer Position ein. Wenn Sie angegriffen werden, schreiten Sie zur Gegenattacke. Kurz gesagt: Wenn die anderen kräftig zuschlagen, werden Sie zu einer ebenso kräftigen Antwort neigen.

Aber wenn Sie so reagieren, werden Sie schließlich selbst beim Feilschen um Positionen enden. Weisen Sie die Position der anderen zurück, dann schließen Sie sie darin ein. Verteidigen Sie Ihren eigenen Vorschlag, fesseln Sie sich selbst. Und wenn Sie sich selbst verteidigen, gerät die Verhandlung alsbald auf das Nebengeleise persönlicher Angriffe. Sie finden sich plötzlich in einem Teufelskreis von Angriff und Verteidigung und werden eine Menge Zeit und Energie auf nutzlose Kämpfe und Raufereien verschwenden.

Wenn aber Zurückschlagen fruchtlos ist, was hilft dann? Wie kann man die Spirale aus Aktion und Reaktion vermeiden? Ganz einfach: *Schlagen Sie eben nicht zurück.* Wenn die anderen ihre Position bekräftigen, lassen Sie sie, weisen Sie nichts zurück. Wenn Ihre eigenen Vorstellungen von der Gegenseite angegriffen werden, verteidigen Sie sich nicht. Und wenn Sie persönlich angegriffen werden, gehen Sie nicht zur Gegenattacke über. Durchbrechen Sie den Teufelskreis, indem Sie sich weigern, auf die Aktion mit einer Reaktion zu antworten. Schlagen Sie nicht zurück, sondern gehen Sie einen Schritt zur Seite und lenken Sie den Angriff auf das Problem. Vermeiden Sie, genauso wie beim Judokampf, Ihre Kräfte unmittelbar gegen die Kraft der anderen zu setzen. Nutzen Sie Ihre Wendigkeit, springen Sie zur Seite und lassen Sie den Stoß der anderen ins Leere laufen. Halten Sie nicht gegen die Gewalt der anderen, kanalisieren Sie sie lieber zur Erkundung der Interessen, indem Sie Optionen zu beiderseitigem Nutzen entwickeln und unabhängige Kriterien suchen.

Wie sieht dieses »Verhandlungs-Judo« in der Praxis aus? Wie entgehen Sie dem Angriff und lenken ihn auf das Problem um?

Üblicherweise wird der »Angriff« der Gegenseite aus drei Manövern bestehen: Sie wird ihre eigene Position mit aller Macht vorbringen, sie wird Ihre Vorstellungen angreifen, und sie wird die Auseinandersetzung auf der persönlichen Ebene, also gegen Sie gerichtet, führen. Sehen wir einmal, wie einer, der sachbezogen verhandelt, mit jedem dieser Manöver fertigwerden kann.

Greifen Sie nicht die Position der anderen an, werfen Sie lieber einen Blick dahinter

Wenn die Gegenseite ihre Position vorbringt, sollten Sie das weder zurückweisen noch akzeptieren. Nehmen Sie es als eine der möglichen Optionen. Sehen Sie hinter die Position auf die darunter verborgenen Interessen, fahnden Sie nach den Prinzipien, die dadurch sichtbar werden, und überlegen Sie, wie man sich diese zunutze machen könnte.

Nehmen wir an, Sie vertreten eine Gewerkschaft, die für höhere Löhne und für das Alter als einziges Kriterium bei Entlassungen kämpft. Die Firmen haben eine Lohnerhöhung von 4% angeboten, wollen aber das Recht beibehalten, einseitig über die Entlassungen entscheiden zu können. Nun bohren Sie nach, welche Interessen hinter dieser Position stehen. »Aus welchen Gründen wollen Sie die Tarife nur um 4% heben?« »Aufgrund welcher Notwendigkeiten glauben Sie, alleine über Entlassungen entscheiden zu müssen?«

Tun Sie so, als wäre jede Position, die die Gegenseite vertritt, ein aufrichtiger Versuch, die Grundbedürfnisse beider Seiten in Betracht zu ziehen; und fragen Sie nach, wie die Gegenseite sich dies vorstellt. Behandeln Sie die Position der Gegenseite als eine mögliche Option und untersuchen Sie sie daraufhin, wie weit sie den Interessen beider Seiten gerecht wird. »Wenn Sie die Löhne generell nur um 4% anheben wollen, wie sollen wir da die Qualität unserer Arbeitskraft bewahren, wenn in allen anderen Branchen erheblich mehr zugelegt wird?« »Wie können Sie langfristig die guten Arbeiter halten, wenn Sie die Entlassungen willkürlich festlegen? Sicher, Sie sind ein fairer Mann, aber wenn Sie einmal nicht mehr hier sind? Schließlich steht unser Lebensunterhalt und damit das Wohl unserer Familien auf dem Spiel. Wie können wir das einer willkürlichen Entscheidung überlassen?«

Finden Sie die Prinzipien heraus, die der gegnerischen Position zugrunde liegen. »Auf welcher Basis scheint Ihnen eine

Lohnerhöhung von 4% ein faires Angebot? Nehmen Sie andere Betriebe als Vergleichsmaßstab oder die Leistung anderer Branchen?« »Sollen Ihrer Meinung nach zuerst die Arbeiter mit der geringsten Erfahrung entlassen werden oder die mit der größten – die natürlich höhere Gehälter haben?«

Sie können die Aufmerksamkeit auf die Entwicklung von Optionen lenken, indem Sie mit der Gegenseite rein hypothetisch einmal durchsprechen, was passiert, wenn deren Position akzeptiert würde. 1970 interviewte ein amerikanischer Anwalt den ägyptischen Präsidenten Nasser über den arabisch-israelischen Konflikt.

Er fragte Nasser: »Was sollte Ministerpräsidentin Golda Meir Ihrer Auffassung nach tun?«

Nasser:»Ihre Truppen abziehen!«

»Abziehen?«

»Ja, von jedem Quadratmeter arabischen Bodens.«

»Ohne Gegenleistung Ihrerseits?« fragte der Amerikaner ungläubig.

»Ja. Es ist unser Land. Sie sollte versprechen, daß sie ihre Truppen abzieht«, antwortete Nasser.

Der Amerikaner fragte weiter: »Was würde wohl geschehen, wenn Frau Golda Meir morgen im israelischen Rundfunk verkünden würde: ›Im Namen des israelischen Volkes verspreche ich hiermit, daß wir uns von jedem Quadratmeter des 1967 besetzten Landes zurückziehen: vom Sinai, dem Gaza-Streifen, der West-Bank, aus Jerusalem, den Golan-Höhen. Und ich gebe weiter bekannt, daß die Araber keinerlei Gegenleistung erbringen.‹«

Nasser brach in Lachen aus. »Oh, da hätte *sie* wohl allerhand Schwierigkeiten in ihrem Land!«

Nasser verstand es, welche unrealistische Option Ägypten hier Israel angeboten hatte, und das mag dazu beigetragen haben, daß er etwas später an demselben Tag einer Feuereinstellung im Abnutzungskrieg zustimmte.

Verteidigen Sie nicht Ihre Vorstellungen, laden Sie die Gegenseite zu Kritik und Ratschlag ein

Eine Menge Zeit wird bei Verhandlungen auf das Kritisieren verwendet. Widersetzen Sie sich dem nicht; im Gegenteil, laden Sie die Gegenseite dazu ein. Fragen Sie nicht, ob die eine oder andere Ihrer Vorstellungen angenommen oder abgelehnt wird – fragen Sie, was daran nicht gut ist. »Was stört Sie an dem Vorschlag derart, daß Sie ihn nicht in Betracht ziehen?« Untersuchen Sie die ablehnenden Urteile der anderen und finden Sie dabei die dahinterliegenden Interessen heraus. Verbessern Sie Ihre Vorstellungen vom gegnerischen Standpunkt aus. Überarbeiten Sie Ihre Ideen im Lichte dessen, was Sie von der Gegenseite erfahren. Auf diese Weise verwandeln Sie die Kritik vom prozeduralen Hindernis zum wesentlichen Bestandteil bei der Entwicklung einer Übereinkunft. »Wenn ich Sie richtig verstanden habe, dann haben Sie gesagt, mehr als 4% Lohnerhöhung bei insgesamt 750 Beschäftigten sei aus Gründen des Firmenhaushalts nicht möglich. Wenn wir das nun akzeptieren, mit der Maßgabe, daß mögliche Einsparungen an der Gesamtzahl von 750 Beschäftigten als Bonus auf alle dann noch Angestellten umgelegt werden – was würden Sie dazu sagen?«

Kritik kann auch noch in anderer Weise kanalisiert und in eine konstruktive Richtung gelenkt werden: Drehen Sie den Spieß um und fragen Sie die Gegenseite nach Rat. Fragen Sie, was sie tun würde, wenn sie in Ihrer Position wäre. »Was würden Sie tun, wenn es um Ihre Arbeitsplätze ginge? Unsere Verbandsmitglieder fühlen sich so verunsichert hinsichtlich ihrer Arbeitsplätze und so frustriert über das sinkende Realeinkommen, daß sie schon daran denken, sich künftig von radikalen Gruppen vertreten zu lassen. Was würden Sie denn tun, wenn Sie unseren Verband führen müßten?« Auf diese Weise bringen Sie die Gegenseite dazu, sich auch Ihrer Sicht der Dinge anzunehmen. Wenn das geschieht, werden auch die anderen eine Lösung finden wollen, die Ihre Anliegen berücksichtigt. »Ein Teil des Problems ist offenbar: Unsere Arbeiter haben den Eindruck, daß niemand auf sie hört. Könnten Sie nicht dabei helfen, regelmäßige Treffen zwischen Arbeitern und Firmenleitung zu arrangieren?«

Gestalten Sie persönliche Angriffe in sachbezogene Auseinandersetzungen um

Wenn die Gegenseite Sie persönlich angreift – wie das häufig geschieht –, dann sollten Sie der Versuchung widerstehen, sich zu verteidigen oder Ihrerseits die Gegenseite anzugreifen. Lehnen Sie sich statt dessen in Ihrem Stuhl zurück und gestatten Sie den anderen, ihren Dampf abzulassen. Hören Sie ihnen zu, zeigen Sie, daß Sie sie verstehen, und lenken Sie danach die persönlichen Angriffe auf eine sachliche Auseinandersetzung mit dem Problem. »Sie sagen, daß ein Streik zeigt, wie wenig wir uns um die Firmenbelange kümmern. Ich ersehe daraus, daß es Ihnen um das Wohl der Firma geht. Sie dürfen sicher sein, daß wir diese Sorge gemeinsam haben. Und darum möchten wir den Ausstand auch so schnell wie möglich beenden, damit wir weiterarbeiten können. Was also können wir gemeinsam unternehmen, damit wir baldigst ein Übereinkommen erreichen?«

Stellen Sie Fragen und nutzen Sie auch die Macht des Schweigens

Beim Verhandlungs-Judo verwendet man zwei grundlegende Mittel. Erstens verwendet man Fragen anstelle von Statements. Statements provozieren Widerstand, Fragen dagegen Problemlösungsvorschläge. Fragen gestatten der Gegenseite, ihre Absichten zu überprüfen, und ermöglichen Ihnen, sie zu verstehen. Sie stellen Herausforderungen dar und leiten die Partner an, sich dem Problem zu stellen. Sie bieten keine Gelegenheit zur Verweigerung und keine Zielscheibe für Angriffe. Fragen kritisieren nicht, sondern erziehen. »Meinen Sie, es wäre für alle besser, wenn sich die Arbeiter am Entscheidungsprozeß beteiligt fühlen, oder wenn sie meinen, daß ihre Anliegen nicht berücksichtigt werden, weil man ihnen die Anordnungen einfach diktiert?«

Schweigen ist eine Ihrer besten Waffen. Benutzen Sie es. Wenn die Gegenseite einen unvernünftigen Vorschlag gemacht oder Sie in ungerechtfertigter Weise angegriffen hat, bleiben Sie am besten sitzen und sagen kein Wort.

Wenn Sie eine angemessene Frage gestellt haben und die anderen haben nur unzureichend geantwortet, warten Sie einfach. Die meisten Menschen fühlen sich unbehaglich, wenn alles schweigt, ganz besonders, wenn sie selbst am Wert dessen zweifeln, was sie gerade gesagt haben. Der Verbandssprecher sagt: »Warum sollen die Arbeiter bei Entlassungen nicht mitsprechen dürfen?« Der Delegierte der Firma darauf: »Entlassungen sind ausschließlich Sache der Geschäftsleitung... Gut, die Arbeiter haben natürlich ein Interesse an der Frage der Entlassungen, aber sie haben ja wohl nicht den Überblick darüber, was nottut... Ich möchte damit sagen...«

Schweigen vermittelt den anderen oft den Eindruck, als sei nun alles festgefahren, und sie fühlen sich irgendwie gedrängt, diese Situation zu überwinden (Ihr Schweigen zu brechen), indem sie doch noch Ihre Frage beantworten oder einen Vorschlag bringen. Am besten machen Sie nach jeder Frage eine Pause. Lassen Sie sie nicht entwischen, indem Sie gleich eine neue Frage stellen oder einen Kommentar zur vorangegangenen abgeben. Sie werden manchmal dann am erfolgreichsten verhandeln, wenn Sie schweigen.

Das Ein-Text-Verfahren

Wahrscheinlich werden Sie Dritte anrufen, wenn Ihre eigenen Versuche, das Spiel vom Feilschen um Positionen zum sachbezogenen Verhandeln umzuwandeln, fehlgeschlagen sind. Das nun entstehende Problem soll durch die einfache Geschichte von einem Ehepaar, das ein Haus zu bauen plant, illustriert werden.

Die Frau stellt sich ein zweigeschossiges Haus mit offenem Kamin und einem Erker vor. Der Mann statt dessen denkt eher an ein modernes Haus im ländlichen Stil mit Hobbyraum und einer Garage, in der man viel lagern kann. Während die beiden miteinander verhandeln, gibt es eine Menge Fragen, etwa: »Wie stellst du dir das Wohnzimmer vor?« und: »Möchtest du das unbedingt so haben?« Indem jeder dem anderen ständig antwortet, kommen am Ende zwei getrennte und voneinander verschiedene Pläne heraus, die völlig festgelegt sind. Nun beauftragen beide jeweils einen Architekten, zuerst einen ganz allgemeinen und danach einen detaillierteren Plan auszuarbeiten – und graben sich dabei immer mehr in ihre jeweilige Position ein. Wenn die Frau ihren Mann bittet, doch nicht so unflexibel zu sein, reagiert er damit, daß er seine Garage um zwanzig Zentimeter kleiner projektieren läßt. Umgekehrt beantwortet seine Frau die Bitte um Konzessionen damit, daß sie mit dem Wegfall einer Säulenveranda einverstanden ist – die aber sowieso auf ihrem Plan gar nicht eingezeichnet war. Jeder kämpft nun um seine eigene Vorstellung. Dabei werden Gefühle verletzt, die Kommunikation wird immer schwieriger. Im Grunde will keiner Zugeständnisse machen, denn das würde zu immer weiteren Forderungen führen.

Das ist ein klassisches Beispiel für das Feilschen um Positionen. Wenn Sie nun den Prozeß nicht hinleiten können zu sachbezogenen Lösungen, vermag vielleicht eine dritte Partei zu helfen. Ein Vermittler kann leichter als die direkt Beteiligten die Menschen von den Problemen trennen und die Diskussion auf Interessen und Optionen lenken. Der oder die Dritte kann darüber hinaus unparteiische Grundlagen für die Lösung von Differenzen vorschlagen. Er oder sie kann auch das Ausdenken von Lösungsvorschlägen von den Entscheidungen abtrennen, die Anzahl der für die Übereinkunft notwendigen Entscheidungsvorgänge reduzieren und beiden Parteien zum Verständnis der Folgen aus der jeweiligen Entscheidung verhelfen. Ein Vorgehen, das dies alles umfaßt, ist unter dem Begriff »Ein-Text-Verfahren« bekannt.

Bei der Verhandlung um die Hausentwürfe zwischen Ehefrau und Ehemann wird nun ein unabhängiger Architekt dazugerufen. Man zeigt ihm den letzten Stand der Pläne, der die gegenwärtigen Positionen der beiden darstellt. Nun wird sich nicht jeder klug verhalten, den man als Dritten dazunimmt. Mancher Architekt wird z.B. die beiden um nähere Erklärungen ihrer jeweiligen Positionen bitten, sie zu einer ganzen Reihe von Konzessionen drängen – und legt sie damit zu immer stärkerer Fixierung auf spezielle Positionen fest. Das Ein-Text-Verfahren fordert statt dessen ein völlig anderes Verhalten. Der Architekt wird die Eheleute nicht nach ihren Positionen befragen, sondern nach ihren Interessen: nicht wie groß das Erkerfenster werden soll, sondern warum die Frau es gerne haben möchte. »Soll es Morgen- oder Abendsonne bekommen? Soll es zum Hinein- oder zum Hinausschauen sein?« Er fragt dann den Mann: »Wozu brauchen Sie eine Garage? Was möchten Sie denn lagern? Was wollen Sie mit dem Hobbyraum? Darin lesen? Fernsehen? Freunde empfangen? Wann wollen Sie den Hobbyraum benutzen? Tagsüber? Am Wochenende? Am Abend?« Und so weiter.

Der Architekt macht deutlich, daß er keinen der beiden zur Aufgabe von Positionen auffordert. Eher schon wendet er sich den Möglichkeiten für eine Empfehlung an die beiden zu – aber auch das ist nicht sehr wahrscheinlich. In dieser Phase versucht er vor allem Informationen über die Bedürfnisse und Interessen der beiden zu erhalten.

Danach entwirft der Architekt eine Liste dieser Anliegen beider Ehepartner (»Morgensonne, offener Kamin, bequemer Platz zum Lesen, Raum für einen kleinen Laden, Lagerfläche für einen Schneeräumer und einen Mittelklassewagen« usw.). Nacheinander bittet er beide, die Liste kritisch durchzusehen und zu ergänzen oder zu verbessern. Konzessionen zu machen fällt immer schwer; kritisieren ist leichter.

Einige Tage später kommt der Architekt wieder und hat einen groben Entwurf mitgebracht. »Ich selbst bin noch nicht recht zufrieden damit, aber bevor ich weitermache, hätte ich gerne Ihre Kritik dazu.« Der Mann sagt dann etwa: »Was mir daran nicht gefällt? Also zuerst, das Badezimmer ist zu weit vom Schlafraum entfernt. Und für meine Bücher habe ich wohl auch nicht genug Platz. Und wo sollen Gäste hier übernachten?« Danach befragt der Architekt auch die Frau nach ihren Einwänden zu diesem Erstentwurf.

Kurze Zeit später kommt der Architekt wieder, mit einem zweiten Vorschlag, und wieder bittet er um Kritik. »Ich habe die Sache mit dem Badezimmer und mit den Büchern zu lösen gesucht, und die Anregung aufgenommen, daß man das separate Zimmer auch mal als Gästezimmer nutzt. Was meinen Sie dazu?« Je mehr der Plan Gestalt annimmt, um so mehr wird jeder der Ehepartner die neuen Lösungsvorschläge im Zentrum sehen, und nicht die einen oder anderen unwichtigen Details. Die Frau möchte z.B. sicher sein, daß der Architekt ihre wichtigsten Bedürfnisse voll versteht – ohne daß sie deshalb nachgeben muß. Das Selbstwertgefühl keines der Beteiligten – auch nicht des Architekten – ist an den Plan gebunden. Die Ausarbeitung des bestmöglichen Interessenausgleichs im Rahmen der finanziellen Möglichkeiten ist dabei völlig getrennt von den späteren Entscheidungen und ist somit frei von der Angst vor übereilter Bindung. Frau und Mann müssen ihre Positionen nicht räumen, aber nun sitzen sie nebeneinander, zumindest symbolisch, und kritisieren gemeinsam die Pläne, während diese Form annehmen, und helfen dem Architekten bei der Vorbereitung einer möglichen späteren Empfehlung.

Das geht dann so weiter, ein dritter Plan entsteht, ein vierter, ein fünfter. Wenn der Architekt dann eines Tages merkt, daß Verbesserungen nicht mehr möglich sind, sagt er: »Das ist das beste, was ich erarbeiten konnte. Ich habe Ihre verschiedenen Interessen nach bestem Können unter ein Dach zu bringen versucht. Vieles habe ich durch übliche architektonische und bautechnische Verfahren gelöst, und nach meinem Fachurteil ist das das beste. Hier haben Sie alles. Ich würde empfehlen, daß Sie sich für diesen Plan entscheiden.«

Nun braucht jeder der beiden Ehepartner nur eine einzige Entscheidung zu treffen: Ja oder Nein. Sie wissen jetzt genau, wozu sie sich entscheiden. Sie können ihr jeweiliges Ja auch von dem Ja des anderen Partners abhängig machen. Das Ein-Text-Verfahren wendet die Verhandlung nicht ab vom Feilschen um Positionen, sondern vereinfacht in erheblichem Maß auch den Prozeß, Wahlmöglichkeiten zu entwickeln und eine Entscheidung zu treffen.

Wer könnte nun in Ihren Verhandlungen die Rolle des Architekten spielen? Sie können z.B. eine dritte Partei zur Vermittlung einschalten. Oder etwa bei Verhandlungen mit mehr als zwei Parteien könnte ein Teilnehmer der natürliche »Dritte« sein, wenn sein Hauptinteresse mehr im Zustandekommen einer Einigung überhaupt und weniger in der Gestaltung der konkreten Bedingungen liegt.

Bei vielen Verhandlungen können Sie selbst dieser Dritte sein. Nehmen wir an, Sie seien Vertreter einer Kunststoffirma, die mit einem Großhersteller von Plastikflaschen über einen umfangreichen Auftrag verhandelt. Der Kunde wünscht dabei ein spezielles Material, das nur für ihn gefertigt wird, aber die von Ihnen vertretene Firma sträubt sich, die dafür notwendigen Geräte anzuschaffen. Ihre Aufgabe besteht dann eher darin, eine Übereinkunft zwischen Ihrem Kunden und der Produktionsleitung Ihrer Firma herzustellen, als die Bedingungen auszuhandeln. Oder nehmen wir an, Sie sind Rechtsberater eines Abgeordneten, dem es eher um die Verabschiedung eines Bewilligungsgesetzes geht als um die Frage, ob dabei zehn oder elf Millionen bewilligt werden. Oder nehmen wir an, Sie sind Manager und haben eine Streitfrage zwischen zwei Mitarbeitern zu entscheiden. Sie müssen sich eher um eine Entscheidung kümmern, mit der beide leben und weiterarbeiten können, als darum, welche Alternative am Ende zum Tragen kommt. In jedem dieser Fälle mag es, auch wenn Sie unmittelbar aktiv Beteiligter sind, in Ihrem vollen Interesse liegen, sich als Vermittler zu engagieren und die Ein-Text-Verfahrensweise anzuwenden. Bilden Sie das Bindeglied in Ihrer eigenen Verhandlung.

Der vielleicht berühmteste Gebrauch vom Ein-Text-Verfahren wurde von den Vereinigten Staaten in Camp David im September 1978 bei der Vermittlung zwischen Ägypten und Israel gemacht. Die USA hörten sich beide Seiten an, entwickelten Entwürfe, an die noch niemand gebunden war, bis die Vermittler sahen, daß eine weitere Verbesserung nicht mehr möglich war. Nach dreizehn Tagen und dreiundzwanzig Entwürfen war der Text zur Empfehlung reif. Präsident Carter gab die Empfehlung, Israel und Ägypten nahmen an. Für ein fast mechanisches Verfahren zur Beschränkung der Anzahl notwendiger Entscheidungen, zur Reduzierung der Unsicherheiten bei jeder dieser Entscheidungen und zur Vorbeugung gegen wachsendes Gefangensein in den eigenen Positionen hat dieses Verfahren Bemerkenswertes geleistet.

Das Ein-Text-Verfahren ist bei zweiseitigen (bilateralen) Verhandlungen mit einem Vermittler eine große Hilfe. Aber auch bei multilateralen Verhandlungen kann es Bedeutendes zustande bringen. Hundertfünfzig Nationen z.B. können nicht auf konstruktive Weise hundertfünfzig verschiedene Vorschläge diskutieren. Sie können auch nicht auf Konzessionen hinarbeiten, die wiederum von jedem der Beteiligten abhängen. Man braucht dazu eine Methode zur Vereinfachung des Entscheidungsprozesses. Das Ein-Text-Verfahren dient dazu.

Sie brauchen von niemandem eine Zustimmung, wenn Sie damit beginnen. Bereiten Sie einfach einen Vorschlag vor und erbitten Sie Kritik. Auf diese Weise ist es wiederum möglich, ein Spiel einfach dadurch zu verändern, daß Sie ein neues beginnen. Wenn eine Partei nicht mit Ihnen direkt sprechen will (oder umgekehrt), kann ein Dritter oder eine dritte Partei den Entwurf herumreichen.

Bringen Sie die anderen zum Mitspielen: Die Auseinandersetzung zwischen der Immobilienfirma Jones und Frank Turnbull

Das folgende authentische Beispiel einer Verhandlung zwischen einem Vermieter und einem Mieter soll Ihnen einen Eindruck davon geben, wie man mit einem Gegenüber umgeht, der sich gegen sachbezogenes Verhandeln sperrt. Es illustriert auch, was es heißt, ein Spiel durch den Start eines neuen Spiels abzuändern.

Der Fall: Frank Turnbull mietete im März eine Wohnung von der Immobilienfirma Jones für 600 Dollar monatlich. Als im Juli Turnbull und sein Zimmergenosse Paul ausziehen wollten, erfuhren sie, daß die Wohnung der Mietpreisbindung unterlag. Die erlaubte Miete lag bei höchstens 466 Dollar monatlich – also 134 Dollar weniger, als sie bezahlt hatten.

Turnbull rief, ärgerlich über diese Überteuerung, Frau Jones von der Immobilienfirma an, um mit ihr über die Sache zu sprechen. Frau Jones war zunächst unzugänglich, fast feindselig. Sie behauptete, im Recht zu sein, und warf Turnbull Undankbarkeit und Erpressung vor. Nach einer langen Reihe von Verhandlungen wurde jedoch die Differenz an Turnbull und seinen Zimmerkameraden zurückerstattet. Am Ende war der

Ton von Frau Jones wesentlich ruhiger und eher entschuldigend.

Während der gesamten Zeit benutzte Turnbull die Methode des sachbezogenen Verhandelns. Im folgenden führen wir eine Reihe von Veränderungen an, die sich im Laufe der Auseinandersetzungen ergaben. Jede dieser Wandlungen wird eingeleitet von einer Grundformel, die ein sachbezogen Verhandelnder in ähnlichen Situationen verwenden sollte. Dann folgt jeweils die Analyse der Gründe, die zu dieser Veränderung führten.

»Korrigieren Sie mich, wenn etwas falsch ist«

TURNBULL: Frau Jones, eben erfahre ich – bitte korrigieren Sie mich, wenn etwas falsch ist –, daß unsere Wohnung der Mietpreisbindung unterliegt. Wir haben gehört, daß die gesetzlich vorgeschriebene Höchstmiete 466 Dollar im Monat ist. Sind wir da falsch informiert?

Analyse: Grundlage des sachbezogenen Verhandelns ist das Offenbleiben und Sich-überzeugen-Lassen durch objektive Faktoren und Prinzipien. Turnbull gibt nun die objektiven Fakten unter Vorbehalt weiter und setzt damit einen Dialog mit Frau Jones in Gang, indem er um Korrektur bittet. Er animiert sie, an dem Prozeß teilzuhaben, indem sie den objektiven Tatsachen entweder zustimmt oder diese zurechtrückt. Dieser Spielzug macht sie zu zwei Kollegen, die Tatsachen feststellen wollen. Hätte Turnbull die Fakten einfach als solche wiedergegeben, hätte sich Frau Jones bedroht und in die Defensive gedrängt gefühlt. Sie hätte möglicherweise die Tatsachen einfach geleugnet. Die Verhandlungen hätten nicht konstruktiv begonnen.

Ist Turnbull wirklich einem Irrtum aufgesessen, so macht seine Bitte um Korrektur eine Richtigstellung von vornherein leichter. Würde er Frau Jones nur einfach sagen, so und so sehe die Sache aus, und er würde erfahren, daß das nicht stimmt, so würde er sein Gesicht verlieren. Und in Zukunft würde Frau

Jones ein Fragezeichen hinter alles setzen, was er sagt; mit ihr zu verhandeln wäre von da an schwierig.

Diese Offenheit gegenüber Korrektur und Überzeugung ist ein Eckpfeiler des sachbezogenen Verhandelns. Die andere Seite wird Ihren Kriterien und den von Ihnen eingebrachten objektiven Tatsachen gegenüber nur dann offen sein, wenn Sie sich selbst der Gegenseite offen präsentieren.

»Wir erkennen durchaus an, was Sie für uns getan haben«

TURNBULL: Paul und ich meinen, daß sie uns wirklich einen Gefallen mit der Vermietung dieser Wohnung getan haben. Es war sehr nett von Ihnen, daß Sie da für uns Zeit und Mühe aufgewendet haben, und das erkennen wir an.

Analyse: Persönliche Anerkennung gegenüber der Person auf der anderen Seite ist entscheidend für die Trennung der Menschen von den Problemen – indem man die Beziehungen von den Sachgehalten scheidet. Turnbull betont seine Wertschätzung für die guten Taten der Frau Jones und drückt dabei tatsächlich folgendes aus: »Wir haben nichts gegen Sie persönlich. Wir sind der Meinung, daß Sie großzügig sind.« Er stellt sich damit auf ihre Seite. Er vermeidet jede Bedrohung ihres Selbstwertgefühls.

Lob und Anerkennung fördern auch weiteres Dienlichsein des Betreffenden. Frau Jones möchte nach diesem Lob rein emotional Turnbulls Anerkennung weiter behalten. Darum wird sie in der weiteren Verhandlung aufgeschlossener sein, denn nun hat sie etwas zu verlieren.

»Alles, was wir wollen, ist Fairneß«

TURNBULL: Wir möchten nur sicher sein, daß wir nicht mehr bezahlt haben, als wir müssen. Wenn wir davon überzeugt sind, daß die bezahlte Miete fairerweise der abgewohnten Zeit entspricht, ist alles in Ordnung und wir ziehen aus.

Analyse: Hier stellt sich Turnbull auf ein Prinzip und zeigt seine Absicht, davon auszugehen. Man kann ihn nur auf der Basis dieses Kriteriums überzeugen. Gleichzeitig läßt er Frau Jones seine Offenheit gegenüber Überzeugungsarbeit erkennen – sofern diese das Prinzip anerkennt. Daher hat sie kaum andere Möglichkeiten, als mit ihm über Interessen zu verhandeln. Turnbull nimmt hier nicht nur seinen prinzipienbezogenen rechtschaffenen Standpunkt mit aller zur Verfügung stehenden Kraft ein: Nicht nur sein Ziel ist sachbezogen, sondern auch die Wege, die er einschlägt. Sein Ziel, so erklärt er, ist ein fairer Ausgleich zwischen der bezahlten Miete und der im Appartement gewohnten Zeit. Wenn er davon überzeugt ist, zieht er aus. Wenn zu viel bezahlt wurde, ist es nur fair, wenn er in der Wohnung bleibt, bis die Miete und die abgewohnte Zeit ausgeglichen sind.

»Wir wollen unsere Einigung nicht auf Eigennutz und Macht aufbauen, sondern auf einer sachlichen Grundlage«

FRAU JONES: Lächerlich, daß Sie Fairneß ins Spiel bringen. Denn tatsächlich sagen Sie doch, daß Sie und Paul Geld von uns wollen, und daß Sie Vorteile aus der Tatsache ziehen wollen, daß Sie noch immer in der Wohnung sind. Darüber bin ich verärgert. Wenn es nach mir ginge, würden Paul und Sie heute aus der Wohnung hinausfliegen.

TURNBULL (unterdrückt unverhohlen seinen Ärger): Ich muß mich wohl nicht deutlicher ausdrücken. Natürlich wäre es schön, wenn Paul und ich Geld bekommen würden. Natürlich könnten wir auch versuchen, so lange in der Wohnung zu bleiben, bis Sie uns herauswerfen lassen. Aber das ist doch nicht der Punkt, Frau Jones.

Für uns geht es weniger um die paar Dollar, sondern mehr darum, daß wir uns fair behandelt sehen wollen. Keiner fühlt sich gern betrogen. Wenn wir uns darum schlagen, wer die Macht hat und wann wir ausziehen, müssen wir vor Gericht gehen, verlieren eine Menge Zeit und Geld, und das Ganze endet mit Kopfschmerzen. Für sie übrigens auch. Und wer mag das schon?

Nein, Frau Jones, wir wollen dieses Problem fair und aufgrund entsprechender Kriterien behandeln und nicht als Frage von Macht oder Eigennutz.

Analyse: Frau Jones lehnt sachbezogenes Verhalten ab – sie hält es für eine Charade. Für sie ist das alles eine Frage der Willenskraft, und ihr Wille ist es, Turnbull und seinen Kameraden so bald wie möglich vor die Türe zu setzen. Beinahe hätte Turnbull darüber seine Geduld verloren – und damit die Kontrolle über die Verhandlung. Am liebsten würde er zurückschlagen: »Sie wollen uns rauswerfen. Dann gehen wir vor Gericht. Und wir werden dafür sorgen, daß Sie Ihre Lizenz verlieren.« Dann würde die Verhandlung abgebrochen, Turnbull würde eine Menge Zeit, Energie und Gemütsruhe verlieren. Aber statt hart zu reagieren, behält Turnbull doch noch die Geduld und wendet die Verhandlung wieder aufs Problem. Ein gutes Beispiel für Verhandlungs-Judo: Er weicht dem Angriff von Frau Jones aus, macht ihre falschen Vorstellungen dafür verantwortlich und sucht sie von seinen aufrichtigen Sachinteressen zu überzeugen. Seine eigenen Interessen und auch seinen Rechtsvorteil verbirgt er dabei keineswegs; im Gegenteil, beides bringt er ausdrücklich ins Spiel. Wenn er sie erst einmal zur Geltung gebracht hat, kann er sie im weiteren aus dem Streit heraus halten.

Gleichzeitig betont Turnbull, daß das sachbezogene Verhalten sein Grundprinzip ist – nach dem er stets handelt. Und er bezieht all das nicht auf hehre Motive – die immer suspekt erscheinen müssen –, sondern schlicht auf das Eigeninteresse.

»Vertrauen steht hier gar nicht zur Debatte«

FRAU JONES: Trauen sie mir nicht? Nach all dem, was ich für sie getan habe?
TURNBULL: Frau Jones, was Sie für uns getan haben, schätzen wir sehr wohl. Aber Vertrauen steht hier gar nicht zur Debatte. Hier

geht es um Grundsätzliches: Haben wir mehr bezahlt, als erlaubt ist? Nach welchen Vorstellungen sollten wir das Ihrer Meinung nach entscheiden?

Analyse: Frau Jones sucht Turnbull in die Ecke zu drängen. Entweder bleibt er hartnäckig, dann sieht es aus, als mißtraue er der Frau, oder er zeigt, daß er ihr traut, und gibt nach. Aber Turnbull entschlüpft dieser Falle, indem er zunächst noch einmal seine Anerkennung ausdrückt und dann feststellt, daß die Frage des Vertrauens sich hier nicht stellt. Während er seine Hochschätzung für Frau Jones wiederholt, bekräftigt er gleichzeitig, daß er auf dem Sachbezug besteht. Mehr noch: Turnbull weicht der Frage des Vertrauens nicht aus, aber er lenkt die Diskussion ganz ausdrücklich zur Sache zurück, indem er Frau Jones fragt, welche Vorstellungen nach ihrer Meinung relevant wären.

Turnbull bleibt sachlich, ohne gegen Frau Jones irgendwelche Vorwürfe zu erheben. Er fragt nicht: »Haben Sie einen Vorteil aus uns gezogen?«, sondern fragt unpersönlich: »Haben wir mehr bezahlt als hätte sein müssen?« Selbst wenn er ihr mißtraut, wäre es eine schlechte Strategie, sie das fühlen zu lassen. Sie käme in die Defensive und würde sich ärgerlich auf eine harte Position versteifen oder die Verhandlungen insgesamt abbrechen.

Sätze wie »Das ist nicht eine Frage des Vertrauens« sind sehr hilfreich, wenn man Ablenkungsmanöver wie das von Frau Jones umgehen will.

»Kann ich Ihnen einige Fragen über die mir zugänglichen Fakten stellen?«

TURNBULL: Kann ich Ihnen einige Fragen über die mir zugänglichen Fakten stellen?

Steht die Wohnung tatsächlich unter Mietpreiskontrolle?

Ist die Höchstmiete wirklich 466 Dollar im Monat?

Paul fragt mich, ob wir aufgrund des Mietvertrags alle zusammen das Gesetz übertreten haben?

Hat jemand Paul bei Vertragsunterzeichnung darüber informiert, daß die Wohnung unter Mietpreiskontrolle steht und daß die Höchstmiete 134 Dollar niedriger als die von ihm akzeptierte ist?

Analyse: Die Feststellung von Tatsachen kann bedrohlich wirken. Wo immer möglich, versuchen Sie lieber zu fragen.

Turnbull hätte auch erklären können: »Die gesetzliche Miete ist 466 Dollar. Sie haben damit das Gesetz übertreten. Schlimmer noch, Sie haben auch uns in den Gesetzesbruch hineingezogen, ohne uns etwas davon zu sagen.« Frau Jones hätte das wahrscheinlich zu einer harten Reaktion veranlaßt. Sie hätte es vorwiegend als verbalen Angriff aufgefaßt, mit dem Turnbull Punkte sammeln wollte.

Da er aber jede Definition als Frage verkleidet, kann Frau Jones am Gespräch teilnehmen, diese Informationen aufnehmen, abschätzen und akzeptieren oder zurückweisen. Turnbull läßt ihr die gesamte Information genauso zukommen – nur in einer viel weniger bedrohenden Art und Weise. Er mindert die Drohung noch weiter, indem er eine spezielle Frage auf seinen nicht anwesenden Zimmerkollegen bezieht.

Im Endeffekt lenkt Turnbull Frau Jones hin zu einer Basis von nichtstrittigen Fakten, auf der dann eine sachbezogene Lösung aufgebaut werden kann.

»Aufgrund welcher Kriterien haben Sie das gemacht?«

TURNBULL: Mir ist nicht klar, warum Sie 600 Dollar monatlich verlangt haben. Welche Gründe hatten Sie für eine derart hohe Miete?

Analyse: Wer sachbezogen verhandelt, akzeptiert weder die Position seines Gegenüber, noch weist er sie zurück. Damit bleibt der Dialog sachlich. Turnbull fragt Frau Jones nach den Gründen für ihre Position. Er fragt nicht, ob sie überhaupt irgendwelche Gründe dafür hatte. Er setzt voraus, daß es gute Gründe gibt. Solch schmeichelhafte Annahme läßt die Gegenseite eifrig nach möglichen Gründen suchen, auch wenn gar keine vorliegen; und wieder bleibt die Verhandlung sachbezogen.

»Wir wollen einmal sehen, ob ich Sie richtig verstehe«

TURNBULL: Wir wollen einmal sehen, ob ich Sie richtig verstehe. Sie meinen, die Miete sei so hoch, weil sie eine Menge Reparaturen seit der letzten Mietpreisfestsetzung in der Wohnung ausgeführt haben. Es war Ihnen nicht der Mühe wert, die Mietpreisbehörde über den Wertzuwachs wegen der paar Monate, die sie uns vermietet haben, zu befragen.

Sie haben, sagen Sie, die Wohnung eigentlich nur Paul zu Gefallen vermietet. Und nun sind Sie betroffen, daß wir unfaire Vorteile aus Ihnen herausholen wollen und Geld für unseren Auszug von Ihnen verlangen. Habe ich etwas ausgelassen oder falsch verstanden?

Analyse: Sachbezogenes Verhandeln setzt gute Verständigung voraus. Bevor Turnbull Frau Jones antwortet, wiederholt er in positiven Redewendungen, was er von ihr gehört hat. Damit versichert er sich, daß er sie wirklich richtig verstanden hat.

Fühlt sich Frau Jones verstanden, kann sie das Problem nun beruhigt weiterdiskutieren. Sie kann nun seine Argumente nicht damit abweisen, daß sie angeblich nicht all das einbeziehen, was Frau Jones an Informationen besitzt. Daher wird sie nun eher zuhören und besser aufnehmen. Indem er ihren Standpunkt zusammenfaßt, beginnt Turnbull ein kooperatives Spiel, das beide über sein Verständnis der Tatsachen versichert.

»Wann kann ich Sie wieder aufsuchen?«

TURNBULL: Ich glaube, daß ich Ihren Standpunkt jetzt verstanden habe. Ich würde jetzt gern mit meinem Zimmergenossen sprechen und ihm das auseinandersetzen. Kann ich sie morgen wieder aufsuchen?

Analyse: Ein guter Verhandlungspartner entscheidet nur selten auf der Stelle. Der psychische Druck, nett zu sein und nachzugeben, ist dann zu groß. Etwas Zeit und etwas Abstand helfen dabei, die menschlichen von den sachlichen Problemen getrennt zu halten.

Ein guter Verhandelnder hat schon vor Gesprächsbeginn einen glaubwürdigen Grund bereit, um zu gehen, wann er will. Ein derartiger Aufbruchsgrund darf aber nicht Passivität oder Entscheidungsunfähigkeit andeuten. Turnbull zeigt hier, daß er genau weiß, was er tut, und er vereinbart gleichzeitig, daß er die Verhandlung zu einer bestimmten Zeit fortsetzen wird. Er legt dabei nicht nur Entschiedenheit an den Tag, sondern beweist auch seine Kontrolle über den Verlauf der Verhandlung.

Ist er dann weg vom Verhandlungsort, kann er seine neuen Informationen überprüfen und seinen »Auftraggeber« konsultieren, in diesem Falle Paul. Er kann über die Entscheidung nachdenken und sich versichern, daß er nichts aus den Augen verloren hat.

Wenn man zu lange am Verhandlungstisch kleben bleibt, ist das mitunter nicht zuträglich für das sachbezogene Verhandeln. Kommt Turnbull dann mit neuen Lösungsvorschlägen zurück, kann er nett zu Frau Jones sein, ohne in der Sache weich zu werden.

»Ich möchte Sie auf Schwierigkeiten hinweisen die für mich entstehen, wenn ich Ihrem Gedankengang folge«

TURNBULL: Ich möchte Sie darauf hinweisen, daß ich mit einigen Ihrer Begründungen für die 134 Dollar Mehrpreis Schwierigkeiten habe. Der eine Grund waren die Reparaturen und die Verschönerungen der Wohnung. Die Mietpreisbehörde sagte mir nun, daß das Verschönerungen für mehr als 15000 Dollar sein müßten, wenn 134 Dollar pro Monat Steigerung gerechtfertigt wären. Wieviel haben Sie denn für die Verschönerungen ausgegeben?

Ich muß zugeben, daß das nicht nach Wertsteigerungen von 15000 Dollar aussieht, so wie Paul und ich die Sache einschätzen. Das Loch im Linoleum, das Sie ausbessern wollten, wurde niemals repariert, auch nicht das im Wohnzimmerboden. Die Garderobe brach immer wieder herunter. Und das sind nur einige der Mängel und Defekte, die wir gefunden haben.

Analyse: Beim sachbezogenen Verhandeln sollten Sie zuerst alle Ihre Gründe nennen, bevor Sie einen Vorschlag machen. Wenn Sie Ihre Entscheidungsprinzipien erst nachher einbringen, erscheinen diese nicht als die objektiven Kriterien, die jeder Vorschlag erfüllen sollte – sondern nur noch als Rechtfertigungen für eine willkürliche Position.

Turnbull zeigt durch die Darlegung seiner Gründe zu Beginn, daß er gegenüber überzeugender Argumentation offen ist und weiß, daß es notwendig ist, Frau Jones zu überzeugen. Hätte er zuerst seinen Vorschlag unterbreitet, hätte sich Frau Jones wahrscheinlich kaum mehr die Mühe gemacht, den dann folgenden Gründen zuzuhören. Sie wäre mit ihren Gedanken woanders gewesen und hätte wohl darüber nachgedacht, was sie gegen den Vorschlag einwenden und welche Gegenvorschläge sie machen kann.

»Eine faire Lösung wäre möglicherweise…«

TURNBULL: Wenn man all das in Betracht zieht, was wir besprochen haben, könnte eine faire Lösung für mich und Paul sein, daß wir das über den gesetzlichen Mietpreis hinaus bezahlte Geld zurückerstattet bekommen. Fänden sie das auch fair?

Analyse: Turnbull stellt den Vorschlag nicht als *seine* Vorstellung hin, sondern als eine faire Wahlmöglichkeit, die sie beide in Betracht ziehen sollten. Er behauptet nicht, daß es die einzig faire Lösung wäre, aber daß es *eine* faire Lösung sei. Er wird konkret, ohne sich deshalb in einer bestimmten Position einzugraben und Ablehnung zu provozieren.

»Was geschieht, wenn wir uns einigen ... was, wenn nicht?«

TURNBULL: Wenn Sie und ich uns jetzt einigen, ziehen Paul und ich sofort aus. Der Mann von der Mietpreisbehörde hat vorgeschlagen, daß wir, wenn wir zu keiner Übereinkunft kommen, in der Wohnung bleiben und die Miete zurückhalten und/oder Sie auf Rückzahlung, Schadensersatz und gesetzliche Nebenforderungen verklagen. Paul und ich sträuben uns sehr, diesen Weg einzuschlagen. Wir sind zuversichtlich, daß wir mit Ihnen die Sache fair und auch zu Ihrer und unserer Zufriedenheit lösen können.

Analyse: Turnbull will Frau Jones das Ja zu seinem Vorschlag leicht machen. So beginnt er damit, daß nur das Einverständnis von ihr vonnöten ist, um das Problem zu lösen.

Der kniffligste Teil der Botschaft, die er da überreicht, ist die Alternative – was geschieht, wenn man nicht zur Übereinkunft gelangt. Wie kann er das klarmachen, damit sie es in ihre Entscheidung einbezieht, ohne die Verhandlungen zu gefährden? Er gründet die Alternative auf einen Sachbezug, der sich auf eine juristische Autorität bezieht – den Mann von der Mietpreisbehörde. Damit kann er sich persönlich von dem Vorschlag distanzieren. Er muß auch nicht einen solchen Schritt definitiv ankündigen. Statt dessen bleibt dies als Möglichkeit im Raum und betont gleichzeitig seine Abneigung gegenüber jeglichem drastischen Schritt. Schließlich bekräftigt er noch seine Zuversicht, daß ein beiderseitig zufriedenstellendes Übereinkommen erreicht wird.

Turnbulls Beste Alternative zur Verhandlungsübereinkunft ist wahrscheinlich weder das Verbleiben in der Wohnung noch der Gang zum Gericht. Er und Paul haben bereits eine andere Wohnung gemietet und würden daher besser sofort ausziehen. Ein Prozeß wäre schwierig, und selbst wenn sie gewinnen würden, wäre es kaum möglich, das Geld einzutreiben. Turnbulls Beste Alternative ist wahrscheinlich wirklich, auszuziehen und die zuviel gezahlten 670 Dollar abzuschreiben. Seine Beste Alternative ist schlechter, als Frau Jones denkt, und darum gibt Turnbull sie auch nicht preis.

»Wir richten uns ganz nach Ihnen«

FRAU JONES: Wann wollen Sie denn ausziehen?
TURNBULL: Wenn wir uns über die angemessene Miete für die Wohnung geeinigt haben, würden wir uns gern ganz nach Ihnen richten. Wann würde es Ihnen denn am besten passen?

Analyse: Turnbull spürt die Möglichkeit zum gemeinsamen Vorteil und zeigt daher seine Bereitschaft, auch auf die Interessen von Frau Jones einzugehen. Wie es aussieht, haben er und Frau Jones das gemeinsame Interesse, daß Turnbull so bald wie möglich auszieht.

Die Einbeziehung ihrer Interessen in die Übereinkunft fördert nicht nur ihre Bereitschaft dazu, sondern gestattet ihr auch, ihr Gesicht zu wahren. Einerseits kann sie ein gutes Gefühl bei der Einwilligung in ein faires Abkommen haben, auch wenn es ihr Geld kostet. Andererseits kann sie sich sagen, daß sie auf diese Weise die Mieter sehr schnell aus der Wohnung bekommen hat.

»Es war uns eine Freude, mit Ihnen zu verhandeln«

TURNBULL: Wir schätzen sehr, Frau Jones, was Sie alles für uns getan haben, und ich bin sehr erfreut, daß wir auch dieses letzte Problem freundlich und gütlich gelöst haben.
FRAU JONES: Vielen Dank, Herr Turnbull. Alles Gute!

Analyse: Turnbull beendet die Verhandlung mit einer abschließenden versöhnlichen Geste gegenüber Frau Jones. Da sie das Problem erfolgreich behandelt haben, und zwar unabhängig von ihrer persönlichen Beziehung, fühlt sich keiner von ihnen betrogen oder verärgert, und keiner wird wohl die Übereinkunft unterlaufen oder brechen. Eine gute Beziehung kann damit auch in Zukunft erhalten bleiben.

Ob Sie sachbezogen verhandeln oder das Verhandlungs-Judo benutzen, wie hier Frank Turnbull, oder ob Sie eine dritte

Partei in den Verhandlungsprozeß einbeziehen – das Ergebnis bleibt gleich: Normalerweise *können* Sie die Gegenseite dazu bringen, beim sachbezogenen Verhandeln mitzuziehen, auch wenn sie auf den ersten Blick ganz und gar nicht dazu bereit zu sein scheint.

3. Und wenn sie schmutzige Tricks anwenden?

Wie man zähe Verhandlungspartner zähmt

Sachbezogenes Verhandeln ist eine schöne Sache – was aber, wenn Ihr Verhandlungspartner Sie betrügt oder Sie aus dem Gleichgewicht bringen will? Oder wenn er neue Forderungen stellt, gerade in dem Moment, wo Sie eine Übereinkunft in Sichtweite haben?

Es gibt viele Taktiken und Tricks, die die Gegenseite verwenden kann, um einen Vorteil zu gewinnen. Jeder von uns kennt selbst welche. Das geht von Lügen und Mißbrauch psychologischer Erkenntnisse bis zu den verschiedenen Formen von Druckausübung. Das alles mag illegal, unmoralisch und schlicht unerfreulich sein. Die Absicht dabei ist, in einem unsachlichen Willenskampf wesentliche Vorteile zu erzielen. Wir wollen solche Taktiken Verhandlungstricks nennen.

Zwei verschiedene Reaktionen herrschen hier vor, wenn Leute sich in solch trickreiche Verhandlungen verstrickt sehen. Die erste Standardreaktion besteht darin, solche Taktiken zu erdulden. Man will nicht noch Öl ins Feuer gießen. Man läßt die Gegenseite im Zweifelsfall gewähren oder man wird ärgerlich und nimmt sich vor, mit diesen Leuten nie wieder etwas anzufangen. Im gegenwärtigen Fall erhofft man sich das beste und bleibt still. Viele Leute reagieren so. Ruhe bewahren, so hofft man, besänftigt auch die Gegenseite und hält sie von weiteren Forderungen ab. Das mag manchmal zutreffen, in den meisten Fällen aber hilft das überhaupt nichts. Der britische Premierminister Neville Chamberlain z. B. reagierte 1938 so auf Hitlers Verhandlungstaktiken. Kaum dachte Chamberlain, daß das

Abkommen unter Dach und Fach war, da schraubte Hitler seine Forderungen in die Höhe. Bei den Münchner Verhandlungen hoffte Chamberlain dann wieder, daß er einen Krieg vermeiden könne, und stimmte allem zu. Ein Jahr später war der Zweite Weltkrieg da.

Die zweite übliche Reaktion besteht darin, mit gleicher Münze zurückzuzahlen. Wenn die anderen unverschämt hohe Forderungen stellen, setzt man selbst unverschämt niedrige Angebote dagegen. Täuschen einen die anderen, so täuscht man sie auch. Drohen sie, kontert man ebenfalls. Graben sie sich in ihrer Position ein, tut man das selbst auch, und zwar noch intensiver. Am Ende gibt eine Seite nach, oder – wie allzuoft – die Verhandlungen scheitern.

Derart trickreiche Taktiken sind illegitim, weil sie nicht umkehrbar sind: Ihr Wesen besteht ja gerade darin, daß nur eine Seite sie anwenden kann. Die Gegenseite sollte diese Taktiken gerade nicht kennen oder sie, selbst wenn sie davon weiß, tolerieren. Wir haben weiter oben schon ausgeführt, daß eine wirkungsvolle Antwort auf einen einseitigen inhaltlichen Vorschlag darin besteht, die dahinterliegenden Kriterien und deren Legitimität zu überprüfen. Verhandlungstricks sind tatsächlich immer einseitige Vorschläge über Verhandlungsverfahren (und nicht über die Inhalte), über das Spiel, das hier getrieben werden soll. Wenn Sie dem entgehen wollen, so müssen Sie nun sachbezogen über den Verhandlungs*prozeß* verhandeln.

Wie verhandelt man über die Spielregeln?

Wenn die Gegenseite offenbar trickreiche Taktiken anwendet, handelt man die Spielregen der Verhandlung am besten in drei Schritten aus: die Taktik erkennen, den Streitpunkt artikulieren und die Legitimität und Annehmbarkeit der Taktik hinterfragen. Darüber sollten Sie dann verhandeln.

Zuerst müssen Sie wissen, was da geschieht, und imstande sein, etwas dagegen zu unternehmen. Gewöhnen Sie sich bestimmte Erkenntnismethoden an, die Sie auf Betrugsmanöver hinweisen – auf solche, die am Ende die Gegenseite in ihrer Position einmauern. Zur Ausschaltung einer Taktik genügt es oft schon, sie zu durchschauen. Wenn Sie zum Beispiel bemerken, daß die Gegenseite Sie persönlich angreift, um Ihre Urteilskraft zu mindern, wird alleine schon diese Erkenntnis den Versuch scheitern lassen.

Haben Sie die Taktik durchschaut, dann sprechen Sie mit der Gegenseite darüber. »Sagen Sie mal, Joe, kann sein, daß ich mich völlig irre; aber ich habe das Gefühl, daß ihr beide hier ein Spiel veranstaltet, in dem einer der »Gute« und einer der »Böse« sein muß. Wenn ihr eure Differenzen austragen wollt, können wir gerne eine Pause machen.« Wenn Sie die Taktik zur Sprache bringen, nehmen Sie dieser nicht nur viel von ihrer Wirkung, sondern sorgen auch dafür, daß die Gegenseite befürchten muß, Sie total zu verärgern. Manchmal reicht es ganz einfach, die Frage nach der Taktik zu stellen, um ihre weitere Anwendung zu verhindern.

Die wichtigste Absicht bei der Artikulation der Taktikfrage besteht dabei darin, daß Sie eine Möglichkeit bekommen, die Spielregeln zum Verhandlungsgegenstand zu machen. Das ist der dritte Schritt. Diese Verhandlung bezieht sich auf die Verfahrensweise und nicht auf die Inhalte; aber das Ziel bleibt dabei, auf gütliche und doch wirkungsvolle Art ein vernünftiges Übereinkommen (hier über die Verfahrensweise) zustandezubringen. Es wird wohl niemanden überraschen, daß die Methode dabei dieselbe ist.

Die Menschen von den Problemen trennen

Auch wenn Sie eine in Ihren Augen illegitime Taktik entdecken: Greifen Sie die Leute nicht persönlich an. Einmal in die Defensive gedrängt, wird es wohl wesentlich schwieriger für sie, die Taktik aufzugeben, und es bleibt ein Rest Ärger zurück, der dann im Inneren nagt und bei anderen Streitpunkten wieder auftaucht. Stellen Sie die Taktik in Frage, nicht die persönliche Integrität der anderen. Sagen Sie nicht: »Sie haben mich absichtlich auf den Platz gesetzt, wo mir die Sonne voll ins Gesicht scheint.« Gehen Sie lieber das Problem an: »Mich stört die Sonne, die mir da ins Gesicht scheint. Wenn wir das nicht abstellen können, muß ich mich bald zurückziehen und ausruhen. Sollen wir die Tagesordnung ändern?« Es ist leichter, den Verhandlungsprozeß zu verändern als die Menschen, mit denen man es zu tun hat. Lassen Sie sich nicht von der Verhandlung selbst ablenken, nur weil es Sie reizt, die anderen zu belehren.

Konzentrieren Sie sich auf Interessen, nicht auf Positionen

»Warum binden Sie sich in der Presse öffentlich an eine derart extreme Position? Wollen Sie sich gegen Kritik absichern? Oder wollen Sie sich selbst davor bewahren, Ihre Position zu ändern? Wäre es in unser beider Interesse, wenn wir beide diese Taktik anwenden würden?«

Entwickeln Sie Optionen für beiderseitigen Nutzen

Schlagen Sie anderen Spielregeln vor. »Wie wäre es, wenn wir gegenüber der Presse keine Stellungnahmen mehr abgeben, bis wir ein Abkommen haben oder die Verhandlungen abbrechen?«

Bestehen Sie auf objektiven Kriterien

Seien Sie bei alledem im Grundsätzlichen hart. »Gibt's einen Grund dafür, warum ich in dem tiefen Stuhl direkt vor der offenen Tür sitzen soll?« Machen Sie den Gegenseitigkeits-Test: »Ich nehme an, daß morgen Sie in diesem Stuhl sitzen wollen?« Suchen Sie jeweils hinter der Taktik einen Vorschlag für eine »Spielregel«. »Sollen wir uns abwechselnd jeden Tag Kaffee übergießen?«

Wenn alles nichts hilft, greifen Sie zu Ihrer Besten Alternative und ziehen sich zurück. »Ich habe den Eindruck, daß Sie hier nicht an Verhandlungen interessiert sind, von denen wir beide ein Ergebnis erwarten können. Hier haben Sie meine Telefonnummer. Wenn ich mich geirrt habe: Ich bin jederzeit wieder zu Gesprächen bereit, wenn Sie das wollen. Bis dahin können wir ja die gerichtliche Auseinandersetzung weiterverfolgen.« Wenn Sie die Verhandlungen aus eindeutig berechtigten Gründen verlassen (etwa wenn die Gegenseite Sie absichtlich über Tatsachen auf ihrer Seite getäuscht hat), werden Sie wohl an den Verhandlungstisch zurückgeholt werden, wenn die anderen aufrichtig an einer Übereinkunft interessiert sind.

Ein paar übliche Verhandlungstricks

Man kann die taktischen Tricks in drei Kategorien einteilen: absichtlicher Betrug, psychologische Kriegsführung und Druck auf Positionen. Sie sollten sich darauf vorbereiten, mit allen dreien zurechtzukommen. Wir geben im folgenden eine Anzahl häufiger Grundtypen solcher Tricks an und zeigen dazu jeweils, wie man durch sachbezogenes Verhandeln kontern kann.

Absichtlicher Betrug

Die wohl häufigste Form schmutziger Tricks ist die Täuschung über Tatsachen, Zuständigkeiten und Absichten.

Gefälschte Fakten. Die älteste Form von Verhandlungstricks besteht in der Behauptung bewußt falscher Angaben: »Dieses Auto hat eine alte Frau nur 10000 km gefahren und immer nur mit höchstens 50 Stundenkilometern.« Die Gefahr, mit solchen falschen Informationen hereingelegt zu werden, ist groß. Was kann man dagegen tun?

Zuerst: Trennen Sie wieder die Menschen vom Problem. Solange Sie keine wirklich guten Gründe haben, jemandem zu trauen, sollten Sie es lassen. Sie müssen ihn deshalb noch lange nicht als Lügner bezeichnen. Es bedeutet vielmehr, daß Sie den Verhandlungsprozeß unabhängig von der Frage des Vertrauens vorantreiben sollten. Lassen Sie es auch nicht zu, daß jemand Ihre Zweifel als persönlichen Angriff wertet. Kein Verkäufer wird Ihnen wohl eine Uhr oder ein Auto nur deshalb überlassen, weil Sie behaupten, daß Sie Geld auf der Bank haben. Und wie der Verkäufer sich ganz routinemäßig über Ihre Kreditwürdigkeit informiert (»Sie glauben gar nicht, wie viele Leute es heute gibt, die die Bedingungen nicht erfüllen...«), können Sie ganz analog auch mit Ihrem Gegenüber umgehen. Überprüfen Sie, verifizieren Sie die Angaben der Gegenseite, das läßt die Neigung zum Betrug sinken und mindert auch Ihr Risiko, hereingelegt zu werden.

Unklare Vollmachten. Manchmal läßt einen die Gegenseite im Glauben, sie habe – ebenso wie Sie – uneingeschränkte Verhandlungsvollmacht, obwohl das nicht zutrifft. Später, nachdem die anderen aus Ihnen alles herausgeholt haben und Sie im guten Glauben mitgemacht haben, daß das nun eine feste Abmachung sei, erklärt die Gegenseite, daß man da noch jemanden um Zustimmung fragen muß. Damit suchen die Partner sich sozusagen ein Hintertürchen offen zu halten.

Es ist unangenehm, in eine derartige Lage zu geraten. Denn

wenn auf Ihrer Seite nur Sie die Vollmacht zu Konzessionen haben, werden Sie ja am Ende auch für Zugeständnisse verantwortlich sein.

Nehmen Sie deshalb sicherheitshalber an, daß Ihre Verhandlungspartner nicht unbedingt eine Entscheidungsbefugnis haben, nur weil sie bei der Verhandlung anwesend sind. Der Sachbearbeiter einer Versicherung, ein Rechtsanwalt, ein Verkäufer läßt Sie gerne im Glauben, daß Ihrer Flexibilität eine ebenso große der Gegenseite entspricht. Später bekommen Sie heraus, daß das, was Sie für ein Übereinkommen hielten, von der Gegenseite nur als Grundlage für weitere Verhandlungen betrachtet wird.

Ehe Sie also das Geben und Nehmen anfangen, suchen Sie zuerst einmal die Kompetenz der anderen zu ergründen. Es ist völlig legitim nachzufragen: »Welche Vollmachten haben Sie denn in diesen Verhandlungen?« Erhalten Sie keine eindeutige Antwort, dann äußern Sie den Wunsch nach einem Gespräch mit jemandem, der wirklich entscheidungsbefugt ist, oder machen Sie klar, daß sonst auch Sie die Freiheit beanspruchen, jeden vereinbarten Punkt erneut in Frage zu stellen.

Erklärt die Gegenseite unerwartet, daß sie das, was Sie für ein Übereinkommen gehalten haben, nur als Basis für weitere Verhandlungen ansieht, dann bestehen Sie auf Gegenseitigkeit. »Gut. Behandeln wir das Ganze als gemeinsamen Entwurf, an den keiner von uns gebunden ist. Sie besprechen das mit Ihrem Chef; ich überschlafe alles noch mal und sehe zu, ob ich noch etwas ändern will. Das würde ich dann morgen vorschlagen.« Oder: »Wenn Ihr Chef den Entwurf morgen billigt, gilt er auch für mich. Ansonsten kann jeder von uns Änderungen vorschlagen.«

Zweifelhafte Absichten. Geht es darum, ob die Gegenseite sich wirklich an das Abkommen halten will oder wird, kann man entsprechende Klauseln in die Übereinkunft einbauen.

Ein Beispiel: Nehmen Sie an, Sie vertreten als Rechtsanwalt eine Frau in deren Scheidungsangelegenheit. Ihre Klientin glaubt nicht, daß ihr Mann für die Kinder aufkommen wird, auch wenn er eine solche Auflage akzeptiert. Sie hat Angst, die Alimente jeden Monat vor Gericht erstreiten zu müssen. Was können Sie da tun? Artikulieren Sie das Problem und nutzen den Protest der Gegenseite, Garantien zu erwirken.

Sagen Sie etwa zum Anwalt des Mannes: »Sehen Sie, meine Klientin hat Angst, daß das mit der Unterstützung der Kinder nicht klappt. Wie wäre es, wenn man die monatlichen Zahlungen mit Hilfe einer Hypothek auf das Haus absichert?«

Der Gegenanwalt darauf in etwa: »Mein Klient ist absolut vertrauenswürdig. Wir nehmen die regelmäßige Zahlung der Alimente in den Vertrag auf, und er wird die Unterstützung pünktlich bezahlen.«

Sie antworten nun: »Das ist nicht eine Frage des Vertrauens. Sind Sie sicher, daß Ihr Klient bezahlen wird?«

»Natürlich.«

»Hundertprozentig?«

»Hundertprozentig sicher.«

»Dann werden Sie nichts gegen folgendes Abkommen haben. Ihr Klient stimmt monatlichen Unterhaltszahlungen zu. Wir sehen aber im Vertrag vor: Für den Fall – den Sie für ausgeschlossen halten –, daß er zwei Monatszahlungen in Verzug kommt, wird die von uns vorgeschlagene Hypothek eingetragen.«

Der Gegenanwalt wird da wohl kaum Einwände geltend machen können.

Unvollständige Information ist nicht dasselbe wie Betrug.

Absichtlicher Betrug über Fakten oder Absichten ist etwas ganz anderes als das Verschweigen eigener Gedanken. Gutgläubiges Verhandeln erfordert keineswegs ständige Enthüllungen. Werden Sie z. B. gefragt: »Wieviel würden Sie maximal bezahlen, wenn Sie in dieser Lage wären?«, dann antworten Sie am besten etwa so: »Wir sollten uns nicht selbst in Versuchung bringen und uns gegenseitig irreführen. Wenn Sie meinen, daß eine Einigung nicht möglich ist und wir nur unsere Zeit vergeuden, können wir unsere Vorstellungen vielleicht einer dritten Partei gegenüber entwickeln, die uns dann sagt, ob es Spielräume für mögliche Abkommen gibt.« Auf diese Weise bleibt man offen, ohne seine Gedanken enthüllen zu müssen.

Psychologische Kriegsführung

Derartige Taktiken dienen dazu, daß Ihnen unbehaglich zumute wird, so daß Sie den unbewußten Wunsch nach möglichst baldigem Ende der Verhandlungen bekommen.

Streßsituationen. Über die physischen Umstände, unter denen Verhandlungen geführt werden, ist schon viel geschrieben worden. Sie sollten durchaus auf so simple Fragen achten wie die, ob das Treffen bei Ihnen oder bei der Gegenseite oder auf neutralem Boden zustande kommt. Im Gegensatz zur verbreiteten Meinung kann es manchmal durchaus vorteilhaft sein, wenn man das Angebot zu einem Treffen bei der Gegenseite annimmt. Für die anderen ist das bequem und macht sie vielleicht offener Ihren Vorschlägen gegenüber. Wenn nötig, ist es für Sie auch leichter, wieder aufzubrechen. Wenn Sie übrigens der Gegenseite die Wahl des Ortes gestatten, passen Sie auf, wie diese Wahl aussieht und welche Konsequenzen sie hat.

Suchen Sie sich darüber klarzuwerden, ob Sie unter Streß stehen; und wenn ja, warum. Ist Ihnen der Raum zu laut, die Temperatur zu hoch oder zu niedrig, steht kein Raum für ein vorbereitendes Gespräch mit einem Kollegen zur Verfügung – dann sehen Sie zu, ob das nicht alles absichtlich so arrangiert wurde, damit Sie die Verhandlungen schnell beenden wollen und, wenn notwendig, auch an bestimmten Punkten nachgeben, um zu einem Ende zu kommen.

Finden Sie die Umgebung irgendwie schon so vor, daß bestimmte Entscheidungen vorweggenommen wurden, dann zögern Sie nicht, das auch zu sagen. Schlagen Sie vor, die Stühle zu tauschen, sorgen Sie für eine Unterbrechung, vertagen Sie sich auf einen anderen Ort oder eine andere Zeit. Sie müssen auf alle Fälle herausfinden, warum das alles so ist (auch gemeinsam mit der Gegenseite), und dann handeln Sie nach objektiven und sachlichen Gesichtspunkten bessere physische Begleitumstände aus.

Persönliche Angriffe. Über die Manipulation der physischen Umgebung hinaus kann die Gegenseite Ihnen auch mit Hilfe verbaler und nonverbaler Kommunikation unbehagliche Gemütszustände verschaffen. Etwa durch Bemerkungen über Ihre Kleider oder Ihre Erscheinung. »Sie sehen übernächtigt aus. Läuft im Geschäft nicht alles nach Wunsch?« Oder indem man Ihre persönliche Stellung dadurch mindert, daß man Sie warten läßt, oder indem man die Verhandlungen unterbricht und sich mit anderen Leuten befaßt. Man kann Sie als inkompetent behandeln. Dann können die Leute auf der Gegenseite auch so tun, als würden sie nicht zuhören und Sie um Wiederholung bitten. Sie können ostentativ den Augenkontakt mit Ihnen meiden (einfache Experimente mit Studenten haben ergeben, wie ungut sich die meisten Menschen in solchen Situationen fühlen – ohne aber deshalb dieses Problem bewußt zu erfassen). Auf alle Fälle wird die Erkenntnis einer solchen Taktik schon helfen, ihre Wirkung zu mindern. Artikuliert man es ausdrücklich, so kommt es aller Wahrscheinlichkeit nach auch zu keiner Wiederholung.

Einer spielt den »Guten«, der andere den »Bösen«. Dieses Spiel ist ebenfalls ein betrügerisches Manöver im Rahmen psychologischer Kriegsführung. Am deutlichsten kommt das in alten Kriminalfilmen zum Ausdruck. Der erste Polizist schüchtert den Verdächtigen mit dem Vorhalt unzähliger Verbrechen ein, strahlt mit einer starken Lampe direkt in sein Gesicht, beutelt ihn, bricht plötzlich ab und geht weg. Dann kommt der gute Mann und nimmt die Lampe weg, bietet dem Verdächtigen eine Zigarette an und entschuldigt sich für den bösen Polizisten. Er sagt, daß er den bösen Mann gerne in die Schranken weisen würde, aber solange der Verdächtige nicht kooperiere, gehe das eben nicht. Ergebnis: Der Verdächtige sagt alles, was er weiß.

Analog die Szene im Antiquariat. Die beiden Besitzer tun, als würden sie streiten. Der eine gibt sich hart: »Diese Bücher kosten zusammen 10000 DM, und keinen Pfennig weniger.« Sein Kollege sieht etwas gequält und verlegen aus. Schließlich legt er los: »Frank, du bist unvernünftig. Schließlich sind die Bücher alle nicht sehr gut erhalten.« Dann dreht er sich zum Interessenten um: »Wären die Bücher Ihnen denn 9500 DM wert?« Das Zugeständnis ist kaum der Rede wert; aber es sieht aus wie ein großer Gefallen, den der Verkäufer dem Kunden tun will.

Auch dieses Spiel ist eine Form psychologischer Manipulation. Wenn Sie es durchschauen, werden Sie kaum mehr darauf hereinfallen. Wenn der »Gute« mit seiner Darstellung beginnt, fragen Sie ihn dasselbe wie schon vorher den »Bösen«: »Freut mich, daß Sie vernünftig sein wollen, aber ich würde bei alledem gerne wissen, warum Sie nun ausgerechnet Ihren Preis für fair halten? Nach welchem Kriterium bemessen Sie ihn denn? Ich bin auch bereit, 10000 DM zu bezahlen, wenn Sie mich davon überzeugen, daß es ein angemessener, fairer Preis ist.«

Drohungen. Drohungen gehören zu den meistverwendeten Taktiken bei Verhandlungen. Sie scheinen zunächst leicht anwendbar – viel leichter als ein Angebot. Man braucht nur ein paar Worte dazu, und wenn sie wirken, muß man die Drohung auch nicht verwirklichen. Aber Drohungen können Gegendrohungen provozieren und eine Spirale in Gang setzen, die die ganze Verhandlung aus dem Gleis bringt und sogar die persönlichen Beziehungen zerstören kann.

Drohungen sind eine Form von Druck. Und Druck bewirkt oft nur das Gegenteil von dem, was man damit beabsichtigt; er erzeugt Gegendruck. Die Entscheidung wird für die Gegenseite dadurch oft nicht leichter, sondern schwieriger. Gewerkschaften, Komitees, Gesellschaften, Regierungen rücken oft dichter zusammen, wenn Druck von außen kommt. Falken und Tauben schließen sich fester zusammen zum Widerstand gegen das, was sie als illegitimen Versuch zur Nötigung empfinden. Die Frage wendet sich ab vom »Sollen wir so entscheiden« hin zum »Sollen wir äußerem Druck nachgeben?«

Gute Verhandelnde nehmen selten zu Drohungen Zuflucht. Sie haben das nicht nötig. Es gibt andere Wege, dieselbe Information der anderen Seite zu vermitteln. Erscheint eine Darstellung der Konsequenzen, die aus den Handlungen der Gegenseite absehbar sind, angebracht, sollten Sie nur diejenigen Folgen ausmalen, die unabhängig von Ihrem Willen sind und nicht die, die Ihnen gerade einfallen. *Warnungen* sind viel legitimer als Drohungen und vor allem nicht so anfällig gegenüber Gegendrohungen: »Sollten wir nicht zu einer Übereinkunft kommen, ist es meiner Ansicht nach sehr wahrscheinlich, daß die Presse die gesamte Story veröffentlichen will. Ich habe keine Ahnung, wie wir das legitimerweise unterdrücken können. Haben Sie eine Vorstellung?«

Wenn Drohungen wirken sollen, müssen sie auch glaubwürdig übermittelt werden. Darum kann man sie manchmal schon im Kommunikationsprozeß abfangen. Sie können Drohungen dann einfach ignorieren. Sie können sie als unglaubwürdig, nur mal so hingesprochen oder schlicht als irrelevant betrachten. Sie können dafür sorgen, daß es für den Drohenden gefährlich wird, so weiterzumachen. In einem Bergwerk, in dem einer der Autoren dieses Buches kürzlich zu tun hatte, wurden zahlreiche Bombendrohungen registriert. Sie verschwanden aber sofort, als die Telefonistin der Gesellschaft jeden Anruf mit den Worten einleitete: »Dieses Gespräch wird aufgezeichnet. Welche Nummer haben Sie gewählt?«

Manchmal kann man Drohungen auch in politische Vorteile verwandeln. Eine Gewerkschaft z. B. kann der Presse mitteilen: »Die Firmenleitung hat so wenig in der Hand, daß sie zu Drohungen Zuflucht nehmen muß.« Aber die beste Antwort auf Drohungen ist doch wohl die sachbezogene: »Wir haben eine Reihe von Gegenmaßnahmen gegen jede der üblichen Drohungen seitens der Firmenleitung vorbereitet. Wir werden aber vorläufig von solchen Aktionen absehen, bis wir uns darüber klar sind, ob wir uns mit dem Unternehmen darüber einigen können, daß Drohungen nicht gerade die konstruktivste Handlungsweise für uns alle sind.« Oder: »Ich verhandle nur über Inhalte. Ich bin bekannt dafür, daß ich niemals auf Drohungen reagiere.«

Druck auf Positionen

Diese Taktik zielt auf die Schaffung einer Situation, in der nur eine der beiden Seiten Zugeständnisse machen kann.

Die Weigerung zu verhandeln. Als die amerikanischen Diplomaten und das Botschaftspersonal im November 1979 in Teheran als Geiseln genommen wurden, verkündete die iranische Regierung ihre Forderungen und weigerte sich zu verhandeln. Rechtsanwälte verfahren oft ähnlich; sie sagen dem Gegenanwalt nur: »Wir sehen uns vor Gericht.« Was kann man nun tun, wenn sich diese Gegenseite schlicht zu verhandeln weigert?

Seien Sie sich zuerst einmal darüber im klaren, daß diese Taktik ein möglicher Verhandlungszug ist: ein Versuch, den Eintritt in die Verhandlungen schon als Teil des Ringens um Zugeständnisse zu nutzen. Eine Variante dieses Schachzugs besteht darin, bereits vor den Verhandlungen Bedingungen für diese zu stellen.

Dann sollten Sie über diese Weigerung selbst sprechen. Versuchen Sie das direkt mit der Gegenpartei oder auch über Dritte. Greifen Sie die anderen wegen dieser Verweigerung nicht an, versuchen Sie aber herauszufinden, welche Interessen die anderen zum Nichtverhandeln veranlassen. Vielleicht haben sie Sorge, daß Sie durch Verhandlungen aufgewertet werden? Haben die potentiellen Verhandlungspartner Angst, als zu »weich« kritisiert zu werden? Meinen sie, daß Verhandlungen ihre wertvolle internationale Solidarität zerstören könnten? Oder glauben sie einfach, daß ein Abkommen nicht möglich ist?

Schlagen Sie ein paar Wahlmöglichkeiten vor, etwa Verhandlungen über Dritte, briefliche Verhandlungen, oder ermuntern Sie nichtbetroffene Personen, wie etwa Journalisten, die Streitfrage zu diskutieren (wie das im Fall der Iran-Geiseln tatsächlich geschah).

Und schließlich: Achten Sie wiederum auf Grundprinzipien. Ist der vorgeschlagene Weg das, was die anderen von Ihnen wollen? Wollen die anderen, daß auch Sie Vorbedingungen stellen? Wollen sie lediglich Dritte aus den Verhandlungen heraushalten? Welche Grundprinzipien sind, von der Gegenseite her gesehen, der Lage wohl angemessen?

Extreme Forderungen. Viele Verhandelnde beginnen mit ganz extremen Vorschlägen. Etwa wenn einer 120000 DM für Ihr Haus bietet, das ganz offensichtlich 500000 DM wert ist. Damit sollen Ihre Erwartungen schon mal heruntergeschraubt werden. Manche meinen auch, daß eine extreme Eingangsforderung dann das Endresultat für sie verbessert. Das geht von der Vorstellung aus, daß am Schluß die Parteien doch die Differenz zwischen Angebot und Nachfrage in der Mitte teilen. Dabei gibt es aber Kehrseiten der Medaille, selbst für trickreiche Verhandlungspartner. Wenn man nämlich extreme Forderungen stellt, die die anderen als überzogen durchschauen, so untergräbt man die eigene Glaubwürdigkeit. Eine solche Eröffnung der Verhandlung kann den ganzen Handel unmöglich machen. Wenn die Gegenseite zu wenig anbietet, könnte ja bei Ihnen der Eindruck entstehen, daß die Mühe gar nicht lohnt.

Auch hier ist es sinnvoll, diese Taktik aufzudecken und zu artikulieren. Fragen Sie nach sachbezogener Rechtfertigung für die vertretene Position – so lange, bis diese Position auch denen, die sie vertreten, lächerlich erscheint.

Nachgeschobene Forderungen. Manche Verhandlungspartner schrauben ihre Forderungen als Gegenzüge zu jeder ihrer eigenen Konzessionen höher. Mitunter treten plötzlich Streitpunkte wieder auf, die Sie schon für beigelegt hielten. Das Ziel ist dabei, das gemachte Zugeständnis wieder einzuschränken, sowie der psychologische Effekt, daß Sie, um neue Forderungen der anderen zu vermeiden, zu einer schnellen Einigung bereit sind.

Der Premierminister von Malta benutzte diese Taktik 1971 bei seinen Verhandlungen über militärische Stützpunkte mit Großbritannien. Jedesmal wenn die Briten glaubten, daß man sich einig sei, kam der Premier mit Sätzen wie »Gut, einverstanden; aber da gibt es noch ein kleines Problem.« Und das »kleine Problem« wuchs sich alsbald aus zu einer Vorauszahlung von 10 Millionen Pfund Sterling in bar als Garantie für Arbeitsplätze auf den Docks und den Flugbasen während der gesamten Laufzeit des Vertrages.

Wenn Sie eine derartige Taktik erkennen, lassen Sie es die Gegenseite wissen und unterbrechen dann die Verhandlungen, um sich darüber klarzuwerden, ob und auf welcher Basis Sie überhaupt fortfahren wollen. Damit verhindern Sie eine impulsive Reaktion und machen die Gegenseite gleichzeitig darauf aufmerksam, wie ernst Sie das Ganze nehmen. Wiederum sollten Sie dann auf Grundprinzipien achten. Sie werden sehen, daß alle viel ernsthafter verhandeln, wenn Sie zurückkommen.

Die Taktik, sich festzulegen. Thomas Schelling hat hierfür ein bezeichnendes Beispiel gegeben. Zwei mit Dynamit beladene Lastwagen begegnen sich auf einer einspurigen Straße. Einer von ihnen muß in den Straßengraben, um einen Zusammenstoß zu vermeiden. Während die beiden aufeinander zufahren, zieht der eine Fahrer das Steuerrad aus der Lenkstange und wirft es aus dem Fenster. Der andere sieht das und hat nun die Wahl zwischen einem Zusammenstoß mit Explosionsgefahr oder dem Weg in den Graben. In diesem Beispiel wird besonders extrem mit der Festlegungstaktik gearbeitet. Ein Nachgeben gibt es gewissermaßen gar nicht. Hier wird paradoxerweise Ihre Verhandlungsposition gestärkt, indem Sie die Entscheidungskontrolle über die Situation verlieren.

Bei Arbeitskämpfen und internationalen Verhandlungen wird diese Taktik vielfach angewandt. Ein Gewerkschaftsführer erklärt in einer mitreißenden Ansprache seinen Verbandsmitgliedern, daß er auf keinen Fall weniger als 15% Lohnerhöhung akzeptieren wird. Nun würde er Gesicht und Glaubwürdigkeit verlieren, wollte er sich mit weniger zufrieden geben und kann seine Forderung nach zusätzlichen 15% den Arbeitgebern gegenüber überzeugender vertreten.

Aber auf diese Art sich festzulegen ist zugleich auch immer ein Glücksspiel. Unter Umständen schüchtern Sie die Gegenseite wirklich ein, sie macht eine Konzession – und muß diese dann ihrem eigenen Auftraggeber erst einmal verständlich machen.

Auch hier ist die Art der Vermittlung wieder entscheidend. Sieht z. B. der zweite Dynamitfahrer das aus dem Fenster fliegende Lenkrad nicht oder glaubt, das andere Fahrzeug habe irgendeine Ersatzlenkung, dann hat das Ganze keineswegs den erhofften Effekt. Und dann stehen beide Fahrer unter dem Druck, den Zusammenstoß zu vermeiden.

Das heißt, Sie müssen als Antwort auf eine solche Taktik die Vermittlungswege (die Kommunikation ganz allgemein) unterbrechen. Oder Sie können die angeblich unveränderbar gewordene Position so interpretieren, als wäre sie gar nicht so unverrückbar. »Ach ja, ich sehe das. Sie haben der Presse mitgeteilt, daß Sie auf das Ziel eines Abkommens über 500000 DM hinarbeiten. Wir haben ja alle so unsere Vorstellungen, nehme ich an. Wollen Sie meine mal hören?« Oder Sie können einen Witz loslassen und die Festlegung der anderen Seite einfach nicht ernst nehmen.

Man kann solche Festlegungen auch sachbezogen zurückweisen: »Schön, Bob, ich verstehe, Sie haben diese Aussage veröffentlicht. Nun entspricht es aber meinen Grundsätzen, niemals Druck nachzugeben, sondern nur vernünftiger Argumentation. Wir wollen also nun über die Sachfragen sprechen.« Was immer Sie auch tun – vermeiden Sie jedenfalls, daß diese Festlegung zu einer zentralen Frage wird. Spielen Sie sie herunter, so daß die Gegenseite sich unauffälliger daraus zurückziehen kann.

Dickköpfige Partner. Die wohl am meisten verbreitete Verhandlungstaktik zur Vermeidung eines Nachgebens besteht darin, daß Sie behaupten, Sie selbst würden keine Einwände gegen die Vorschläge haben. Aber der dickköpfige Partner wolle das einfach nicht. »Das ist ein wirklich vernünftiger Gedanke, ich bin ganz der Meinung. Aber meine Frau zieht hier absolut nicht mit mir mit.«

Durchschauen Sie die Taktik. Sie sollten sie jedoch nicht mit dem Verhandlungspartner diskutieren; sehen Sie zu, daß Sie statt dessen mit ihm über das dahinterstehende Grundprinzip einig werden – wenn es sein muß, schriftlich –, und dann sprechen Sie, wenn möglich, mit dem »dickköpfigen Partner«.

Verzögerungstaktik. Häufig schieben Verhandlungspartner die Entscheidung auf, bis sie denken, es sei ein günstiger Zeitpunkt in Sicht. Bei Arbeitskonflikten warten die beiden Seiten oft bis wenige Stunden vor Streikbeginn, wobei die Gewerkschafter vor allem darauf vertrauen, daß mit dem Herannahen des festgesetzten Zeitpunkts der Druck auf die Unternehmen zu mehr Nachgiebigkeit führt. Unglücklicherweise ist das aber oft eine Fehleinschätzung. Der Termin verstreicht und der Streik beginnt. Hat er aber eingesetzt, so wird nun die Unternehmerseite einen für sie günstigen Zeitpunkt abwarten, etwa wenn die Streikkassen leer sind. Das Warten auf den »günstigen Augenblick« kann sehr teuer werden.

Natürlich müssen Sie auch hier die Taktik einsehbar machen und darüber verhandeln. Außerdem sollten Sie aber auch der Gegenseite zeigen, daß deren Chancen schwinden. Nehmen wir an, Sie vertreten eine Gesellschaft bei Fusionsverhandlungen mit einer anderen. Beginnen Sie im Falle der Verzögerungstaktik Gespräche mit einer dritten Gesellschaft und erkunden Sie die Möglichkeiten einer Fusion mit dieser. Suchen Sie nach objektiven Bedingungen für die Festsetzung von Fristen und Stichtagen, etwa die jährlichen Steuertermine, die Jahresversammlung des Unternehmerverbandes, das Auslaufen von Verträgen, das Ende einer Legislatur-Periode.

»Nehmen Sie an oder lassen Sie's bleiben!« Es ist nicht unredlich, die Gegenseite mit einem Katalog festgelegter Wahlmöglichkeiten zu konfrontieren. Tatsächlich verlaufen die meisten Geschäfte so. Wenn Sie im Supermarkt Butter für 2,50 DM sehen, werden Sie kaum mit dem Geschäftsführer feilschen wollen. Solche Geschäfte laufen effizient, aber mit Verhandlungen haben sie nichts zu tun. Es gibt dabei keinen interaktiven Entscheidungsprozeß. Andererseits ist es jedoch durchaus legitim, wenn man nach langen Verhandlungen mit der Formel abschließt: »Nehmen Sie an oder lassen Sie's bleiben!«, wenngleich man dies sicherlich höflicher formulieren sollte. Wollen Sie diese Taktik nicht ausdrücklich anerkennen, so tun Sie zuerst am besten so, als hätten Sie nichts gehört. Wechseln Sie den Gesprächsstoff, bringen Sie möglicherweise andere Lösungen vor.

Wenn Sie das Ganze zum Thema machen, zeigen Sie der Gegenseite, was diese zu verlieren hat, wenn es zu keiner Übereinkunft kommt, und halten Sie nach einem Weg Ausschau, der sie das Gesicht wahren läßt – etwa die Veränderung der Rahmenbedingungen. Wenn der Unternehmer z. B. 3,5% Lohnerhöhung als »äußerste Grenze« angeboten hat, könnte die Gewerkschaft erwidern: »Ihr letztes Angebot wurde ja gemacht, ehe wir unseren gemeinsamen Ansatz zur Verbesserung der Arbeitsproduktivität vorgestellt hatten.«

Lassen Sie sich nicht zum Opfer machen

Oft läßt sich nicht genau klären, was es bedeutet, »in gutem Glauben« zu verhandeln. Es gibt da Unterschiede in der Bewertung. Fragen Sie sich deshalb etwa: Käme ich bei einem solchen Ansatz wohl mit einem Freund oder einem Familienmitglied zu Rande? Wäre ein solches Handeln in der Literatur einem Helden oder einem Schurken angemessen? Wenn alles, was ich gesagt habe, in der Zeitung stünde, käme ich da in Verlegenheit? Solche Fragen sollen Sie nicht etwa durch Dritte beantworten lassen, sondern Sie sollten Ihre eigenen inneren Wertvorstellungen klären. Sie müssen am Ende selbst entscheiden, ob Sie Taktiken anwenden wollen, die Sie selbst als unrecht empfinden und die Ihnen als Vertrauensbruch erscheinen würden, wenn man sie gegen Sie verwenden würde.

Es ist sicherlich nützlich, wenn man bei Verhandlungsbeginn sagt: »Sehen Sie, ich weiß sehr gut, daß das unüblich ist, aber ich würde gerne die Spielregeln für unser Tun kennen. Wollen wir beide ein vernünftiges Übereinkommen so schnell und mit so geringem Aufwand wie möglich erreichen? Oder wollen wir hart darum feilschen, daß der eigensinnigere von uns gewinnt?« Was immer Sie auch machen – schützen Sie sich gegen Tricks. Sie können immer mindestens so stark sein wie die Gegenseite – sogar stärker. Denn es ist immer leichter, Prinzipien und Sachgehalte zu verteidigen als zweifelhafte Winkelzüge.

Drei Punkte zum Schluß

1. Sie wußten das doch schon immer

In diesem Buch steht nichts, was Sie nicht schon mehr oder weniger aus eigenem Erleben wußten. Wir wollten hier weit verbreitete Erfahrungen und das allgemeine Empfinden so organisieren, daß ein brauchbarer Handlungs- und Denkrahmen dabei herauskam. Je mehr sich diese Vorstellungen mit Ihren Kenntnissen und Ihrer Intuition decken, um so besser. Wir haben diese Methode gewieften Anwälten und erfahrenen Geschäftsleuten vermittelt, und diese haben uns gesagt: »Jetzt wird mir erst richtig klar, was ich immer getan habe, und warum das alles funktioniert hat«, und: »Ich weiß, daß das, was Sie sagen, richtig ist, weil es mir irgendwie schon bewußt war.«

2. Lernen durch Erfahrung

Ein Buch kann Sie stets nur in eine gewisse erfolgversprechende Richtung lenken. Indem es Ihnen Ihre eigenen Ideen und Ihr Tun bewußt macht, kann es Ihr Lernen unterstützen.

Aber niemand außer Ihnen selbst kann Sie zum Experten machen. Wenn Sie ein Buch über Aerobic oder Fitneß-Training lesen, sind Sie noch lange nicht fit. Und wenn Sie etwas über Tennis, Schwimmen, Fahrradfahren oder Reiten lesen, werden Sie noch lange kein Meister darin. Beim Verhandeln ist das nicht anders.

3. »Siegen«

1964 spielten ein amerikanischer Vater und sein zwölfjähriger Sohn im Londoner Hyde-Park Frisbee. In England war das damals noch ziemlich unbekannt, und eine Anzahl von Spaziergängern schauten der Sache zu. Dann trat ein Engländer mit einem klassischen Homburg auf dem Kopf an die beiden heran und fragte den Vater: »Tut mir leid, wenn ich störe. Ich habe Ihnen eine Viertelstunde zugesehen. Wer von Ihnen wird denn gewinnen?«

In den meisten Fällen ist es ziemlich unangebracht, Verhandlungspartner zu fragen »Wer gewinnt denn?« – so unangebracht, wie wenn man bei einer Heirat nach dem Sieger fragen würde. Sollten Sie sich das wirklich fragen, dann haben Sie, jedenfalls was Ihre Heirat angeht, die wichtigste Verhandlung tatsächlich verloren – die Verhandlung über die gültigen Spielregeln, über die Art, einander zu behandeln und über Ihre gemeinsamen und auch unterschiedlichen Interessen.

Dieses Buch handelt davon, wie man dieses wichtige Spiel »gewinnt« – wie man nämlich das Verfahren zur Überwindung von Differenzen zwischen den Menschen verbessert. Um besser zu sein, sollte das Verfahren natürlich auch gute und konkrete Resultate aufweisen. Das Gewinnen in Sachfragen ist dabei sicher nicht das einzige Ziel. Umgekehrt geht es aber auch nicht darum, zu verlieren. Theorie und Praxis belegen, daß die Methode des sachbezogenen Verhandelns auf lange Sicht ebenso gute oder gar bessere inhaltliche Resultate zeigt als jede andere Verhandlungsstrategie. Darüber hinaus aber wird sie effizienter sein und hinsichtlich der menschlichen Beziehungen weniger Nachteile verursachen. Wir selbst finden die Methode praktisch und hoffen, daß es Ihnen ebenso gehen wird.

Das soll nicht heißen, daß man seine Verhaltensweisen so leicht ändern kann, daß man ohne weiteres die Emotionen von den Sachbezügen trennen oder gar andere Menschen dazu veranlassen kann, gemeinsame Probleme in vernünftigen Lösungsschritten zu bearbeiten. Sie sollten sich von Zeit zu Zeit daran erinnern, daß der erste angepeilte Gewinn darin bestehen muß, eine bessere Verhandlungsmethode zu finden – einen Weg nämlich, der Sie nicht zur Wahl zwingt zwischen der Befriedigung, das Gewünschte zu bekommen, und dem Gefühl, ein netter Mensch zu sein. Sie können beides haben.

IV. Zehn Leserfragen über *Das Harvard-Konzept*

Fragen über Fairneß und »sachgerechtes« Verhandeln

Frage 1: »Macht Feilschen um Positionen jemals *Sinn?«*

Das Feilschen um Positionen ist einfach; daher überrascht nicht, daß die Leute es oft praktizieren. Es erfordert keine Vorbereitung, ist überall verständlich (manchmal kann man sogar die Hände einsetzen, wenn beide Seiten keine gemeinsame Sprache haben), und in manchen Kulturen ist es verwurzelt und wird es erwartet. Im Gegensatz dazu erfordert die Suche nach Interessen hinter den Positionen, das Entwickeln von Optionen zum beiderseitigen Vorteil und das Finden und Anwenden objektiver Kriterien harte Arbeit und, wenn die Gegenseite nicht mitzieht, Beherrschung der Gefühle und Reife.

In nahezu jedem Fall wird bei sachbezogenem Verhandeln das Ergebnis für beide Seiten besser sein. Die Frage ist, ob dies den Extraeinsatz wert ist. Hier sind einige Fragen, die berücksichtigt werden sollten.

Wie wichtig ist es, ein willkürliches Ergebnis zu vermeiden?
Wenn Sie wie der Bauherr in Kapitel 4 des II. Teils darüber verhandeln, wie tief die Fundamente Ihres Hauses sein sollen, wollen Sie nicht um willkürliche Positionen streiten, auch wenn es viel einfacher wäre, eine Einigung zu erreichen. Sogar wenn Sie um den Preis für ein Einzelstück eines antiken Nachttopfs verhandeln, wo objektive Maßstäbe kaum zu finden sind, sind

die Erforschung der Interessen des Händlers und die Suche nach kreativen Entscheidungsmöglichkeiten wahrscheinlich sehr sinnvoll. Ein weiterer Faktor bei der Wahl eines Verhandlungsansatzes besteht darin, wieviel Ihnen an einer Lösung des Problems gelegen ist, die entsprechend der Sachlage sinnvoll ist. Die Ansprüche wären erheblich höher, wenn Sie über Fundamente für ein Bürohaus verhandeln anstatt für einen Werkzeugschuppen. Sie werden auch höher sein, wenn dieses Geschäft einen Präzedenzfall für zukünftige Geschäftsverbindungen darstellt.

Wie komplex sind die Fragestellungen?
Je komplexer der Streitgegenstand, um so unklüger ist es, um Positionen zu feilschen. Komplexität erfordert sorgfältige Analyse der Interessen, die gemeinsam sind oder die in Übereinstimmung gebracht werden können, und dann Brainstorming. Beides wird um so leichter sein, je mehr sich beide Parteien um gemeinsame Problemlösungen bemühen.

Wie wichtig ist die Aufrechterhaltung einer guten Arbeitsbeziehung?
Ist die andere Seite ein wertvoller Kunde oder Auftraggeber, kann die Erhaltung Ihrer laufenden Beziehung wichtiger für Sie sein als das Ergebnis einer einzelnen Verhandlung. Dies bedeutet nicht, daß Sie Ihre Interessen weniger hartnäckig verfolgen sollen, aber es empfiehlt sich die Vermeidung von Taktiken wie Drohungen oder Ultimaten, die das große Risiko einer Schädigung der Beziehung in sich bergen. Verhandlung nach Sachlage hilft die Wahl zwischen Nachgeben oder Verärgerung der anderen Seite zu vermeiden.

Bei Verhandlungen um einen einzelnen Gegenstand unter Fremden, bei denen der Aufwand für die Erforschung der Interessen groß ist und wo beide Seiten durch konkurrierende Möglichkeiten geschützt sind, mag das einfache Feilschen um Positionen gut funktionieren. Aber wenn die Diskussion langsam steckenbleibt, seien Sie darauf vorbereitet, einen anderen Gang einzuschalten. Beginnen Sie, die zugrundeliegenden Interessen zu klären.

Sie sollten auch den Einfluß dieser Verhandlung auf Ihre Beziehung zu anderen berücksichtigen. Wird diese Verhandlung wahrscheinlich Ihren Ruf als Verhandlungspartner beeinflussen und demzufolge auch die Art und Weise, wie andere mit Ihnen verhandeln? Wenn dies der Fall ist, welchen Einfluß wünschen Sie sich?

Welche Erwartungen hat die Gegenseite, und wie schwierig würde deren Änderung sein?

Bei vielen Tarifauseinandersetzungen und anderen Situationen durchleben die Parteien eine lange Geschichte erbitterten und fast rituellen Feilschens um Positionen. Jede Seite sieht die andere als »den Feind« und die Situation als Nullsummenspiel an, wobei sie die enormen gemeinsamen Kosten von Streiks, Aussperrungen und feindseligen Gefühlen ignorieren. In diesen Situationen ist eine gemeinsame Problemlösung nicht leicht, obwohl sie um so wichtiger sein mag. Sogar zur Änderung bereite Parteien finden es in der Praxis schwierig, alte Gewohnheiten über Bord zu werfen: zuzuhören statt zu attackieren, gemeinsam nachzudenken statt zu streiten und die Interessen zu erkunden, bevor sie sich festlegen. Manche Parteien sind so in eingefahrenen Geleisen gefangen, daß sie unfähig scheinen, alternative Ansätze zu berücksichtigen, bis sie an den Rand gegenseitiger Vernichtung gelangen, und manche nicht einmal dann. In solchen Situationen wird man einen realistischen Zeitplan für Änderungen einführen, der mehrere komplette Verhandlungen umfassen kann. General Motors und seine Gewerkschaft, die United Auto Workers, benötigte vier Verträge zur Änderung der grundlegenden Struktur ihrer Verhandlungen, und auf jeder Seite gibt es immer noch Leute, die mit der neuen Regelung nicht zufrieden sind.

Wo stehen Sie in der Verhandlung?
Das Feilschen um Positionen verhindert leicht die Suche nach gemeinsamen Vorteilen. Bei vielen Verhandlungen kommen Ergebnisse zustande, die »eine Menge Gold auf dem Tisch liegen lassen«. Das Feilschen um Positionen richtet den geringsten Schaden an, wenn es auftritt, *nachdem* Sie die Interessen beider Seiten identifiziert, Entscheidungsmöglichkeiten zum beiderseitigen Vorteil entwickelt und relevante Maßstäbe für Fairneß erörtert haben.

Frage 2: »Was kann man tun, wenn die Gegenseite einen anderen Maßstab für Fairneß hat?«

Bei den meisten Verhandlungen wird es keine »richtige« oder »fairste« Lösung geben; die Leute werden unterschiedliche Maßstäbe nennen, nach denen beurteilt werden soll, was fair ist. Aber die Anwendung externer Kriterien verbessert das Streiten auf dreifache Weise: Ein Ergebnis auf der Basis sogar entgegengesetzter Kriterien der Fairneß und allgemeiner Praxis ist wahrscheinlich klüger als ein willkürliches Ergebnis. Die Anwendung von Standards verringert die Kosten des »klein Beigebens« – es ist leichter zuzustimmen, einem Grundsatz oder einem unabhängigen Standard zu folgen, als den Positionsforderungen der anderen Seite nachzugeben. Und schließlich sind einige Kriterien, anders als willkürliche Positionen, überzeugender als andere.

Zum Beispiel wäre es in einer Verhandlung zwischen einem jungen Anwalt und einer Anwaltskanzlei der Wall Street absurd, wenn der Vertreter der Kanzlei sagen würde: »Ich nehme nicht an, daß Sie sich für klüger halten als mich, daher wollen wir Ihnen das gleiche Gehalt anbieten, das ich bei meinem Berufsstart vor vierzig Jahren erhielt – 4000 Dollar.« Der Junganwalt würde auf den Einfluß der Inflation in den verflossenen Jahren hinweisen und ein zur Zeit übliches Gehalt vorschlagen. Wenn die Kanzlei das gegenwärtige Gehalt für Junganwälte in Dayton oder Des Moines vorschlagen würde, würde der junge Anwalt darauf hinweisen, daß das Durchschnittsgehalt für Junganwälte in Anwaltsbüros von Manhattan mit ähnlichem Prestige ein angemesseneres Kriterium wäre.

Gewöhnlich wird ein Kriterium überzeugender sein als ein anderes, weil es der Sachlage genauer entspricht, anerkannter und in bezug auf Zeit, Ort und Umstände unmittelbar relevanter ist.

Ein Übereinkommen entsprechend dem »besten« Kriterium ist nicht notwendig

Unterschiede in Wertvorstellungen, Kultur, Erfahrung und Wahrnehmungen können durchaus dazu führen, daß miteinander streitende Parteien bezüglich des relativen Wertes verschiedener Kriterien unterschiedlicher Meinung sind. Wenn es notwendig wäre, daß beide Seiten darin übereinstimmen, welcher Standard der »beste« ist, könnte der Abschluß einer Verhandlung unmöglich sein. Aber die Zustimmung zu Kriterien ist nicht erforderlich. Kriterien sind nur ein Mittel, das den Parteien helfen kann, zu einem Übereinkommen zu gelangen, das für beide Seiten besser ist als kein Übereinkommen. Die Heranziehung externer Standards hilft oft, die Spannweite der Meinungsverschiedenheiten einzuengen, und kann dazu beitragen, den Bereich potentieller Zustimmung zu erweitern. Wenn Standards bis zu dem Punkt verfeinert wurden, daß eine überzeugende Argumentation, ein Standard sei eher anwendbar als ein anderer, schwierig ist, dann können die Parteien Tauschgeschäfte erkunden oder zu fairen Verfahren greifen, die verbliebenen Meinungsverschiedenheiten auszuräumen. Sie können eine Münze werfen, einen Schlichter beiziehen oder sogar die Differenz untereinander aufteilen.

Frage 3: »Soll ich fair sein, wenn ich es nicht sein muß?«

Das Harvard-Konzept ist keine Predigt über die Moralität von Richtig und Falsch; es ist ein Buch über das richtige Verhalten bei Verhandlungen. Wir schlagen nicht vor, daß Sie um des Gutsein willen gut sind (wir halten Sie aber auch nicht davon ab).*

Wir schlagen nicht vor, daß Sie das erste halbwegs faire Angebot annehmen, noch sind wir dafür, daß Sie nie mehr verlangen, was ein Richter oder eine Jury für fair halten könnten. Wir vertreten nur den Standpunkt, daß die Nutzung unabhängiger Kriterien für die Diskussion der Fairneß eines Vorschlags eine Idee ist, die Ihnen helfen kann zu bekommen, was Sie verdienen, und Sie davor zu bewahren, hereingelegt zu werden.

Wenn Sie mehr wollen, als Sie als fair rechtfertigen können, und wenn Sie feststellen, daß Sie andere regelmäßig überzeugen können, es Ihnen zu geben, dann mögen Sie manche Vorschläge in diesem Buch nicht sonderlich hilfreich finden. Aber die Ver-

* Wir sind der Meinung, daß sachgerechtes Verhandeln helfen kann, die Welt zu verbessern, zusätzlich zur Lieferung einer guten, universell einsetzbaren Methode, in einer Verhandlung das zu erhalten, was man will. Sachgerechtes Verhandeln fördert das Verständnis unter den Menschen, gleich ob sie Eltern und Kind, Arbeiter und Manager oder Araber und Israeli sind. Die Konzentrierung auf Interessen und kreative Entscheidungsmöglichkeiten hilft, die Zufriedenheit zu vergrößern und Zeitverschwendung zu minimieren. Die Stützung auf Fairneßstandards und die Suche nach der Befriedigung der Interessen *beider* Seiten helfen, Übereinkommen zustande zu bringen, die dauerhaft sind, gute Präzedenzfälle darstellen und dauerhafte Beziehungen aufbauen. Je mehr ein Problemlösungsansatz für Verhandlungen beim Umgang mit Meinungsverschiedenheiten zwischen Einzelpersonen und zwischen Nationen zur Norm wird, um so niedriger werden die Kosten eines Konfliktes sein. Und Sie mögen feststellen, daß die Verwendung dieses Ansatzes neben solchen sozialen Nutzen auch den Wertvorstellungen der Fürsorge und Gerechtigkeit in einer Weise dient, die persönlich zufriedenstellend ist.

handlungsführer, denen wir begegnet sind, fürchten viel öfter, in einer Verhandlung *weniger* zu bekommen, als ihnen zusteht, oder eine Beziehung zu schädigen, wenn sie fest auf dem bestehen, was sie verdienen. Die Ideen in diesem Buch sollen Ihnen zeigen, wie Sie erhalten, wozu Sie berechtigt sind, während Sie weiterhin mit der Gegenseite zurechtkommen.

Trotzdem könnten Sie manchmal eine Gelegenheit haben, mehr zu bekommen, als Ihrer Meinung nach fair ist. Sollen Sie es annehmen? Unserer Meinung nach nicht ohne sorgfältiges Nachdenken. Es steht mehr auf dem Spiel als nur eine Entscheidung über Ihre moralische Selbstdefinition. (Dies verdient wahrscheinlich ebenfalls sorgfältiges Nachdenken, aber in diesem Bereich einen Rat zu geben ist nicht der Zweck dieses Buches.) Angesichts der Möglichkeit, mehr zu erhalten, als Ihrer Ansicht nach fair ist, sollten Sie die möglichen Nutzen gegenüber den potentiellen Nachteilen abwägen, die das Akzeptieren des unverhofften Glücksfalls haben könnte:

Wieviel ist Ihnen der Unterschied wert?

Was ist das höchste, das Sie sich selbst gegenüber als fair rechtfertigen könnten? Wie wichtig ist Ihnen das, was darüber hinausgeht? Stellen Sie diesen Nutzen dem Risiko gegenüber, daß einige der unten angeführten Nachteile eintreten, und dann überlegen Sie, ob es nicht bessere Alternativen gibt. (Könnte zum Beispiel das vorgeschlagene Geschäft so strukturiert sein, daß die Gegenseite meint, Ihnen einen Gefallen zu tun, statt ausgenommen zu werden?)

Es wäre auch klug zu überlegen, wie sicher Sie sich dieser potentiellen Nutzen sind. Könnten Sie etwas übersehen? Ist die andere Seite wirklich so blind? Viele Verhandlungspartner sind übermäßig optimistisch bei der Annahme, daß sie cleverer sind als die anderen.

Wird das unfaire Ergebnis von Dauer sein?
Kommt die Gegenseite später zu dem Schluß, daß ein Abkommen unfair ist, könnte sie nicht bereit sein, es auszuführen. Was würde der Versuch kosten, das Abkommen mit Gewalt durchzusetzen oder es zu ersetzen? Gerichte könnten sich weigern, ein Abkommen, das für »maßlos« gehalten wird, zu erzwingen.

Sie sollten auch überlegen, wo Sie bei der Verhandlung stehen. Ein äußerst günstiges vorläufiges Abkommen ist wertlos, wenn die Gegenseite aufwacht und es zurückweist, bevor es endgültig geworden ist. Und wenn die andere Seite aufgrund dieses Vorfalls zu dem Schluß gelangt, daß Sie ein Rüpel sind, dem man nicht vertrauen kann und der darauf aus ist, sie zu übervorteilen, können die Schäden sich auch auf andere Abkommen auswirken.

Welchen Schaden könnte das unfaire Ergebnis dieser oder anderen Beziehungen zufügen?
Wie wahrscheinlich ist es, daß Sie noch einmal mit der gleichen Partei verhandeln müssen? Wenn dies der Fall ist, worin könnten die Risiken für Sie bestehen, wenn die Gegenseite »auf Rache aus ist«? Wie steht es mit Ihrem Ruf bei anderen Leuten, insbesondere mit Ihrer Reputation als fairer Verhandlungspartner? Könnte sie stärker negativ beeinflußt werden, als Ihr unmittelbarer Gewinn aufwiegen würde?

Ein einmal etablierter Ruf für faires Verhandeln kann ein außerordentlicher Aktivposten sein. Er öffnet einen weiten Bereich kreativer Abkommen, die unmöglich wären, wenn andere Ihnen nicht vertrauen würden. So eine Reputation kann viel leichter zerstört als aufgebaut werden.

Werden Sie Gewissensbisse haben?
Werden Sie wahrscheinlich das Abkommen später bereuen, da Sie glauben, jemanden unfair übervorteilt zu haben? Denken Sie zum Beispiel an einen Touristen, der einen wundervollen

Kaschmirteppich von der Familie kaufte, die ein volles Jahr daran gearbeitet hatte. Clever bot er an, in Deutscher Mark zu bezahlen, und gab dann wertloses Geld aus der Zeit vor dem Zweiten Weltkrieg. Erst als er zu Hause schockierten Freunden die Geschichte erzählte, begann er darüber nachzudenken, was er dieser Familie angetan hatte. Mit der Zeit drehte sich ihm bei dem bloßen Anblick des schönen Teppichs der Magen um. Wie dieser Tourist stellen viele Leute fest, daß sie sich im Leben um mehr sorgen als um Geld und die Gegenseite zu »schlagen«.

Fragen über den Umgang mit Menschen

Frage 4: »Was mache ich, wenn Menschen *das Problem sind?*

Einige Leute haben die Ermahnung »Behandeln Sie Menschen und Probleme getrennt voneinander« dahingehend interpretiert, die Probleme mit Menschen unter den Teppich zu kehren. Dies ist ausdrücklich *nicht*, was wir meinen. Menschliche Probleme erfordern oft mehr Aufmerksamkeit als Sachfragen. Die menschliche Neigung zu defensivem und reaktivem Verhalten ist ein Grund, warum so viele Verhandlungen platzen, wenn eine Übereinkunft ansonsten sinnvoll wäre. Bei Verhandlungen ignorieren Sie menschliche Themen – wie Sie die andere Seite behandeln – auf eigene Gefahr. Unser grundlegender Rat ist der gleiche, egal ob das Problem Mensch nur ein Punkt oder das Hauptthema Ihrer Verhandlungen ist:

Bauen Sie eine Arbeitsbeziehung auf, die unabhängig von Übereinstimmung oder Uneinigkeit ist

Je größer Ihre Meinungsverschiedenheit mit jemandem ist, um so wichtiger ist es, daß Sie damit gut umgehen können. Eine gute Arbeitsbeziehung kann mit Differenzen fertigwerden. Sie kann nicht durch Zugeständnisse in Sachfragen erkauft werden oder dadurch, daß man so tut, als ob keine Meinungsverschiedenheiten existieren. Die Erfahrung lehrt, daß Beschwichtigung nicht oft erfolgreich ist. Jetzt ein ungerechtfertigtes Zugeständnis zu machen wird den Umgang mit zukünftigen Differenzen wahrscheinlich nicht vereinfachen. Sie mögen denken, daß beim nächsten Mal die Gegenseite an der Reihe für ein Zugeständnis ist; sie wird aber wahrscheinlich denken, daß Sie wieder nachgeben werden, wenn sie stur genug ist. (Neville Chamberlains Zustimmung zur Besetzung des Sudetenlandes durch die Deutschen und die fehlende militärische Reaktion auf die nachfolgende Besetzung der gesamten Tschechoslowakei durch Hitler stärkten wahrscheinlich die Nazis in ihrem Glauben, daß eine Invasion Polens auch nicht zum Krieg führen würde.)

Sie sollten auch nicht versuchen, ein Zugeständnis in der Sache durch die Bedrohung der Beziehung zu erzwingen. (»Wenn du dich wirklich um mich sorgen würdest, würdest du nachgeben.« »Wenn du mir nicht zustimmst, ist es aus mit uns.«) Egal ob so ein Trick im Augenblick erfolgreich ist oder nicht, es wird die Beziehung beeinträchtigen. Für beide Seiten wird es eher schwieriger werden, mit zukünftigen Meinungsverschiedenheiten angemessen umzugehen.

Vielmehr müssen Sachfragen von Beziehungs- und Verfahrensfragen *getrennt* werden. Der Inhalt eines möglichen Abkommens muß von Fragen, wie Sie darüber reden und wie Sie mit der Gegenseite umgehen, getrennt werden. Beide Themenreihen müssen für sich selbst behandelt werden. Die folgende Liste illustriert die Unterscheidung:

Sachfragen
- Begriffe
- Bedingungen
- Preise
- Daten
- Zahlen
- Verpflichtungen

Beziehungsfragen
- Gleichgewicht der Emotionen und Vernunft
- Leichtigkeit der Kommunikation
- Ausmaß von Vertrauen und Zuverlässigkeit
- Annahme- (oder Verweigerungs-)haltung
- Relative Betonung auf Überzeugung (oder Zwang)
- Umfang des gegenseitigen Verständnisses

Es wird oft angenommen, daß die Verfolgung eines guten Sachergebnisses und einer guten Beziehung austauschbar sind. Wir sind nicht dieser Meinung. Eine gute Arbeitsbeziehung neigt vielmehr dazu, das Erreichen guter Sachergebnisse zu erleichtern (für beide Seiten). Gute Sachergebnisse verbessern andererseits meist gute Beziehungen noch mehr.

Manchmal mag es gute Gründe geben zuzustimmen, sogar wenn nach Ihrer Überzeugung die Fairneß etwas anderes diktieren würde. Wenn Sie zum Beispiel bereits eine ausgezeichnete Arbeitsbeziehung haben, mögen Sie durchaus entscheiden, bei einem Thema nachzugeben, in dem Vertrauen, daß bei einer zukünftigen Gelegenheit sich die andere Person daran erinnern wird, daß sie Ihnen »etwas schuldet« und sie ihrerseits Ihnen nachgibt. Oder Sie mögen vernünftigerweise zu dem Entschluß gelangen, daß unter Berücksichtigung aller Fakten eine odere mehrere Fragen es nicht wert sind, darüber zu streiten. Was wir sagen wollen, ist, daß Sie nicht nachgeben sollten, um zu versuchen, eine Beziehung zu verbessern.

Verhandeln Sie über die Beziehung
Wenn trotz Ihrer Bemühungen, eine Arbeitsbeziehung zu etablieren und sachliche Meinungsverschiedenheiten für sich zu behandeln, menschliche Probleme weiterhin das Verfahren behindern, dann verhandeln Sie darüber – *getrennt für sich*. Bringen Sie Ihre Sorgen über das Verhalten der Gegenseite zur Sprache und diskutieren Sie über sie wie über eine sachliche Differenz. Vermeiden Sie ein Urteil über die andere Seite oder

scharfe Kritik ihrer Motive. Erläutern Sie vielmehr Ihre Wahrnehmungen und Gefühle und erforschen Sie die der Gegenseite. Schlagen Sie externe Kriterien oder faire Regeln vor, um zu bestimmen, wie Sie miteinander umgehen sollten, und lehnen Sie es ab, sich Taktiken der Druckausübung zu beugen. Gestalten Sie Ihre Diskussion so, daß Sie nach vorne sehen, nicht zurück, und handeln Sie nach der Annahme, daß die andere Seite nicht alle Konsequenzen, die Sie spüren, beabsichtigt haben mag, und daß sie ihren Ansatz ändern kann, wenn sie die Notwendigkeit hierfür einsieht.

Wie immer bei Verhandlungen müssen Sie Ihre Beste Alternative durchdacht haben. In manchen Fällen mag die Gegenseite nur dann zu der Einschätzung gelangen, daß Ihre Sorgen ein *gemeinsames* Problem sind, wenn sie erkennt, daß Ihre Beste Alternative, falls Sie keine für Sie befriedigende Lösung erreichen, nicht sehr gut für sie ist.

Unterscheiden Sie zwischen dem, wie Sie die Gegenseite behandeln und wie diese Sie behandelt

Es besteht keine Notwendigkeit, unkonstruktivem Verhalten nachzueifern. Dies mag zwar der Gegenseite »eine Lektion erteilen«, aber oft nicht die, die wir wollen. Auf die gleiche Art zu reagieren verstärkt in den meisten Fällen das Verhalten, das wir mißbilligen. Es bestärkt die andere Seite in der Meinung, daß jeder sich so verhält und daß es die einzige Möglichkeit des Selbstschutzes ist. Unser Verhalten sollte das von uns bevorzugte Verhalten prägen und fördern, und es sollte jegliche Belohnung des Verhaltens, das uns mißfällt, vermeiden, ohne unsere Sachinteressen zu gefährden.

Gehen Sie mit offensichtlicher Irrationalität rational um

Das Verhalten in der Welt ist zum großen – vielleicht größten – Teil nicht sehr rational. Wie wir in Kapitel 1 des II. Teils sagen, sind Verhandlungspartner zuerst Menschen. Wir handeln oft impulsiv oder reagieren ohne sorgfältiges Nachdenken, vor allem, wenn wir verärgert, verängstigt oder frustriert sind. Und wir alle kennen Leute, die in jeder Situation offensichtlich irrational scheinen. Wie gehen Sie mit solchem Verhalten um?

Erkennen Sie erstens, daß, auch wenn Leute oft nicht rational verhandeln, es sich lohnt, wenn Sie selbst es versuchen. In einer psychiatrischen Klinik will niemand psychotische Ärzte haben. In ähnlicher Weise möchten Sie beim Umgang mit der Irrationalität der Verhandlungspartner so zweckgerichtet wie möglich sein.

Stellen Sie zweitens Ihre Annahme, daß andere irrational handeln, in Frage. Vielleicht sehen sie die Situation anders als Sie. In den meisten Konflikten glaubt jede Seite, zu den Forderungen der anderen Seite aus gutem Grund »nein« zu sagen. Vielleicht hält sie Ihre gut abgesicherte Ausgangsposition für sachlich ungerechtfertigt; vielleicht bewertet sie Dinge anders, oder vielleicht gibt es ein Kommunikationsdefizit.

Manchmal haben Menschen Ansichten, die viele von uns als objektiv »irrational« ansehen, wie die Leute, die Angst vor dem Fliegen haben. Diese Menschen reagieren jedoch rational auf die Welt, *wie sie sie sehen*. Sie glauben, daß *dieses* Flugzeug abstürzen wird. Würden wir dies glauben, würden wir auch nicht fliegen. Es ist die Wahrnehmung, die verzerrt ist, nicht die Reaktion auf diese Wahrnehmung. Auch wenn man diesen Leuten erzählt, daß sie sich irren (und dies mit noch so vielen wissenschaftlichen Untersuchungen belegt), oder sie für ihren Glauben bestraft, wird dies kaum ihre Meinung ändern. Wenn Sie andererseits mit Einfühlung nachforschen und ihre Gefühle ernst nehmen und versuchen, ihre Gründe bis zu den Wurzeln zurückzuverfolgen, ist eine Änderung manchmal möglich. Wenn Sie mit ihnen arbeiten, mögen Sie bei ihnen einen logischen Sprung entdecken, eine tatsächliche Fehlwahrnehmung oder eine traumatische Assoziation aus der Vergangenheit, die, einmal ans Licht gebracht, untersucht und von den Leuten selbst geändert werden kann. Im wesentlichen suchen Sie nach den psychologischen Interessen hinter ihrer Position, um ihnen zu helfen, eine Möglichkeit zu finden, ihre Interessen in größerem Umfang effektiver zu verfolgen.

Frage 5: »Soll man auch mit Terroristen oder jemandem wie Hitler verhandeln? Wann ist es sinnvoll, nicht *zu verhandeln?*

Gleich wie widerwärtig die andere Seite ist, die Frage, der Sie gegenüberstehen, ist nicht, ob Sie verhandeln sollen, sondern *wie* – es sei denn, Sie haben eine bessere Beste Alternative.

Soll man mit Terroristen verhandeln?
Ja. In der Tat, in dem Sinne, daß Sie ihre Entscheidungen zu beeinflussen suchen – und sie versuchen, Ihre zu beeinflussen –, verhandeln Sie mit ihnen, sogar wenn Sie nicht mit ihnen reden. Die Frage ist, ob man dies aus der Entfernung mittels Taten oder Worten tun soll (z.B. »Wir werden nie mit Terroristen verhandeln!«) oder auf direktere Art und Weise. Im allgemeinen ist Ihre Chance, Einfluß auszuüben, um so größer, je besser die Kommunikation ist. Wenn Probleme der persönlichen Sicherheit gelöst werden können, ist es sinnvoll, mit Terroristen in einen Dialog einzutreten, gleich ob sie Geiseln gefangenhalten oder mit einer Gewalttat drohen. Wenn Sie überzeugende Argumente haben, werden Sie sie wahrscheinlich eher beeinflussen als umgekehrt. (Die gleichen Argumente gelten auch für den Umgang mit Verhandlungs»terroristen«, die schmutzige Tricks anzuwenden suchen.)

Verhandeln heißt nicht, nachzugeben. Lösegeld zahlen oder einer Erpressung nachgeben ist teuer. Die Belohnung von Entführungen ermuntert zu weiterem Kidnapping. Durch Kommunikation kann es möglich sein, Terroristen (und mögliche zukünftige Terroristen) davon zu überzeugen, daß sie kein Lösegeld erhalten werden. Es kann auch möglich sein, etwas über deren legitime Interessen zu erfahren und eine Vereinbarung zu treffen, bei der keine Seite nachgibt.

Mit Hilfe algerischer Vermittler konnten die USA und Iran die Freilassung der amerikanischen Diplomaten im Januar 1981 aushandeln, die über ein Jahr lang in der US-Botschaft in Teheran festgehalten worden waren. Die Grundlage der Einigung war, daß *jede Seite nur das bekam, zu dem sie berechtigt war:* Die Geiseln würden freigelassen; Iran würde seine Schulden bezahlen; danach würden die Gelder, die die USA beschlagnahmt hatten, an Iran zurückgegeben; die Vereinigten Staaten würden die Regierung von Iran anerkennen und sich nicht in dessen innere Angelegenheiten einmischen und so weiter. Es wäre schwierig, wenn nicht unmöglich gewesen, eine Einigung ohne Verhandeln zu erreichen. Und trotz der groben Illegalität der Besetzung der amerikanischen Botschaft haben beide Seiten von den Verhandlungen profitiert, die schließlich im Herbst 1980 stattfanden.

Manchmal wird gesagt, Beamte sollten nicht mit politischen Terroristen reden, weil dies ihnen einen Status verleihen und ihre illegale Handlung belohnen würde. Es ist wahr, daß es einem hohen Regierungsbeamten scheinen mag, ein Zusammentreffen mit Terroristen könnte deren Bedeutung so weit erhöhen, daß der potentielle Nutzen aufgewogen wird. Aber ein Kontakt auf einer professionellen Ebene ist völlig anders. Unterhändler der Stadtpolizei haben die Erfahrung gemacht, daß ein direkter persönlicher Dialog mit Kriminellen, die Geiseln gefangen halten, oft dazu führt, daß die Geiseln freigelassen und die Verbrecher gefaßt werden.

Während der Entführung des Flugzeugs der Kuwait Airways 1988 fanden umfangreiche Verhandlungen mit den Entführern statt, aber über zunehmend kleinere Probleme. Die Regierung von Kuwait sagte zu Beginn des Ereignisses rundheraus, daß sie keine Schiiten freilassen würde, die wegen terroristischer Akte verurteilt waren und in Kuwait im Gefängnis saßen, und sie wich von dieser Grundregel nicht ab. Aber lokale Behörden in Zypern und Algerien verhandelten ununterbrochen über Dinge wie die Erlaubnis zum Landen des Flugzeugs, Forderungen nach weiterem Treibstoff, Zugang zu Nachrichtenmedien und die Lieferung von Nahrungsmitteln. Für jede Transaktion erreichten die Behörden die Freilassung immer weiterer Geiseln. Gleichzeitig appellierten sie – als Moslembrüder – an das islamische Ideal der Gnade und des Propheten Mohammeds Mahnungen gegen Geiselnahme. Am Ende kamen alle Geiseln frei. Die Entführer durften auch Algerien verlassen, aber ihr anhaltender und beschämender Mißerfolg in der Erreichung eines ihrer angekündigten Ziele hat zweifellos zu einem nachfolgenden Rückgang der Entführungen durch Terroristen geführt.

Soll man mit jemandem wie Hitler verhandeln?
Dies hängt von der Alternative ab. Einige Ihrer Interessen mögen es wert sein, für sie zu kämpfen oder sogar zu sterben. Viele Menschen sind der Meinung, daß die Befreiung der Welt vom Faschismus, Widerstand gegen Aggression gegenüber anderen Ländern und Beendigung des Völkermords zu dieser Kategorie gehören. Wenn solche Interessen auf dem Spiel stehen und nicht durch weniger kostspielige Mittel gewahrt werden können, sollten Sie darauf vorbereitet sein zu kämpfen, wenn dies hilft und – werden manche sagen – manchmal sogar, wenn es nichts nützt.

Andererseits ist Krieg ein schmutziges Geschäft, das zu oft romantisiert wird. Wenn Sie einen beträchtlichen Teil Ihrer Interessen durch gewaltlose Mittel erreichen *können*, sollten Sie diese Alternative ernsthaft überlegen. Wenige Kriege waren so einseitig wie die Befreiung Kuwaits durch die Vereinten Nationen. Sogar dort hätte ein ausgehandelter Rückzug der irakischen Truppen aus Kuwait die Ölbrände in Kuwait, die Umweltschäden im Persischen Golf und das vom Krieg verursachte ungeheure menschliche Leid vielleicht verhindern können.

Am wichtigsten ist, ein Krieg garantiert keine besseren Ergebnisse, als durch andere Mittel erreicht werden könnten. Als Premier der Sowjetunion war Josef Stalin in vieler Hinsicht für die Welt so anstößig wie Hitler. Er annektierte mehrere Länder, verübte Völkermord und förderte eine zentralstaatliche Ideologie, die in der Praxis dem Nationalsozialismus sehr ähnlich war. Aber im Zeitalter der Wasserstoffbombe war die Eroberung der Sowjetunion, wie die Deutschlands durch die Alliierten, keine realisierbare Alternative. Auch schienen die Grundsätze, die auf dem Spiel standen, keine gegenseitige Vernichtung zu rechtfertigen. Statt dessen wartete der Westen geduldig und standfest in seiner moralischen Opposition zum Sowjetkommunismus, bis er von selbst zu zerfallen begann.

Sogar mit jemandem wie Hitler oder Stalin sollten wir verhandeln, wenn dies ein Ergebnis verspricht, das unter Berücksichtigung aller Einzelheiten unsere Interessen besser wahrt als unsere Beste Alternative. Ein Krieg ist in vielen Fällen tatsächlich ein Schritt zu einer Verhandlung. Die Gewalt soll die Beste Alternative der Gegenseite ändern, oder deren Wahrnehmung, so daß sie bereitwilliger unseren Bedingungen für den Frieden zustimmt. In solchen Fällen ist das Denken in Verhandlungsbegriffen wesentlich, so daß wir unser Angebot auf eine Weise formulieren und übermitteln, die nach vernünftiger Erwartung für die Gegenseite überzeugend sein wird.

Soll man verhandeln, wenn die Leute aus religiöser Überzeugung handeln?

Ja. Auch wenn die religiösen Überzeugungen der Menschen wahrscheinlich nicht durch Verhandlungen geändert werden, *könnten* ihre Handlungen, sogar solche, die auf ihren Überzeugungen beruhen, beeinflußt werden. Dies war bei der Entführung des Kuwait-Airways-Flugzeugs der Fall. Ein zentraler Punkt, der es wert ist, wiederholt zu werden, ist, daß Verhandeln keine Gefährdung Ihrer Grundsätze erfordert. Öfter wird ein Erfolg durch das Finden einer Lösung erzielt, die mit den Grundsätzen beider Seiten übereinstimmt.

Viele Situationen scheinen nur »religiöse« Konflikte zu sein. Die Konflikte in Nordirland zwischen Protestanten und Katholiken und im Libanon zwischen Christen und Moslems sind keine Religionskonflikte. In beiden Fällen dient die Religion als praktische Grenzlinie zur Trennung einer Gruppe von der anderen. Diese Spaltung wird verstärkt, wenn sie dazu benutzt wird, die Menschen hinsichtlich ihres Wohnortes, ihrer Arbeitsstätte, ihrer Freundschaften und Stimmabgabe zu trennen. Verhandlungen zwischen solchen Gruppen sind höchst wünschenswert, da sie die Chance erhöhen, daß sie zu pragmatischen Übereinkommen führen können, die den beiderseitigen Interessen dienen.

Wann ist es sinnvoll, nicht zu verhandeln?

Ob Verhandlungen sinnvoll sind und wieviel Mühe Sie in sie investieren, hängt davon ab, für wie zufriedenstellend Sie Ihre Beste Alternative halten und wie wahrscheinlich es Ihrer Meinung nach ist, daß Verhandeln ein besseres Ergebnis bringen wird. Ist Ihre Beste Alternative gut und Verhandeln nicht vielversprechend, gibt es keinen Grund, viel Zeit in Verhandeln zu investieren. Andererseits, wenn Ihre Beste Alternative miserabel ist, sollten sie bereit sein, etwas mehr Zeit zu investieren – sogar wenn das Verhandeln wenig aussichtsreich scheint –, um zu testen, ob etwas Befriedigenderes herauskommen könnte.

Für diese Analyse müssen Sie über Ihre Beste Alternative und die Ihrer Gegenseite sorgfältig nachgedacht haben. Sie sollten nicht den gleichen Fehler wie die Bank machen, die mit einem bankrotten Energieunternehmen verhandelte. Die Bank war von Rechts wegen berechtigt, das Eigentum über das gesamte Unternehmen zu übernehmen, aber der Richter in diesem Prozeß meinte, die Parteien sollten sich einigen. Die Bank bot die Übernahme von 51 % der Aktien und die Herabsetzung der Zinsen für den Kredit an, aber das Unternehmen (das im

Eigentum des Managements war) mauerte. Frustriert verbrachte die Bank Monate mit dem Versuch, das Unternehmen dazuzubringen, Interesse an Verhandlungen zu zeigen. Verständlicherweise weigerte sich das Unternehmen – es sah seine Beste Alternative darin, einfach auf eine Preissteigerung für Öl zu warten. Dann könnte es den Kredit zurückzahlen, und das Management besäße weiterhin 100% des Unternehmens. Die Bank hatte weder über ihre eigene Beste Alternative noch über die des Unternehmens nachgedacht. Die Bank hätte mit dem *Richter* verhandeln und ihm erklären müssen, wie unfair und anfechtbar die Situation war. Aber die Bank dachte, ihre einzige Möglichkeit wäre die Verhandlung mit dem Unternehmen.

Regierungen machen oft den Fehler anzunehmen, daß sie eine bessere Beste Alternative haben, als dies der Fall ist – wenn sie zum Beispiel durchblicken lassen, daß es immer eine »militärische Option« gibt, wenn »politische« und »ökonomische« Mittel in einer bestimmten Situation nicht zum Ziel führen. Es gibt *nicht* immer eine realisierbare militärische Option. (Bei den meisten Geiselnahmen gibt es keine militärische Option, die realistischerweise die sichere Befreiung der Geiseln versprechen kann. Überfälle wie die des israelischen Militärs auf dem Flughafen von Entebbe in Uganda – der von israelischen Ingenieuren entworfen und gebaut worden war – sind Ausnahmen und werden mit jedem Erfolg schwieriger, da die Terroristen sich an neue Taktiken anpassen.) Ob wir eine Möglichkeit zur Selbsthilfe haben oder nicht, hängt von der Situation ab: Kann das Ziel allein durch unsere eigenen Bemühungen erreicht werden, oder muß jemand auf der Gegenseite eine Entscheidung treffen? Wenn das letztere zutrifft, wessen Entscheidung müssen wir dann beeinflussen, welche Entscheidung wollen wir, und wie, wenn überhaupt, kann militärische Stärke die Entscheidung mit beeinflussen?

Nehmen Sie nicht einfach an, daß Sie eine Beste Alternative haben, die besser ist als Verhandeln, oder daß Sie gar keine

Beste Alternative haben. Denken Sie erst darüber nach und entscheiden Sie dann, ob Verhandeln sinnvoll ist.

Frage 6: »Wie soll ich meinen Verhandlungsansatz an die Unterschiede in Persönlichkeit, Geschlecht, Kultur und so weiter anpassen?«

In mancher Hinsicht sind die Menschen überall einander ähnlich. Wir wollen geliebt und von anderen Menschen geachtet werden und sorgen uns um unsere Selbstachtung, und wir wollen nicht das Gefühl haben, übervorteilt zu werden. In anderer Hinsicht sind die Menschen – sogar solche mit ähnlichem Hintergrund – sehr verschieden. Einige gehen aus sich heraus, andere sind schüchtern; einige sind sprachgewandt und diskutierfreudig, andere mehr körper- und gefühlsbetont; manche Menschen sind frei heraus, andere mehr indirekt und taktvoll; manche genießen Konflikte, andere tun fast alles, sie zu vermeiden. Wenn Menschen verhandeln, haben sie unterschiedliche Interessen und Kommunikationsstile. Für sie mögen verschiedene Dinge überzeugend sein, und sie können auf unterschiedliche Arten Entscheidungen treffen. Wie sollen wir solchen Ähnlichkeiten und Unterschieden beim Verhandeln mit verschiedenen Menschen Rechnung tragen? Hierzu schlagen wir einige Grundsätze vor:

Finden Sie eine gemeinsame Linie

Bei jeder Verhandlung sollten Sie empfänglich sein für die Wertvorstellungen, Wahrnehmungen, Sorgen, Verhaltensnormen und Stimmungen der Personen, mit denen Sie verhandeln. Passen Sie Ihr Verhalten entsprechend an. Wenn Sie mit jemandem verhandeln, ist es diese Person, die Sie zu beeinflussen suchen.

Je erfolgreicher Sie mit der Denkweise dieser Person in Einklang kommen, um so wahrscheinlicher werden Sie zu einer Übereinkunft gelangen. Einige übliche Unterschiede, die das Verhandeln beeinflussen können, sind folgende:

- Tempo: schnell oder langsam?
- Förmlichkeit: groß oder gering?
- Physische Entfernung während des Verhandelns: klein oder groß?
- Mündliche oder schriftliche Vereinbarungen: Welche sind mehr bindend und umfassender?
- Kommunikationsstil: freimütig oder mehr indirekt?
- Zeitrahmen: kurz- oder langfristig?
- Umfang der Beziehung: nur geschäftsmäßig oder alles umfassend?
- Erwarteter Verhandlungsort: privat oder öffentlich?
- Verhandlungspartner: Gleichrangige oder die für die Aufgabe kompetentesten Leute?
- Striktheit der Verpflichtungen: unveränderlich oder flexibel gemeint?

Passen Sie unseren allgemeinen Rat der besonderen Situation an

Dieses Buch gibt allgemeine Ratschläge. Sie werden nicht auf die gleiche Weise in jeder Lage bei jeder Person anwendbar sein. Aber die grundlegenden Vorschläge sind generell anwendbar. Außer bei einem zwingendem Grund, anders zu handeln, raten wir Ihnen, Ihren spezifischen Ansatz für jede Verhandlung nach diesen Vorschlägen auszurichten. Der beste Weg, diese allgemeinen Richtlinien *umzusetzen*, wird vom spezifischen Kontext abhängen. Wenn Sie einen situationsgerechten Ansatz entwickeln, überlegen Sie, wo Sie sind, mit wem Sie verhandeln, was in der Branche üblich ist, was Ihre Erfahrungen mit diesem Verhandlungspartner sind und so weiter.

Schenken Sie den Unterschieden in Überzeugungen und Sitten Beachtung, aber werfen Sie Einzelpersonen nicht in einen Topf

Verschiedene Gruppen und Orte haben verschiedene Sitten und Überzeugungen. Lernen Sie sie kennen und respektieren Sie sie, aber hüten Sie sich davor, Annahmen über einzelne zu treffen.

Einstellungen, Interessen und andere Charakteristika von Individuen sind oft völlig von denen einer Gruppe verschieden, zu der sie gehören. Zum Beispiel neigt der »durchschnittliche« Japaner zu mehr indirekten Methoden der Kommunikation und Verhandlung, aber bei einzelnen Japanern ist die gesamte Skala der Verhandlungsstile anzutreffen. Ein prominenter Minister der japanischen Regierung ist für sein schroffes Verhandeln »nach amerikanischem Stil« berühmt – was für viele Amerikaner überhaupt nicht typisch ist. Gemäß verschiedenen Untersuchungen sammeln Frauen Informationen auf offenere und weniger strukturierte Weise als Männer, sie sind wahrscheinlich sensibler hinsichtlich Beziehungen und sie handeln gemäß einer Moralität, die verhältnismäßig mehr auf Fürsorge und Verpflichtung gegenüber anderen beruht und weniger auf Regeln und individuellen Rechten. Die gleichen Daten deuten jedoch darauf hin, daß eine große Anzahl von Personen beider Geschlechter sich genau anders verhält.*

Über jemanden Annahmen zu treffen aufgrund seiner/ihrer Gruppencharakteristika ist beleidigend und tatsächlich riskant. Es spricht dieser Person Individualität ab. Wir nehmen nicht an, daß *unsere* Überzeugungen und Gewohnheiten durch die Gruppen diktiert sind, zu denen wir zufälligerweise gehören; dieses von anderen anzunehmen ist erniedrigend. Wir werden alle von unzähligen Aspekten unserer Umwelt, Erziehung, Kultur und

* Vgl. als Einstieg in das Thema Carol Gilligan: *In a Different Voice*, Harvard University Press 1982; deutsch: *Die andere Stimme*, München 1984.

Gruppenidentität beeinflußt, aber auf keine für den einzelnen vorhersagbare Weise.

Stellen Sie Ihre Annahmen in Frage und hören Sie genau zu
Gleich welche Annahmen Sie über andere treffen – ob Sie meinen, sie sind wie Sie oder völlig verschieden –, stellen Sie sie in Frage! Seien Sie offen zu erfahren, daß sie nicht so sind, wie Sie erwartet haben. Die große Bandbreite unter den Kulturen liefert Hinweise für die Art der Unterschiede, nach denen Sie suchen sollten, aber denken Sie daran, daß wir alle besondere Interessen und Qualitäten haben, die nicht in jedes Klischee passen.

Fragen über Taktiken

Frage 7: »Wie entscheide ich Fragen wie ›Wo soll man sich treffen?‹, ›Wer soll das erste Angebot machen?‹ und ›Wie hoch soll ich einsteigen?‹«

Bevor ein Arzt entscheiden kann, welche Pillen zu nehmen und welche Nahrungsmittel zu meiden sind, wird er oder sie etwas über die Symptome des Patienten wissen und mögliche Ursachen diagnostizieren wollen. Nur dann kann der Arzt eine allgemeine Strategie zur Verbesserung der Gesundheit entwikkeln. Das gleiche gilt für Spezialisten im Verhandeln. Wir haben keine patentierte Medizin für alle Zwecke. Ein guter taktischer Rat erfordert Kenntnisse über die besonderen Umstände.

Dies kann an drei Beispielen illustriert werden:

Wo soll man sich treffen?

Was macht uns Sorgen? Wenn beide Parteien äußerst beschäftigt und ständigen Störungen unterworfen sind, kann Absonderung die wichtigste Überlegung sein. Neigt die andere Seite zur Unsicherheit, oder benötigt sie die Unterstützung von Mitarbeitern, wird sie sich vielleicht in ihrem eigenen Büro wohler fühlen. Wenn Sie die Freiheit haben wollen wegzugehen, mögen Sie sich ebenfalls im Büro der anderen Partei treffen wollen. Wollen Sie vielleicht während der Verhandlung Grafiken, Akten oder Fachleute zu Rate ziehen? Falls Sie die Möglichkeit haben wollen, Flipcharts, eine Tafel oder einen Overhead-Projektor zu benutzen, wollen Sie sich vielleicht in einem Konferenzraum mit dieser Ausstattung treffen.

Wer soll das erste Angebot machen?

Es wäre ein Fehler anzunehmen, daß die Vorlage eines Angebots immer der beste Weg ist, eine Zahl auf den Tisch zu legen. Normalerweise wollen Sie eine Zeitlang Interessen, Entscheidungsmöglichkeiten und Kriterien untersuchen, bevor Sie ein Angebot unterbreiten. Wenn Sie dies zu früh tun, kann sich die andere Seite unter Druck gesetzt fühlen. Haben beide Seiten erst einmal ein Gefühl für das Problem, wird ein Angebot, das sich darum bemüht, die Interessen und vorgeschlagenen Kriterien in Einklang zu bringen, wahrscheinlich eher als ein konstruktiver Schritt vorwärts angesehen.

Ob Sie ein Angebot vorlegen oder nicht, Sie wollen vielleicht versuchen, die Diskussion früh auf einem für Sie günstigen Ansatz oder Kriterium zu »verankern«. Andererseits, wenn Sie schlecht vorbereitet sind und keine Vorstellung haben, was vernünftig wäre, werden Sie wahrscheinlich zögern, eine Idee oder ein Angebot auf den Tisch zu legen, vielleicht in der Hoffnung, daß die andere Seite den ersten Schritt machen und ein großzügiges Angebot unterbreiten wird. Aber Sie sollten vorsichtig sein. Es ist äußerst riskant, den Wert einer Sache an dem ersten Vorschlag oder der ersten Zahl der anderen Seite zu messen. Wenn Sie nur so wenig über den Wert einer Sache wissen, sollten Sie sich wahrscheinlich vor Beginn der Verhandlungen besser informieren.

Je besser vorbereitet beide Seiten in eine Preisverhandlung kommen, um so weniger spielt es eine Rolle, wer das erste Angebot vorlegt. Statt Regeln darüber zu lernen, wer das erste Angebot machen sollte, wäre es besser, die Regel zu beherzigen, mit externen Wertmaßstäben gut ausgerüstet zu sein.

Wie hoch soll ich einsteigen?

Viele Leute neigen dazu, den Erfolg daran zu messen, wie weit die andere Seite sich bewegt hat. Sogar wenn die erste Zahl eine völlig willkürliche Behauptung eines »ausgeschilderten Preises« oder »Einzelhandelswertes« ist, sind Käufer oft glücklich, wenn sie Sachen billiger bekommen. Sie haben den Markt nicht überprüft. Sie wissen nicht, was ihre Beste Alternative kosten würde, weshalb sie zufrieden sind, wenn sie weniger als die erste »Verhandlungsbasis« bezahlen.

Unter diesen Umständen beginnen Sie normalerweise, wenn Sie verkaufen, mit der höchsten Zahl, die Sie ohne Peinlichkeit rechtfertigen können. Eine andere Möglichkeit ist, mit der höchsten Zahl zu beginnen, von deren Fairneß Sie einen neutralen Dritten zu überzeugen versuchen. Wenn Sie eine solche Zahl vorschlagen, werden Sie zuerst die Gründe darlegen und dann die Zahl nennen. (Wenn die andere Seite eine Zahl hört, die ihr nicht gefällt, wird sie möglicherweise der Begründung nicht mehr zuhören.)

Solch eine Anfangszahl muß nicht als feste Position vorgebracht werden. Vielmehr schaden Sie Ihrer Glaubwürdigkeit um so mehr, als je fester Sie erste Zahlen bezeichnen, wenn Sie später von ihnen abrücken. Es ist sicherer und mindestens so effektiv, wenn Sie so etwas sagen wie »Ein zu berücksichtigender Faktor wäre, was andere für vergleichbare Arbeit bezahlen. In New York zum Beispiel zahlen sie 18 Dollar pro Stunde. Wie klingt das?« Hier haben Sie ein Kriterium und eine Zahl genannt, ohne sich auf sie festzulegen.

Die Strategie hängt von der Vorbereitung ab

Es gibt zwei allgemeine Aussagen über Strategie, die es wert sind, behandelt zu werden. Zunächst ist die Strategie in fast allen Fällen von der Vorbereitung abhängig. Wenn Sie gut vorbereitet sind, ergibt sich eine Strategie von selbst. Kennen Sie sich in den für die Verhandlung relevanten Kriterien gut aus, wird es offensichtlich sein, über welche diskutiert werden sollte und welche die Gegenseite vorbringen könnte. Haben Sie Ihre Interessen gründlich überdacht, wird es klar sein, welche Sie früh und welche Sie später oder überhaupt nicht erwähnen sollten. Und wenn Sie im voraus Ihre Beste Alternative formuliert haben, werden Sie wissen, wann es Zeit ist zu gehen.

Zweitens kann eine kluge Strategie mangelnde Vorbereitung nicht ausgleichen. Wenn Sie eine schrittweise Strategie formulieren, die der Gegenseite mit Sicherheit »die Socken ausziehen« wird, kommen Sie in Schwierigkeiten, wenn sie in Sandalen in die Verhandlung kommt. In Ihrer Strategie mag die Diskussion von Beziehungsfragen am Anfang stehen, aber die Gegenseite könnte über die Besten Alternativen reden wollen. Weil Sie nie sicher sein können, was deren Strategie sein wird, ist es weit besser, das Gelände zu kennen, als einen bestimmten Weg durch den Wald nehmen zu wollen.

Frage 8: »Konkret, wie gehe ich von der Entwicklung von Entscheidungsmöglichkeiten zum Eingehen von Verpflichtungen über?«

Wir haben eine große Anzahl von Ratschlägen über die Entwicklung kluger, beiderseitig zufriedenstellender Entscheidungsmöglichkeiten beim Verhandeln angeboten und wie man zahlreiche Probleme mit Menschen vermeidet oder überwindet. Es bleibt die Frage, wie man eine Einigung über Sachfragen erreicht. Wir glauben nicht, daß es ein bestes Verfahren gibt, aber hier sind einige allgemeine Grundregeln, die der Überlegung wert sind:

Denken Sie von Beginn an an den Abschluß eines Übereinkommens

Bevor Sie mit dem Verhandeln beginnen, ist es sinnvoll, sich vorzustellen, wie ein erfolgreiches Übereinkommen aussehen könnte. Dies wird Ihnen helfen herauszufinden, welche Sachfragen in der Verhandlung behandelt werden müssen, und was für ihre Klärung notwendig sein könnte. Stellen Sie sich vor, wie die Umsetzung eines Abkommens aussehen könnte. Welche Sachfragen müssen geklärt werden? Dann gehen Sie vom Ende zum Anfang vor. Fragen Sie sich, wie die Gegenseite ihren Anhängern ein Abkommen erfolgreich erläutern und rechtfertigen könnte. (»Unser Abschluß wird der höchste in der diesjährigen Tarifrunde sein.« »Unsere Zahlung liegt unter dem Wert, der von der Mehrheit der Bewerter angegeben wurde.«) Denken Sie darüber nach, was es für Sie bedeutet, das gleiche zu tun. Dann fragen Sie sich, welche Art Abkommen beiden Seiten ermöglichen würde, derartiges zu sagen. Denken Sie schließlich darüber nach, was es bedeuten könnte, die andere Seite – und sich selbst – davon zu überzeugen, ein vorgeschlagenes Abkommen anzunehmen statt weiter zu verhandeln.

Behalten Sie diese Fragen im Gedächtnis, wenn Ihre Verhandlung fortschreitet und Sie Ihre Sicht mit neuen Informationen umgestalten und ausfüllen. Sich auf diese Weise auf Ihr Ziel zu konzentrieren wird Ihnen helfen, Ihre Verhandlung auf einem produktiven Weg zu halten.

Erwägen Sie den Entwurf eines Vertragsrahmens

Bei Verhandlungen, bei denen ein schriftliches Abkommen herauskommen wird, ist es gewöhnlich sinnvoll, als Teil Ihrer Vorbereitung in Umrissen ein mögliches Abkommen zu entwerfen. Solch ein »Vertragsrahmen« ist ein Dokument in Form eines Abkommens, aber mit leeren Stellen für die Bedingungen, die ausgehandelt werden sollen. Das Standardformular für Kauf und Verkauf, das bei jedem Immobilienmakler erhältlich ist, ist ein Beispiel für einen detaillierten Vertragsrahmen. In anderen Fällen mag nur eine Liste von Überschriften angebracht sein. Die Ausarbeitung eines Vertragsrahmens, egal wie detailliert, kann sicherstellen, daß während der Verhandlung keine wichtigen Sachfragen übersehen werden. Ein solcher Rahmen kann als Ausgangspunkt und Tagesordnung für die Verhandlung dienen und Ihnen helfen, Ihre Zeit effektiv zu nutzen.

Ob Sie Ihre Verhandlung mit einem Vertragsrahmen beginnen oder nicht, es ist in beiden Fällen sinnvoll, nach und nach mögliche Bedingungen eines Abkommens zu entwerfen. Das Arbeiten an einem Entwurf hilft, die Diskussion konzentriert zu halten und wichtige Fragen zur Sprache zu bringen, die sonst leicht übersehen werden könnten, und vermittelt ein Gefühl für den Fortschritt der Verhandlung. Ein derartiger Entwurf liefert auch ein Protokoll der Diskussion und reduziert so die Möglichkeit späterer Mißverständnisse. Wenn Sie mit einem Vertragsrahmen arbeiten, mag der Entwurf einer endgültigen Version nicht mehr bedeuten als das Ausfüllen der leeren Stellen, wenn Sie die jeweiligen Konditionen diskutieren; oder wenn Sie noch keinen Konsens erzielt haben, kann die Formulierung alternativer Bestimmungen erforderlich sein.

Bewegen Sie sich schrittweise auf eine Verpflichtung zu

Wenn die Verhandlung fortschreitet und Sie für jede Sachfrage Entscheidungsmöglichkeiten und Kriterien diskutieren, sollten Sie nach einem Konsensvorschlag suchen, der alle vorgebrachten Argumente reflektiert und den Interessen beider Seiten bei dieser Sachfrage so gut wie möglich entspricht. Können Sie über eine einzelne Option noch nicht zu einem Einverständnis gelangen, versuchen Sie zumindest, die Bandbreite der zu erwägenden Möglichkeiten einzuengen, und gehen Sie dann zu einer anderen Frage über. Vielleicht ergibt sich später eine bessere Option oder eine Möglichkeit für einen Tauschhandel. (»In Ordnung. Vielleicht könnten daher als Gehalt 40000 oder

50000 DM sinnvoll sein. Wie steht es mit dem Eintrittsdatum?«)

Zur Förderung des Brainstorming empfiehlt sich eine ausdrückliche Übereinkunft, daß alle Festlegungen vorläufig sind. Dies wird Ihnen ermöglichen, ein Gefühl für den Fortschritt Ihrer Diskussionen zu haben, während Sie den hinderlichen Effekt vermeiden, sich Sorgen zu machen, daß jede diskutierte Option als Festlegung aufgefaßt wird. Vorläufige Verpflichtungen sind eine feine Sache und sollten nicht ohne Grund geändert werden. Aber machen Sie klar, daß Sie sich nicht zu irgend etwas fest verpflichten, bevor Sie das endgültige Gesamtpaket sehen. Über ein Rohabkommen könnten Sie zum Beispiel schreiben: »Vorläufiger Entwurf – keine Verpflichtungen.«

Der Prozeß in Richtung auf ein Abkommen ist selten linear. Seien Sie darauf gefaßt, die Liste der Sachfragen mehrmals durchzugehen, wobei Sie zwischen bestimmten Punkten und dem gesamten Paket hin- und hergehen. Schwierige Fragen mögen mehrfach überprüft oder bis zum Ende beiseite gelegt werden, abhängig davon, ob ein schrittweiser Fortschritt möglich erscheint. Vermeiden Sie bei diesem Vorgehen Forderungen oder Abblocken. Bieten Sie vielmehr Wahlmöglichkeiten an und bitten Sie um Kritik. (»Was halten Sie von einem Abkommen auf der Grundlage dieses Entwurfs? Ich bin nicht sicher, ob ich es meinen Leuten verkaufen kann, aber es könnte innerhalb akzeptabler Grenzen liegen. Könnte etwas dieser Art für Sie funktionieren? Wenn nicht, was ist daran falsch?«)

Verfolgen Sie hartnäckig Ihre Interessen, aber beharren Sie nicht stur auf einer bestimmten Lösung

Eine Möglichkeit, bestimmt zu sein ohne auf der Position zu beharren, besteht darin, Ihre Interessen von den Möglichkeiten, ihnen gerecht zu werden, zu trennen. Wenn ein Vorschlag in Frage gestellt wird, verteidigen Sie ihn nicht, erläutern Sie vielmehr noch einmal Ihre zugrundeliegenden Interessen. Fragen Sie die andere Seite, ob sie sich einen besseren Weg vorstellen kann, wie man diesen und ihren eigenen Interessen gerecht werden kann. Wenn es einen unlösbaren Konflikt zu geben scheint, fragen Sie, ob es einen Grund gibt, warum die Interessen einer Seite Priorität vor denen der anderen Seite haben sollten.

Bleiben Sie bei Ihrer Analyse, außer wenn die Gegenseite ein überzeugendes Argument dafür hat, daß Ihr Denken unvollständig ist und geändert werden sollte. Wenn Sie überzeugt sind, passen Sie Ihr Denken entsprechend an und präsentieren Sie zuerst die Logik. (»Das ist ein gutes Argument. Eine Möglichkeit, diesen Faktor zu messen, würde sein ...«) Wenn Sie gut vorbereitet sind, sollten Sie die meisten Argumente, die die Gegenseite vorbringen könnte, vorausgeahnt und durchdacht haben, wie sie Ihrer Meinung nach das Ergebnis beeinflussen könnten.

Während des ganzen Verhandelns ist das Ziel, unnütze Streitereien zu vermeiden. Suchen Sie in den Punkten, bei denen Meinungsverschiedenheiten bestehen bleiben, eine nachrangige Übereinkunft – nämlich darüber, wo Sie nicht einer Meinung sind. Stellen Sie sicher, daß die Interessen und Begründungen jeder Seite klar sind. Suchen Sie nach differierenden Annahmen und Wegen, sie zu testen. Suchen Sie wie immer widerstreitende Interessen mit Hilfe externer Kriterien oder kreativer Entscheidungsmöglichkeiten in Einklang zu bringen. Versuchen Sie, sich widersprechende Standards mit Hilfe von Kriterien zur Bewertung, welcher Standard angemessener ist, oder mit Hilfe kreativen Tauschhandels in Einklang zu bringen. Lassen Sie nicht locker.

Machen Sie ein Angebot

An irgendeinem Punkt der Verhandlung bringen die Klärung der Interessen, die Entwicklung von Entscheidungsmöglichkeiten und die Analyse von Standards abnehmende Erträge. Ist eine Sachfrage oder eine Gruppe von Problemen gut untersucht, sollten Sie darauf vorbereitet sein, ein Angebot vorzulegen. Ein frühes Angebot könnte auf die Kombinierung einiger Schlüsselfragen begrenzt sein. (»Ich würde einem Abschluß zum 30. Juni zustimmen, wenn die Anzahlung nicht 70000 DM übersteigt.«) Solche Teilangebote können später zu einem umfassenderen Vorschlag vereinigt werden.

Normalerweise sollte ein Angebot nicht überraschend kommen. Es sollte ein natürliches Ergebnis der bisherigen Diskussion sein. Es muß kein »Akzeptieren-Sie-oder-Lassen-Sie-Es«-Vorschlag sein, aber es sollte auch keine Ausgangsposition sein. Es sollte ein Angebot sein, das Ihrer Meinung nach entsprechend dem Vorangegangenen für beide Seiten sinnvoll ist. Viele Verhandlungen führen zu einer Einigung, wenn ein komplettes Angebot vorgelegt wird.

Sie sollten der Frage einige Gedanken widmen, wie und wo Sie ein Angebot unterbreiten. Wurden die Diskussionen öffentlich oder in großen Gruppen geführt, könnten Sie eine privatere Gelegenheit suchen, um die endgültigen Festlegungen zu erkunden. Die meisten Abkommen werden unter vier Augen zwischen den obersten Verhandlungsführern beider Seiten getroffen, auch wenn der förmliche Abschluß später in einem größeren Forum erfolgen kann.

Wenn ein Abkommen sinnvoll ist, einige Punkte aber immer noch strittig sind, suchen Sie nach fairen Verfahren für die Ermöglichung eines Abschlusses. Die Teilung der Differenz zwischen willkürlichen Zahlen produziert ein willkürliches Ergebnis. Aber die Aufteilung des Unterschieds zwischen Zahlen, die auf legitimen und überzeugenden unabhängigen Kriterien beruhen, ist eine Möglichkeit, ein faires Ergebnis zu finden. Ein anderer Ansatz zur Bereinigung bestehender Differenzen besteht darin, daß eine oder beide Parteien einen Dritten einladen, mit jeder Seite zu reden und, vielleicht nach wiederholten Beratungen, eine endgültige »Letzte-Chance«-Empfehlung vorzulegen.

Seien Sie am Ende großzügig
Wenn Sie den Eindruck haben, daß Sie schließlich einem Abkommen nahe sind, erwägen Sie, der Gegenseite etwas zu geben, das Ihres Wissens für sie von Wert ist, das aber immer noch mit der grundlegenden Logik Ihres Vorschlags übereinstimmt. Machen Sie klar, daß dies eine abschließende Geste ist; Sie wollen keine Erwartungen auf weitere Zugeständnisse wekken. Solch ein verbessertes Angebot kann manchmal irgendwelche Zweifel der letzten Minute ausräumen und den Handel perfekt machen.

Sie wollen, daß die andere Seite die Verhandlungen mit dem Gefühl verläßt, zufrieden und fair behandelt worden zu sein. Dieses Gefühl kann sich bei der Umsetzung eines Abkommens und bei zukünftigen Verhandlungen reichlich bezahlt machen.

Frage 9: »Wie probiere ich diese Ideen aus, ohne ein zu großes Risiko einzugehen?«

Vielleicht sind Sie davon überzeugt, daß dieser Ansatz sinnvoll ist, aber Sie sind besorgt, daß Sie ihn nicht gut genug umsetzen können, um die Ergebnisse Ihres gegenwärtigen Ansatzes zu verbessern. Was können Sie tun, um diese Ideen auszuprobieren, ohne ein zu großes Risiko einzugehen?

Fangen Sie klein an
Experimentieren Sie bei Verhandlungen, bei denen die Ansprüche niedrig sind, Sie eine gute Beste Alternative haben, günstige objektive Kriterien verfügbar sind und relevant scheinen und bei denen die andere Seite diesem Ansatz wahrscheinlich zugänglich ist. Beginnen Sie mit Ideen, die auf Ihren gegenwärtigen Fähigkeiten aufbauen, dann probieren Sie neue Ideen aus,

eine nach der anderen. Wenn Sie Erfahrungen sammeln und Vertrauen gewinnen, erhöhen Sie langsam die Ansprüche, indem Sie neue Techniken in bedeutenderen und anspruchsvolleren Zusammenhängen ausprobieren. Sie müssen nicht alles auf einmal versuchen.

Investieren Sie etwas
Manche Leute spielen ihr ganzes Leben Tennis, werden aber nie besser. Diese Leute sind nicht bereit, ihr Tun mit neuen Augen zu betrachten oder an eine Änderung zu denken. Gute Spieler erkennen, daß besser werden oft das Ausprobieren neuer Ansätze bedeutet. Eine Zeitlang mögen sie schlechter werden, wenn sie mit neuen und ungewohnten Techniken kämpfen, aber am Ende erreichen sie ein höheres Niveau. Die neuen Techniken bieten langfristigeres Potential. Beim Verhandeln müssen Sie das gleiche tun.

Überprüfen Sie Ihre Leistung
Planen Sie Zeit ein, um nach jeder wichtigen Verhandlung darüber nachzudenken, wie Sie sich verhalten haben. Was hat funktioniert, was nicht? Was hätten Sie vielleicht anders machen können? Erwägen Sie, ein Verhandlungstagebuch zu führen, in dem Sie von Zeit zu Zeit nachlesen können.

Bereiten Sie sich vor!
Verhandlungsmacht, wie weiter unten erläutert wird, ist nicht etwas, von dem Sie eine bestimmte Menge haben, die überall für jeden Zweck angewendet werden kann. Es erfordert harte Arbeit im voraus, um Ihre Mittel zum Tragen zu bringen, wenn Sie in einer bestimmten Situation überzeugend sein wollen. Mit anderen Worten, es erfordert Vorbereitung. Es liegt kein Risiko darin, gut vorbereitet zu sein. Es benötigt einfach nur Zeit. Je besser vorbereitet Sie sind, um so wahrscheinlicher benutzen Sie die hier dargestellten Ideen und finden sie wertvoll.

Planen Sie, wie Sie eine gute Arbeitsbeziehung mit der Gegenseite aufbauen und erhalten. Fertigen Sie eine Liste Ihrer Interessen und der der anderen Seite an. Dann listen Sie die Entscheidungsmöglichkeiten auf, die möglichst viele dieser Interessen abdecken. Suchen Sie nach einer Vielzahl externer Bezugspunkte oder Kriterien, die eine einsichtige dritte Partei davon überzeugen könnten, was getan werden sollte. Fragen Sie sich, welche Argumente Sie vorbringen wollen, und dann sehen Sie zu, ob Sie die Fakten und Informationen finden, die Sie hierzu benötigen. Überlegen Sie auch, welche Bezugspunkte Ihr Gegenüber für überzeugend halten könnte, um seinen oder ihren Anhängern gegenüber ein Abkommen zu rechtfertigen. Wenn die Verhandlungspartner der anderen Seite es als schwierig ansehen würden, ihren Anhängern gegenüber bestimmte Bedingungen zu rechtfertigen, ist eine Zustimmung zu diesen Bedingungen unwahrscheinlich. Und überlegen Sie, welche Verpflichtungen Ihrer Meinung nach jede Seite übernehmen soll. Entwerfen Sie ein mögliches Rohabkommen.

In manchen Fällen wollen Sie vielleicht einen Freund bitten, Ihnen zu helfen, eine bevorstehende Verhandlung durchzuspielen, entweder indem er die andere Seite spielt oder Sie (nach Einübung), während Sie die Gegenseite spielen. (Die Rolle der anderen Seite zu übernehmen und vom Empfänger Ihre Argumente anzuhören ist eine machtvolle Technik, Ihre Argumentation zu testen.) Vielleicht wollen Sie auch eine Vorbereitung durch Freunde, erfahrenere Verhandlungsführer oder professionelle Verhandlungsberater erhalten.

In vieler Hinsicht ist Verhandeln wie Leichtathletik: Manche Leute besitzen mehr natürliches Talent, und wie die besten Athleten mögen sie aus Vorbereitung, Praxis und Training den größten Nutzen ziehen. Aber jene mit weniger natürlichem Talent benötigen mehr Vorbereitung, Praxis und Feedback und haben dadurch viel zu gewinnen. Egal zu welcher Gruppe Sie gehören, es gibt viel zu lernen, und harte Arbeit macht sich bezahlt. Es liegt an Ihnen.

Fragen über Macht

Frage 10: »Kann meine Verhandlungsmethode wirklich einen Einfluß haben, wenn die Gegenseite mächtiger ist?« und »Wie verbessere ich meine *Verhandlungsmacht?«*

Ihre Verhandlungsmethode (und wie Sie sich auf das Verhandeln vorbereiten) kann einen *enormen* Einfluß haben, unabhängig von der relativen Stärke jeder Partei.

Manches können Sie nicht bekommen

Natürlich ist das, was Sie durch Verhandeln bekommen können, begrenzt, egal wie fähig Sie sind. Der beste Verhandlungsführer der Welt wird nicht in der Lage sein, das Weiße Haus zu kaufen. Sie sollten keinen Erfolg erwarten, wenn Sie der anderen Seite kein Angebot machen können, das diese für besser als ihre Beste Alternative hält. Wenn dies unmöglich erscheint, dann macht Verhandeln keinen Sinn. Konzentrieren Sie sich statt dessen auf die Verbesserung Ihrer Besten Alternative und vielleicht auf die Änderung derjenigen der Gegenseite.

Ihre Verhandlungsmethode spielt eine große Rolle

In einer Situation, in der eine Chance für ein Abkommen *besteht*, kann Ihre Verhandlungsmethode dazu führen, daß Sie sich einigen oder nicht, oder sie kann ein Ergebnis hervorbringen, das Sie für günstig halten, oder eines, das lediglich akzeptabel ist. Ihre Verhandlungsmethode kann bestimmen, ob der Kuchen vergrößert oder nur aufgeteilt wurde, und ob Sie zur Gegenseite eine gute Beziehung haben oder eine belastete. Wenn die andere Seite alle Karten in der Hand zu haben scheint, ist Ihre Verhandlungsmethode absolut wesentlich. Nehmen Sie zum Beispiel an, Sie verhandeln um eine Ausnahmeregelung oder ein Stellenangebot. Realistischerweise mögen Sie wenig in der Hand haben, wenn die andere Seite Ihre Forderung ablehnt, und wenig zu bieten haben, wenn sie sie erfüllt. In dieser Situation ist Ihr Verhandlungsgeschick alles. Gleich wie klein die Erfolgsaussichten sind, die Art, in der Sie verhandeln, wird bestimmen, ob Sie daraus Nutzen ziehen können.

»Ressourcen« sind nicht das gleiche wie »Verhandlungsmacht«

Verhandlungsmacht ist die Fähigkeit, jemanden davon zu überzeugen, etwas zu tun. Die Vereinigten Staaten sind reich und besitzen eine Menge Atombomben, aber beides war wenig hilfreich bei der Verhinderung terroristischer Anschläge oder der Befreiung von Geiseln, wenn sie an Orten wie Beirut festgehalten wurden. Ob Ihre Mittel Ihnen Verhandlungsmacht verleihen, hängt vom Kontext ab – wen Sie zu überzeugen versuchen und was Sie wollen, das sie tun.

Fragen Sie nicht »Wer ist mächtiger?«

Der Versuch abzuschätzen, ob Sie oder Ihr Gegenüber größere »Macht« besitzt, ist riskant. Wenn Sie zu dem Schluß gelangen, daß Sie mächtiger sind, entspannen Sie sich möglicherweise und bereiten sich nicht so gut vor, wie Sie sollten. Andererseits, wenn sie meinen, Sie sind schwächer als die andere Seite, besteht die Gefahr, daß Sie entmutigt sind und ebenfalls nicht genug Aufmerksamkeit darauf richten, wie Sie sie überzeugen könnten. Zu welchem Schluß sie auch gelangen, es wird Ihnen nicht helfen herauszufinden, wie Sie am besten vorgehen.

Sie können tatsächlich eine Menge zur Steigerung Ihrer Verhandlungsmacht tun, sogar wenn die Mittel einseitig verteilt sind. Natürlich wird es Verhandlungen geben, bei denen zumindest kurzfristig die Gegenseite die besseren Karten hat. Aber in dieser zunehmend interdependenten Welt gibt es fast immer Mittel und potentielle Verbündete, die ein fähiger und hartnäkkiger Unterhändler ausnutzen kann, zumindest um den Angelpunkt zu verschieben, wenn nicht sogar, um die Verteilung der Macht engültig auf die andere Seite zu ziehen. Sie werden nur dann herausfinden, was möglich ist, wenn Sie es versuchen.

Manchmal scheinen Leute es vorzuziehen, sich machtlos zu fühlen und zu glauben, daß sie nichts tun können, um eine Situation zu beeinflussen. Dieser Glaube hilft ihnen zu vermeiden, sich verantwortlich oder schuldig für das Nichtstun zu fühlen. Er vermeidet auch den Aufwand für den Versuch, die Situation zu ändern – sich zu bemühen und Mißerfolg zu riskieren, was die Person beschämen könnte. Aber auch wenn diese Meinung verständlich ist, so bleibt das, was die Person durch effektives Verhandeln erreichen könnte, unbeeinflußt. Es ist eine kontraproduktive und sich selbst erfüllende Einstellung.

Die beste Daumenregel ist, optimistisch zu sein – Ihre Ziele immer etwas höher als das scheinbar Erreichbare zu stecken. Erkennen Sie, ohne viele Mittel auf hoffnungslose Fälle zu verschwenden, daß vieles wert ist, ausprobiert zu werden, auch wenn Sie keinen Erfolg haben mögen. Je mehr Sie ausprobieren, um so mehr werden Sie bekommen. Studien über Verhandeln zeigen beständig eine starke Korrelation zwischen Erwartung und Ergebnis. Innerhalb bestimmter Grenzen macht es sich bezahlt, positiv zu denken.

Es gibt viele Quellen der Verhandlungsmacht

Wie verbessern Sie Ihre Verhandlungsmacht? Dieses ganze Buch sucht diese Frage zu beantworten. Verhandlungsmacht hat viele Quellen. Eine besteht in einer guten Besten Alternative. Vorausgesetzt, daß die andere Seite Ihnen glaubt, ist es überzeugend, ihr zu sagen, daß Sie eine bessere Alternative haben. Aber jedes der vier Elemente der Methode, die in Teil II dieses Buchs dargestellt wurde – Menschen, Interessen, Entscheidungsmöglichkeiten und objektive Kriterien – ist ebenfalls eine Quelle für Verhandlungsmacht. Wenn die andere Seite in einem Bereich stark ist, können Sie versuchen, in einem anderen Stärke zu entwickeln. Zu diesen fünf Quellen wollen wir nun eine sechste hinzufügen, die Macht der Verpflichtung.

Es liegt Macht in der Herstellung einer guten Arbeitsbeziehung zwischen den Verhandlungspartnern

Verhandlungen werden wahrscheinlich glatter verlaufen und für beide Seiten erfolgreicher sein, wenn Sie die Gegenseite verstehen und sie Sie versteht, wenn Gefühle anerkannt werden und die Menschen mit Achtung behandelt werden, auch wenn sie nicht einer Meinung sind, wenn es eine klare Kommunikation in beiden Richtungen gibt und beide Seiten sich anhören, und wenn menschliche Probleme direkt behandelt werden, nicht durch Forderungen oder Anbieten von Zugeständnissen in der Sache. In diesem Sinne ist Verhandlungsmacht kein Nullsummenphänomen. Mehr Verhandlungsmacht für die andere

Seite bedeutet nicht notwendigerweise weniger für Sie. Je besser Ihre Arbeitsbeziehung ist, um so besser kann jede Seite die andere beeinflussen.

Im Gegensatz zur konventionellen Meinung werden Sie oft davon profitieren, wenn die andere Seite ihre Fähigkeit steigert, Sie zu beeinflussen. Zwei Menschen mit wohlverdienter Reputation, vertrauenswürdig zu sein, können sich eher gegenseitig beeinflussen als zwei Menschen mit dem Ruf, unehrlich zu sein. Daß Sie der anderen Seite vertrauen können, erhöht ihre Fähigkeit, Sie zu beeinflussen. Aber auch Sie haben Nutzen davon. Sie können sicher Abkommen abschließen, die beiden Seiten Nutzen bringen.

Gute Kommunikation ist eine besonders bedeutende Quelle der Verhandlungsmacht. Wenn Sie Ihre Botschaft mit Stärke versehen, wenn Sie der anderen Seite zuhören und ihr zeigen, daß Sie sie gehört haben, kann dies alles Ihre Überzeugungskraft steigern. John F. Kennedy war zu Recht für seine kraftvollen Botschaften berühmt: »Laßt uns nie aus Furcht verhandeln. Aber laßt uns nie fürchten zu verhandeln.« (Rede zur Amtsübernahme am 20. Januar 1961)

Eine Botschaft muß nicht unmißverständlich sein, um klar und wirksam zu sein. Wenn Sie der anderen Seite helfen, Ihr Denken zu verstehen – auch wenn Sie über etwas verschiedener Meinung sind –, kann dies in vielen Fällen ihre Furcht verringern, Mißverständnisse beseitigen und gemeinsame Problemlösung fördern. Stellen Sie sich einen Zulieferer vor, der seiner Meinung nach ein konkurrenzfähiges Angebot für einen Zuliefervertrag vorgelegt hat. Dem Einkäufer gefallen Angebot und Zulieferer, aber er ist besorgt, daß die Firma, die neu im Markt ist, nicht in der Lage sein könnte, seinen Spitzenbedarf zu dekken. Würde der Einkäufer einfach »Nein, danke« sagen und dann mehr bezahlen, um eine andere Firma zu verpflichten, könnte der Anbieter annehmen, daß der Einkäufer sein Angebot nicht mochte. Und der Anbieter hätte keine Gelegenheit, den Einkäufer zu überzeugen, daß er die benötigten Mengen liefern könnte. Es wäre für beide Seiten besser, wenn der Einkäufer sein Interesse für das Angebot und seine Besorgnisse mitteilen würde.

Gutes Zuhören kann Ihre Verhandlungsmacht erhöhen, indem es die Informationen, die Sie über die Interessen der anderen Seite oder über mögliche Optionen haben, vermehrt. Wenn Sie die Meinungen und Sorgen der anderen Seite verstehen, können Sie sie zur Sprache bringen, Bereiche der Übereinstimmung und Uneinigkeit erkunden und sinnvolle Möglichkeiten des zukünftigen Vorgehens entwickeln. Denken sie zum Beispiel an einen älteren Mann, dessen Ärzte ihn von seinem jetzigen Krankenhaus in ein anderes mit Spezialeinrichtungen verlegen möchten. Die Ärzte erklärten ihm wiederholt, auf welche Weise das Spezialkrankenhaus ihn besser behandeln könnte, aber der Mann gab nicht nach. Da sie wußten, daß der Mann gegen seine besten Interessen handelte, taten sie seine Begründungen als irrational ab. Ein Medizinalassistent nahm den Mann jedoch ernst und hörte ihm sorgfältig zu, warum er sich nicht verlegen lassen wollte. Der Patient erzählte, daß er in seinem Leben wiederholt verlassen worden sei und daß er fürchte, eine Verlegung könne erneut dazu führen. Der Assistent begann, diese Sorge direkt anzusprechen, und schließlich stimmte der Mann freudig zu, verlegt zu werden.

Wenn Sie zeigen, daß Sie die andere Seite gehört haben, erhöht dies auch Ihre Fähigkeit, sie zu überzeugen. Wenn sie sich von Ihnen *angehört* fühlt, wird sie Ihnen auch bereitwilliger *zuhören*. Es ist vergleichsweise leicht zuzuhören, wenn die andere Seite etwas sagt, dem Sie zustimmen. Schwieriger ist es, Dingen zuzuhören, mit denen Sie nicht übereinstimmen, aber dann ist das Zuhören am effektivsten. Hören Sie zu, bevor Sie zu einer Widerlegung ansetzen. Fragen Sie nach. Stellen Sie sicher, daß Sie ihren Standpunkt verstehen, und sorgen Sie dafür, daß die Gegenseite weiß, daß Sie sie verstehen. Wenn sie dies weiß, kann sie Ihre Nichtzustimmung nicht einfach als mangelndes Verständnis abtun.

Es liegt Macht im Verstehen der Interessen

Je klarer Ihnen die Sorgen der anderen Seite sind, um so besser werden Sie in der Lage sein, ihnen mit einem minimalen Aufwand für Sie gerecht zu werden. Suchen Sie nach nichtgreifbaren oder verborgenen Interessen, die wichtig sein können. Bei konkreten Interessen wie Geld fragen Sie, was dahinter steckt. (»Wofür wird das Geld verwendet?«) Manchmal reflektiert sogar die am bestimmtesten vertretene und inakzeptable Position ein zugrundeliegendes Interesse, das mit Ihrem eigenen übereinstimmt.

Stellen Sie sich einen Geschäftsmann vor, der versuchte, einen Rundfunksender zu kaufen. Der Mehrheitseigentümer war bereit, für eine akzeptable Summe seinen Zweidrittelanteil zu verkaufen, aber die Besitzerin des anderen Drittels (und gegenwärtige Leiterin des Senders) forderte einen überzogen scheinenden Preis für ihren Anteil. Der Geschäftsmann hatte sein Angebot mehrfach vergeblich erhöht und dachte langsam daran, den Handel aufzugeben. Schließlich beschäftigte er sich genauer mit den Interessen der zweiten Eigentümerin. Er erfuhr, daß dieser weniger am Geld gelegen war, sondern daran, weiterhin den Sender zu leiten. Der Geschäftsmann bot an, nur den Teil ihres Anteils zu kaufen, den er aus Steuergründen benötigte, und sie als Managerin zu behalten. Sie akzeptierte dieses Angebot zu einem Preis, der dem Geschäftsmann fast eine Million Dollar ersparte. Das Verständnis der zugrundeliegenden Interessen des Verkäufers hatte die Verhandlungsmacht des Käufers erheblich gesteigert.

Es liegt Macht in der Entwicklung einer eleganten Option

Erfolgreiches Brainstorming erhöht Ihre Fähigkeit, andere zu beeinflussen. Wenn Sie einmal die Interessen jeder Seite verstanden haben, ist es oft möglich – wie im obigen Beispiel –, einen klugen Weg zu finden, diese Interessen in Übereinstimmung zu bringen. Manchmal kann dies erreicht werden, indem man sich eine geniale Verfahrensoption ausdenkt.

Denken Sie an eine Briefmarkenauktion mit versiegeltem Angebot. Der Auktionator möchte, daß die Bieter das meiste bieten, das sie für die Briefmarken zu zahlen bereit sind. Jeder potentielle Käufer will jedoch nicht mehr als notwendig zahlen. Bei einer regulären Auktion mit versiegeltem Angebot versucht jeder Bieter geringfügig mehr zu bieten, als nach seiner Schätzung die anderen bieten werden, was oft weniger ist als das, was der Bieter zahlen würde. Aber bei einer Briefmarkenauktion erhält der Meistbietende die Briefmarken zum Preis des *zweithöchsten* Gebotes. Die Käufer können beruhigt *genau* soviel bieten, wie sie bereit sind zu zahlen, um die Briefmarken zu erhalten, weil der Auktionator garantiert, *daß sie es nicht bezahlen müssen*! Kein Bieter wünscht am Ende, daß er oder sie mehr geboten hätte, und der hohe Bieter ist glücklich, weniger zu zahlen, als er geboten hatte. Der Auktionator ist zufrieden, weil er weiß, daß der Unterschied zwischen dem höchsten und zweithöchsten Gebot gewöhnlich kleiner ist als der Gesamtanstieg im Niveau der Gebote bei diesem System, im Vergleich zu der regulären Auktion mit versiegeltem Angebot.*

Es liegt Macht in der Anwendung externer Kriterien der Legitimität

Sie können Kriterien der Legitimität sowohl als Schwert benutzen, um andere zu überzeugen, als auch als Schild, um Ihnen zu helfen, dem Druck zu widerstehen, willkürlich nachzugeben. (»Ich würde Ihnen gerne einen Rabatt einräumen, aber dieser Preis ist fix. Er entspricht dem, was General Motors letzte Woche für die gleiche Sache bezahlt hat. Hier ist die Verkaufsrechnung.«) Genauso wie ein Rechtsanwalt durch Finden relevanter

* Ein ähnliches Verfahren kann bei allen Arten von Standortentscheidungen benutzt werden, sogar wenn das Problem so brisant ist wie die Bestimmung des Standortes einer gefährlichen Mülldeponie. Vgl. Howard Raiffa: *A Hypothetical Speech to a Hypothetical Audience About a Real Problem.* Program on Negotiation at Harvard Law School, Working Paper No. 85-5.

Präzedenzfälle und Prinzipien seine oder ihre Fähigkeit erhöht, einen Richter zu überzeugen, so kann ein Verhandlungspartner seine oder ihre Verhandlungsmacht steigern, indem er oder sie Präzedenzfälle, Grundsätze und andere externe Kriterien der Fairneß findet und sich Wege ausdenkt, sie machtvoll und wirkungsvoll zu präsentieren: »Ich bitte um nicht mehr und nicht weniger, als was Sie anderen für vergleichbare Arbeit bezahlen.« »Wir werden das zahlen, was das Haus wert ist, wenn wir es uns leisten können. Wir bieten das an, zu dem das ähnliche Haus in der Nachbarschaft letzte Woche verkauft wurde. Wenn Sie uns keine gute Begründung dafür geben können, warum Ihr Haus mehr wert ist, bleibt unser Angebot fest und unveränderbar.« Die Gegenseite zu überzeugen, daß Sie um nicht mehr bitten, als was fair ist, ist eines der machtvollsten Argumente, das Sie vorbringen können.

Es liegt Macht in der Entwicklung einer guten Besten Alternative

Wie wir in Kapitel 5 in Teil II darlegen, besteht eine grundlegende Möglichkeit zur Steigerung Ihrer Verhandlungsmacht darin, Ihre Alternative des Verlassens der Verhandlung zu verbessern. Eine attraktive Beste Alternative ist ein starkes Argument, mit dem Sie die andere Seite davon überzeugen können, mehr zu bieten. (»Die Firma gegenüber hat mir 20% mehr geboten, als was ich jetzt verdiene. Ich würde lieber hier bleiben. Aber bei den Lebenshaltungskosten werde ich daran denken müssen, die Stelle zu wechseln, wenn ich nicht bald eine kräftige Gehaltserhöhung bekomme. Was meinen Sie, wäre möglich?«)

Zusätzlich zur Verbesserung Ihrer gesamten Besten Alternative (was Sie tun werden, wenn die Verhandlungen zu keiner Übereinkunft führen) sollten Sie auch Ihre »Mikro-Beste-Alternative« vorbereiten – was ist das beste Ergebnis, wenn *bei dieser Besprechung* keine Übereinkunft erzielt wird? Es ist hilfreich, im voraus eine gute Abbruchlinie zu formulieren für den

Fall, daß eine Besprechung zu keinem Ergebnis führt. (»Vielen Dank für die Mitteilung Ihrer Standpunkte und das Anhören meiner. Wenn ich mich entscheide weiterzumachen, komme ich auf Sie zurück, vielleicht mit einem neuen Vorschlag.«)

Manchmal ist es möglich, ganz legitim die Beste Alternative der Gegenseite zu verschlechtern. Zum Beispiel versuchte ein uns bekannter Vater, seinen jungen Sohn dazu zu bekommen, den Rasen zu mähen. Er bot ihm einen bedeutenden Geldbetrag an, aber vergeblich. Schließlich offenbarte der Sohn unabsichtlich seine Beste Alternative: »Aber Papa, ich brauche nicht den Rasen zu mähen, um Geld zu bekommen. Du läßt jedes Wochenende deine Brieftasche auf der Kommode liegen...« Der Vater änderte schnell die Beste Alternative seines Sohnes, indem er seine Brieftasche nicht mehr liegen ließ und klarstellte, daß er es mißbilligte, ohne zu fragen Geld zu nehmen; der Sohn fing an, den Rasen zu mähen. Die Taktik, die Beste Alternative der anderen Seite zu verschlechtern, kann benutzt werden, um Zwang auszuüben oder auszubeuten, aber sie kann auch helfen, ein faires Ergebnis sicherzustellen. Bemühungen zur Verbesserung der eigenen Alternativen und zur Verschlechterung der Einschätzung der anderen Seite bezüglich ihrer Alternativen sind entscheidende Möglichkeiten zur Stärkung unserer Verhandlungsmacht.

Es liegt Macht im Eingehen einer sorgfältig formulierten Verpflichtung

Eine zusätzliche Quelle der Überzeugungskraft verdient Beachtung: die Macht von Verpflichtungen. Sie können eine Verpflichtung auf dreifache Weise nutzen, um Ihre Verhandlungsmacht zu stärken: Sie können sich zu dem verpflichten, was Sie tun wollen, zum Beispiel indem Sie ein festes Angebot unterbreiten. Sie können mit Vorsicht eine negative Verpflichtung eingehen für das, was Sie nicht tun wollen. Und Sie können genau klären, welche Verpflichtungen die andere Seite Ihrer Meinung nach eingehen sollte.

Stellen sie klar, was Sie tun wollen. Eine Möglichkeit zur Verbesserung Ihrer Verhandlungsmacht besteht in einem festen Angebot, zur richtigen Zeit vorgelegt. Wenn Sie ein festes Angebot machen, liefern Sie eine Option, die Sie akzeptieren *werden*, wobei Sie gleichzeitig klarstellen, daß Sie die Diskussion weiterer Optionen nicht ausschließen. Wollen Sie jemanden überzeugen, einen Job anzunehmen, reden Sie nicht nur darüber; machen Sie ein Angebot. Wenn Sie ein Angebot machen, geben Sie zwar die Möglichkeit auf, um bessere Bedingungen zu feilschen. Aber sie gewinnen dadurch, daß Sie der anderen Seite die Entscheidung vereinfachen und es ihr erleichtern, sich festzulegen. Alles, was sie sagen muß, um ein Abkommen zu erreichen, ist »Ja«.

Ein Angebot darüber zu machen, was Sie tun wollen, wenn die Gegenseite den von Ihnen vorgeschlagenen Bedingungen zustimmt, ist eine Möglichkeit, die eventuelle Furcht der anderen Seite zu überwinden, sich auf glattes Terrain zu begeben. Ohne ein klares Angebot mag sogar eine schmerzliche Situation dem Akzeptieren »einer Katze im Sack« vorzuziehen sein, besonders wenn die andere Seite fürchtet, daß ein günstiges Anzeichen Sie ermutigen wird, mehr zu fordern. 1990 versuchte der Sicherheitsrat der Vereinten Nationen Irak durch die Verhängung von Sanktionen zu beeinflussen, sich aus Kuwait zurückzuziehen. Die Resolutionen des Sicherheitsrats stellten eindeutig fest, daß Irak sich zurückziehen muß, aber sie legten *nicht* fest, daß mit dem Rückzug die Sanktionen enden würden. Falls Saddam Hussein der Überzeugung war, daß die Sanktionen auch nach einem Rückzug aus Kuwait in Kraft blieben, dann lieferten diese Sanktionen, obwohl sie unangenehm waren, für Irak keinen Anreiz zum Abzug.

Je konkreter das Angebot, um so überzeugender ist es. Daher könnte ein schriftliches Angebot glaubwürdiger sein als ein mündliches. (Ein uns bekannter Immobilienmakler hat Klienten gerne, die ein Angebot machen und dabei Bündel von Einhundert-Dollar-Scheinen auf den Tisch stapeln.) Es kann auch sein, daß Sie Ihr Angebot zu einer »schwindenden Möglichkeit« machen, wobei Sie angeben, wann und wie es ausläuft. Zum Beispiel erzeugte Präsident Reagans Amtsübernahme 1981 eine schwindende Möglichkeit bei den Verhandlungen um die Freilassung der amerikanischen Diplomatengeiseln in Iran. Die Iraner wollten nicht, daß sie die Verhandlungen mit einer neuen US-Administration neu aufnehmen müßten.

In manchen Fällen mögen Sie auch klären wollen, was Sie tun werden, wenn die andere Seite Ihren Vorschlag nicht annimmt. Möglicherweise erkennt sie nicht die Konsequenzen Ihrer Besten Alternative für sie. (»Wenn wir heute abend in unserer Wohnung wieder nicht heizen können, werde ich die Mietzahlung kürzen. Und falls unsere Kinder krank werden, werde ich Sie auf Schadensersatz verklagen.«)

Erwägen Sie, sich darauf festzulegen, was Sie nicht tun werden. Manchmal können Sie die andere Seite davon überzeugen, ein Angebot anzunehmen, das besser ist als ihre Beste Alternative, indem Sie sie überzeugen, daß Sie nicht mehr anbieten können oder wollen (»Akzeptieren Sie oder lassen Sie's«). Sie machen nicht nur ein Angebot; Sie binden Ihre Hände, es zu ändern. Wie in Teil I. diskutiert, ist das Festlegen auf eine Position teuer; sich früh festzulegen begrenzt die Kommunikation und beschwört die Gefahr herauf, die Beziehung zu schädigen, da sich die andere Seite ignoriert oder unter Druck gesetzt fühlt. Das Risiko ist geringer, wenn Sie sich festlegen, nachdem Sie die Interessen der anderen Seite verstanden und Entscheidungsmöglichkeiten zum beiderseitigen Vorteil erkundet haben, und es wird Ihre Beziehung zur Gegenseite weniger schädigen, wenn es glaubwürdige, von Ihrem Willen unabhängige Gründe gibt, die Ihre Unnachgiebigkeit erklären und rechtfertigen.

Zu einem bestimmten Zeitpunkt kann es das Beste sein, ein endgültiges Angebot auf den Tisch zu legen und dazu zu stehen. Dies beeinflußt normalerweise die andere Seite, indem es ihre

Mikro-Beste-Alternative verschlechtert. Wenn sie dann nein sagt, hat sie nicht länger die Möglichkeit, ein besseres Abkommen mit Ihnen zu erreichen.

Stellen Sie klar, was die Gegenseite Ihrer Meinung nach tun sollte. Es zahlt sich aus, die genauen Bedingungen der Verpflichtung zu durchdenken, die die andere Seite eingehen soll. Dies stellt sicher, daß Ihre Forderung Sinn macht. »Susan, versprich mir, mich *nie wieder* zu unterbrechen, wenn ich telefoniere« könnte leicht zu einer Katastrophe führen, wenn Susan ihr Versprechen in einem Notfall wörtlich nimmt. Sie wollen eine schludrige Verpflichtung vermeiden, die zu umfassend ist, die andere Seite nicht bindet, wichtige Informationen ausläßt oder nicht realisierbar ist.

Vor allem, wenn Sie wollen, daß die andere Seite etwas *tut*, ist es sinnvoll, ihr genau zu sagen, was dies ist. Anderenfalls könnte sie nichts tun, da sie nicht mehr tun will, als sie muß. Im Herbst 1990 zum Beispiel wurde die Fähigkeit der Vereinigten Staaten, Saddam Hussein zu beeinflussen, durch die Zweideutigkeit dessen, was die USA zufriedenstellen würde, unterhöhlt. Zu verschiedenen Zeiten schienen der Rückzug der irakischen Truppen aus Kuwait, die Zerstörung der irakischen Atomanlagen, die Zerschlagung der irakischen Militärmacht und der Sturz Saddam Husseins mögliche Ziele der USA zu sein.

Nutzen Sie Ihre potentielle Verhandlungsmacht bestmöglich aus

Um Ihre potentielle Verhandlungsmacht bestmöglich auszunutzen, sollten Sie jede Machtquelle in Harmonie mit den anderen nutzen. Verhandlungsführer suchen manchmal nach ihrer stärksten Machtquelle und nutzen nur sie. Hat ein Partner zum Beispiel eine starke Beste Alternative, mag er oder sie die andere Seite damit konfrontieren und drohen, die Verhandlung zu verlassen, wenn das letzte Angebot nicht akzeptiert wird. Dies wird wahrscheinlich die Überzeugungskraft der Argumente des Verhandlungspartners, warum sein Angebot fair ist, schmälern. Wenn Sie Ihre Beste Alternative mitteilen wollen, sollten Sie dies besser auf eine Weise tun, die die Beziehung respektiert, die die Möglichkeit einer zweiseitigen Kommunikation offenläßt, die die Legitimität Ihres letzten Angebots unterstreicht, die andeutet, wie dieses Angebot den Interessen der anderen Seite entspricht, usw. Die Gesamtwirkung einer solchen Verhandlungsmacht, die Sie haben, wird größer sein, wenn jedes Element so genutzt wird, daß es die anderen verstärkt.

Sie werden als Verhandlungspartner auch größeren Einfluß ausüben, wenn Sie selber glauben, was Sie sagen und tun. Gleich welchen Nutzen Sie aus den Ideen in diesem Buch ziehen können, tragen Sie sie nicht wie die Kleider von jemand anderem. Passen Sie das, was wir sagen, solange an, bis Sie einen Ansatz finden, der Sinn macht und für Sie angenehm ist. Dies mag Experimentieren erfordern und eine Periode der Nachbesserung, die nicht so angenehm ist. Am Ende aber werden sie wahrscheinlich Ihre Verhandlungsmacht maximieren, wenn Sie glauben, was Sie sagen, und sagen, was Sie glauben.

Danksagung

Wir können nicht umhin zu erwähnen, wie sehr wir Howard Raiffa zu Dank verpflichtet sind. Mit seiner freundlichen und doch ehrlichen Kritik hat er immer wieder unsere Methode verbessert. Seine Vorstellungen über die Suche nach den jeweiligen Vorteilen, die sich für beide Seiten in einer Verhandlung ergeben, indem man die Differenzen nutzt und kreative Verfahren zur Regelung schwieriger Streitfälle anwendet, haben diese Kapitel angeregt. Louis Sohn, ein außerordentlicher Planer und Verhandlungspartner, war immer ermutigend, immer kreativ und schaute immer nach vorne. Unter vielem anderen verdanken wir ihm die Idee, nur einen Verhandlungstext zu benutzen. Wir nennen dies das Ein-Text-Verfahren. Außerdem möchten wir uns bei Michael Doyle und David Straus für ihre kreativen Ideen bei den Brainstorming-Sitzungen bedanken.

Gute Anekdoten und Beispiele sind nicht leicht zu finden. Zu großem Dank verpflichtet sind wir deshalb Jim Sebenius für seine Berichte über die Seerechtskonferenz (und auch für seine besorgte Kritik an der Methode), Tom Griffith für einen Bericht über seine Verhandlungen mit einem Versicherungsjuristen und Mary Parker Follett für die Geschichte über die beiden streitenden Männer in einer Buchhandlung.

Ganz besonders wollen wir all denen danken, die das Buch in unterschiedlichen Fassungen lasen und uns mit ihrer Kritik unterstützten, einschließlich unserer Studenten aus den im Januar 1980 und 1981 an der »Harvard Law School« durchgeführten Workshops zum Thema Verhandeln, sowie Frank Sander,

John Cooper und William Lincoln, die in diesen Workshops gemeinsam mit uns lehrten. Besonderer Dank geht auch an die Teilnehmer des »Negotiation Seminar« von Harvard, die wir noch nicht erwähnten; sie hörten uns während der letzten zwei Jahre geduldig zu und boten uns viele hilfreiche Vorschläge an: John Dunlop, James Healy, David Kuechle, Thomas Schelling und Lawrence Susskind. All unseren Freunden und Mitarbeitern verdanken wir mehr, als wir hier ausdrücken können, aber die letztendliche Verantwortung für den Inhalt des Buches liegt bei den Autoren. Wenn das Ergebnis noch nicht perfekt ist, so ist das nicht auf mangelnde Anstrengungen von seiten unserer Kollegen zurückzuführen.

Ohne Familie und Freunde wäre Schreiben unerträglich. Für konstruktive Kritik und moralische Unterstützung danken wir Caroline Fisher, David Lax, Frances Turnbull und Janice Ury. Ohne Francis Fisher wäre das Buch nie geschrieben worden. Er hatte den glücklichen Einfall, uns beide vor vier Jahren bekannt zu machen.

Bessere Hilfe bei den Schreibarbeiten hätten wir nicht bekommen können. Unser Dank geht an Deborah Reimel für ihre unerschöpfliche Leistungsfähigkeit, ihre moralische Unterstützung und ihre deutlichen, aber großzügigen Ermahnungen sowie an Denise Trybula, deren Fleiß und Heiterkeit immer gleich blieben. Und besonderen Dank den Mitarbeitern der Textverarbeitung unter der Leitung von Cynthia Smith, die die Prüfung einer endlosen Reihe von Entwürfen und fast unmöglichen Terminsetzungen meisterten.

Jetzt zu den Redakteuren unseres Buches. Marty Linsky sorgte für die Lesbarkeit des Buches, indem er es neu gliederte und um die Hälfte kürzte. Mit gesundem Menschenverstand schonte er nicht unsere Gefühle, sondern die Leser. Ein Dankeschön ebenfalls an Peter Kinder, June Kinoshita und Bob Ross. June kämpfte um eine weniger sexistische Sprache. Wo wir keinen Erfolg hatten, entschuldigen wir uns bei denen, die verärgert sein mögen. Wir möchten uns auch bei Andrea Williams, unserer Beraterin, bei Julian Bach, unserem Agenten, und bei Dick McAdoo samt seinen Mitarbeitern bei Houghton Mifflin bedanken, die alle zusammen die Produktion des Buches sowohl möglich machten als auch angenehm gestalteten.

Zum Schluß wollen wir Bruce Patton danken, der uns Freund und Kollege, Redakteur und Vermittler war. Kein anderer hat mehr zur Entstehung des Buches beigetragen. Von den ersten Anfängen an unterstützte er uns mit spontanen Ideen und half uns die Schlußfolgerung des Buches herauszuarbeiten. Er hat fast jedes Kapitel bearbeitet und jedes Wort überprüft. Wenn Bücher wie Filme wären, wäre dieses bekannt als Patton-Produktion.

Roger Fisher
William Ury

Das »Harvard Negotiation Project«

Das »Harvard Negotiation Project« ist ein Forschungsprojekt der Harvard-Universität, das verbesserte Methoden des Verhandelns und Vermittelns entwickelt und verbreitet. Es ist Teil des »Program on Negotiation« an der Harvard Law School, einem Gremium von Wissenschaftlern von Harvard, MIT, Simmons und Tufts zur Verbesserung der Theorie und Praxis der Konfliktlösung. Die Aktivitäten des Projektes sind folgende:

Theoriebildung. Das Projekt hat an der Entwicklung solcher Ideen mitgewirkt wie dem Ein-Text-Verfahren, das die Vereinigten Staaten bei den Nahost-Friedensverhandlungen in Camp David im September 1978 anwendeten, und der Methode der sachgerechten Verhandlung, die im vorliegenden Buch dargestellt wird.

Ausbildung und Schulung. Das Projekt entwickelt Programme für Fachleute (Juristen, Geschäftsleute, Diplomaten, Journalisten, Beamte, Gewerkschaftsführer, Offiziere u. a.) und auch für Hochschulabsolventen und Studenten, und es hat für High-School-Schüler ein Pilot-Curriculum entwickelt. Jedes Jahr bietet das Projekt zwei einwöchige Kurse in Verhandeln für Juristen und die Öffentlichkeit an, als Teil des Ausbildungsprogramms für Juristen der Harvard Law School.*

* Wenn Sie an Programmen in Europa interessiert sind, schreiben Sie an Egger, Philips & Partner AG, Fraumünsterstr. 19, CH-8001 Zürich; Frits Philips Jr. & Partners, Dorint Hotel, Vestdijk 47, NL-5611 CA Eindhoven

Publikationen. Das Projekt erarbeitet Materialien für die Praxis, wie *International Mediation: A Working Guide*, Checklisten für Unterhändler, Fallstudien, Übungen in Verhandeln, Anleitungen für Lehrer sowie Formblätter für Praktiker, Lehrer und Studenten. Anforderungen von Lehrmaterial (einschließlich unseres College-Kurses »Coping with International Conflict«) richten Sie bitte an Program on Negotiation Clearinghouse, Pound Hall 513, Harvard Law School, Cambridge, MA 02138 (USA).

Forschung. Beteiligte an aktuellen Konflikten von allgemeinem Interesse werden manchmal vom Projekt eingeladen, so daß die Projektmitglieder ihre Kenntnisse über den Verhandlungsprozeß erweitern und die an Konflikten Beteiligten von Expertenrat profitieren können.

Ausführliches Inhaltsverzeichnis

Frankfurter Rundschau